AF567882

Erinnerungen an Neuhardenberg

Reinhild Gräfin von Hardenberg

Auf immer neuen Wegen

Erinnerungen an Neuhardenberg und den Widerstand gegen den Nationalsozialismus

Lukas Verlag

Die Förderung des Projekts erfolgte aus Mitteln der Bundesbeauftragten für Angelegenheiten der Kultur und der Medien.

Der Druck der ersten Auflage erfolgte mit freundlicher Unterstützung der Stiftung 20. Juli 1944.

Erstausgabe, 1. Auflage 2003
2., durchgesehene Auflage 2005

Lukas Verlag für Kunst- und Geistesgeschichte
Kollwitzstraße 57
D–10405 Berlin
http://www.lukasverlag.com

Layout, Satz und Umschlag: Verlag
Druck: Elbe-Druckerei Wittenberg
Bindung: Stein + Lehmann, Berlin

Printed in Germany
ISBN 3–936872–02–3

Inhalt

Anhang

Meinen Eltern Carl-Hans und Renate Hardenberg in Dankbarkeit

Außerdem danke ich allen, die mir in der Entstehungszeit dieses Buches wertvolle Hilfe geleistet haben. Allen voran meiner Freundin Dr. Maria Theodora Freifrau von dem Bottlenberg-Landsberg, ohne die dieses Buch nie begonnen worden wäre. Sie war mein guter Schreibgeist, der über weite Strecken zu Papier brachte, was ich ihr erzählte. Weiterhin danke ich:

Meinem Bruder Friedrich-Carl
Dr. Sibylle Badstübner-Gröger
Rosemarie Behnke
Manfred Deimel
Karl Feldmeyer
Anne Fiedler
Hans Werner Graf Finck von Finckenstein
Brigitte Fritz
Dorothée Freifrau von Hammerstein
Irene Gräfin von Hardenberg
Prof. Dr. Peter Hoffmann
Dr. Dietrich H. Hoppenstedt
Bernd Kauffmann
Dr. Ekkehard Klausa
Georg Michael und Frau Dr. Alice Klausa
Ewald-Heinrich von Kleist
Wolfgang Langbehn
Dr. Georg Meyer
Donat von Müller
Karl-Wilhelm Freiherr von Plettenberg
Elisabeth Ruge-Conradi
Renate Scheffler
Helga Scheinkönig
Ingrid Schulze
Alexander von Seidel
Dr. Johannes Tuchel

Reinhild (»Wonte«) Gräfin von Hardenberg, 1945

Vorwort

Im Frühsommer 1944 trafen sich befreundete Offiziere an mehreren Wochenenden bei Carl-Hans Graf von Hardenberg in Neuhardenberg in Märkisch Oderland, etwa siebzig Kilometer östlich von Berlin. Sie pflegten Freundschaft und verwandtschaftliche Beziehungen, erholten sich vom anstrengenden Dienst in der von Bomben heimgesuchten Hauptstadt, und sie berieten, wie sie dem Verbrecherregime Hitlers ein Ende machen könnten. Es ist ihnen nicht leichtgefallen. Der Vater der Autorin der vorliegenden Erinnerungen, Carl-Hans Graf von Hardenberg, schrieb Ende 1945 über die Tage und Wochen vor der Erhebung von 1944 (vgl. seinen »Erlebnisbericht« im Anhang): »Ein Weg in den alten Park ließ mich noch einmal den Schritt, der vor uns lag, durchdenken. Hier war ich so oft mit Stauffenberg gegangen, um die Klärung der Probleme zu suchen. Wir waren Offiziere und hatten den Fahneneid geschworen. Ich selber war in der strengen Potsdamer Schule aufgewachsen, die ein Vorbild war für die ganze preußisch-deutsche Armee. Nur wer selber getragen wurde von diesem Gedankengut, kann ermessen, was es bedeutete, den Schritt, der vor uns lag, zu tun.«[1]

Nach dem verlorenen Ersten Weltkrieg folgte auf Revolution, Unruhen, schwere Nachkriegslasten und eine verheerende Inflation ein vielversprechender Neubeginn. Doch die erste deutsche Republik geriet in einer weltweiten Wirtschaftskrise aus dem Gleichgewicht. Politische Abenteurer, geführt vom 1932 gescheiterten Kanzler Franz von Papen, überlisteten den alten Präsidenten Paul von Hindenburg, indem sie ihm vortäuschten, Adolf Hitler, der Führer der Nationalsozialisten, werde eine Koalition mit mehrheitlichem Rückhalt im Reichstag bilden, ohne Neuwahlen, die Hindenburg nicht wollte.

Sie lieferten die Republik an eine Verbrecherbande aus. Die neue Regierung hob die in der Verfassung garantierten Grundrechte wenige Tage nach Hitlers Ernennung zum Reichskanzler auf. Hermann Göring, Hitlers Stellvertreter, Reichstagspräsident und preußischer Innenminister[2], befahl der preußischen Polizei, gegenüber »Staatsfeinden« ohne Rücksicht auf die Folgen ihre Schußwaffen einzusetzen. Zugleich ernannte er 40 000 Angehörige der paramilitärischen nationalsozialistischen »Sturmabteilung« (SA) und der Veteranenorganisation »Stahlhelm« zu Hilfspolizisten. Hitler täuschte Koalitionsverhandlungen mit der Zentrumspartei nur vor und erzwang doch eine weitere Reichstagswahl.

1 Horst Mühleisen, »Patrioten im Widerstand. Carl-Hans Graf von Hardenbergs Erlebnisbericht«, in: *Vierteljahrshefte für Zeitgeschichte* (1993), S. 457.
2 Seit April 1933 war Göring auch Ministerpräsident von Preußen.

Die Wahlen vom 5. März 1933 fanden unter dem Terror der Nazischläger und der allgegenwärtigen braunen Uniformen der SA statt; sie brachten für die Koalition der Nationalsozialisten und Deutschnationalen aber nur eine knappe absolute Mehrheit. Drei Wochen später verabschiedete der Reichstag ein »Ermächtigungsgesetz« und sanktionierte die Diktatur. Neue Sondergerichte konnten fast jedes mißliebige Verhalten aburteilen und angeblich staatsfeindliches Tun ohne ordentliches Verfahren und ohne Revision oder Einspruch mit hohen Strafen ahnden. 12000 Menschen fielen im Lauf der Jahre 1933 bis 1945 allein den Todesurteilen der Sondergerichte zum Opfer. Insgesamt tötete das deutsche Justizwesen in diesen Jahren 40000 Menschen, vorwiegend Deutsche. Gerichte der Wehrmacht töteten außerdem 25000 deutsche Soldaten. Zehntausende Deutsche verloren als Gegner des Nationalsozialismus oder als Verdächtigte in den Konzentrationslagern ihr Leben. Nach dem 20. Juli 1944 wurden mehr als zweihundert an der Erhebung Beteiligte gehängt.[3] Alle diese Zahlen sind Anhaltspunkte für das Potential des Widerstands und für seine blutige Unterdrückung.

Die für die Öffentlichkeit sichtbaren Umstände der Ernennung Hitlers zum Reichskanzler verliehen dem nationalsozialistischen Regime den Schein der Legalität. Später konnte die Regierung, wenn auch nicht ohne Schwankungen, auf die Zustimmung der großen Mehrheit der Deutschen zählen.[4] Die als Staatsnotwehr verbrämten Morde von 1934 an den Führern der SA und an Hitlers unmittelbarem Vorgänger als Reichskanzler, Kurt von Schleicher, beeinträchtigten Hitlers Ansehen nur wenig. Terror, Propaganda, Erziehung, Erfolge und Furcht schufen eine aus Zustimmung, Mitläufertum und Duldung zusammengesetzte

3 *Der Prozeß gegen die Hauptkriegsverbrecher vor dem Internationalen Militärgerichtshof Nürnberg 14. November 1945-1. Oktober 1946*, Band XXXVIII, Nürnberg 1949, S. 362–365; Martin Broszat, »Nationalsozialistische Konzentrationslager 1933 bis 1945«, in: *Konzentrationslager, Kommissarbefehl, Judenverfolgung*, hg. von Martin Broszat, Hans-Adolf Jacobsen, Helmut Krausnick, Olten-Freiburg i. Br. 1965, S. 158f.; *We Survived. The Stories of Fourteen of the Hidden and the Hunted of Nazi Germany*, hg. von Eric H. Boehm, New Haven, Connecticut 1949, S. VIII aufgrund von Unterlagen der Geheimen Staatspolizei; so auch Gabriel A. Almond, »The German Resistance Movement«, in: *Current History* 10 (1946), S. 409–527; vgl. Wolfgang Sofsky, *Die Ordnung des Terrors: Das Konzentrationslager*, Frankfurt am Main 1993, S. 56f.; ferner Walter Wagner, *Der Volksgerichtshof im nationalsozialistischen Staat*, Stuttgart 1974, S. 945; Manfred Messerschmidt, Fritz Wüllner, *Die Wehrmachtjustiz im Dienste des Nationalsozialismus. Zerstörung einer Legende*, Baden-Baden 1987, S. 49f., 70, 73; Georg Kiessel, *Das Attentat des 20. Juli 1944 und seine Hintergründe*, Masch., Sandbostel 6. Aug. 1946, Mikrofilm von David Irving DJ38; Walter Hammer, »Die ›Gewitteraktion‹ vom 22.8.1944. Vor 15 Jahren wurden deutsche Parlamentarier zu Tausenden verhaftet«, in: *Freiheit und Recht* 5 (1959), H. 8/9, S. 15.

4 Vgl. Ian Kershaw, *Hitler*, 2 Bde., Stuttgart 1998, 2000.

Atmosphäre. Nur wenige in Deutschland bekämpften Hitler und sein Programm, einige hundert versuchten, ihn zu stürzen. Sie wollten den Diktator auf seinem Weg in den Krieg und in immer größere Verbrechen hindern, sie wollten die Verfolgung der Juden und die Ermordung der Alten und Geistesschwachen aufhalten und beenden; nach der Entfesselung des Krieges ebenso das Morden an den Fronten und in den Konzentrationslagern.

Widerstand gegen das Regime kam aus allen politischen und gesellschaftlichen Schichten. Natürlich fand er sich unter Kommunisten, Sozialisten und Juden, die alle von den Nationalsozialisten zu Feinden erklärt waren. Es war vielleicht, oberflächlich gesehen, weniger selbstverständlich, daß der Widerstand auch aus den damals noch sogenannten staatstragenden Schichten kam, aus den Klassen der Landbesitzer, der Offiziere des Heeres, aus dem Beamtentum, dem Klerus. Andererseits mögen die vorliegenden Erinnerungen den irrigen Eindruck vermitteln, bei den Umsturzversuchen seit 1938 und der Erhebung des 20. Juli 1944 habe es sich um eine »Adelsverschwörung« gehandelt. In Wirklichkeit waren Adelige im Offizierkorps der Wehrmacht und im Widerstand in der Minderheit. Von allen Offizieren, die zwischen 1933 und 1945 Generals- oder Admiralsrang hatten, und die zwischen 1881 und 1900 geboren waren, kamen nur 18 Prozent aus adeligen Familien.[5] Auch unter den etwa siebenhundert wegen Beteiligung an der Erhebung Verhafteten und den etwa zweihundert deshalb Erhängten waren Adelige und Offiziere in der Minderheit. Einsicht, Überzeugung und Charakter entschieden über Beteiligung oder Nichtbeteiligung am Kampf gegen Hitler, nicht die gesellschaftliche Herkunft.

Die geistigen Wurzeln des Widerstands manifestierten sich sofort nach Hitlers Ernennung. Der Theologe Dietrich Bonhoeffer schrieb in der noch nicht »gleichgeschalteten« *Kreuz Zeitung* vom 26. Februar 1933, des »Führers« Anspruch auf Gefolgschaft könne sich nur und allein auf Übereinstimmung mit den Geboten Gottes gründen: »Nur der Führer, der selbst im Dienst der vorletzten und der letzten Autorität steht, findet Treue.« Der Sozialdemokrat Otto Wels sprach im Reichstag am 23. März 1933 gegen die Verabschiedung des Ermächtigungsgesetzes und richtete seine Worte an den Reichskanzler: »Wir deutschen Sozialdemokraten bekennen uns in dieser geschichtlichen Stunde feierlich zu den Grundsätzen der Menschlichkeit und der Gerechtigkeit, der Freiheit und des Sozialismus. Kein Ermächtigungsgesetz gibt Ihnen die Macht, Ideen, die ewig und unzerstörbar sind, zu vernichten.«

Gegen Ende der Diktatur, am 7. August 1944 vor dem »Volksgerichtshof«, erklärte Peter Graf Yorck von Wartenburg: »Das Wesentliche ist, was alle diese

5 Reinhard Stumpf, *Die Wehrmacht-Elite: Rang- und Herkunftsstruktur der deutschen Generale und Admirale 1933–1945*, Boppard am Rhein 1982, S. 235, 237, 280, 301.

Fragen verbindet, der Totalitätsanspruch des Staates gegenüber dem Staatsbürger unter Ausschaltung seiner religiösen und sittlichen Verpflichtungen Gott gegenüber.«[6] Carl-Hans Graf von Hardenberg drückte seine Überzeugung pragmatisch und zugleich grundsätzlich aus: »Wir müssen handeln. Das Wohl des Volkes verlangt den vollen Einsatz von uns. Auch im Falle des Mißglückens muß der Welt gezeigt werden, daß es in dieser Zeit Männer gegeben hat, die, wie der Grabstein von Marwitz in Friedersdorf sagt, Ungnade wählten, wo Gehorsam nicht Ehre einbrachte.« Rückblickend schrieb Graf Hardenberg: »Die Tat, die zu begehen uns bestimmt war, um unser Volk von seiner Mitschuld zu befreien, die Tat, die Männer aller Stände zum ersten Male vereinigt hatte, diese Tat mußte als Opfer von uns selber getragen werden.«[7]

Die Entrechtung, die Verfolgung und schließlich die Ermordung der Juden empörten die Rechtdenkenden und motivierten viele, nach den Erkenntnissen der Geheimen Staatspolizei sogar die Mehrzahl der Verschwörer des 20. Juli 1944.[8]

Carl Friedrich Goerdeler, der Oberbürgermeister von Leipzig und Kanzlerkandidat von 1932, ging während des im ganzen Reich ausgerufenen »Boykotts« gegen die Juden am 1. April 1933 und schützte persönlich die jüdischen Geschäfte gegen die SA, er ließ Juden durch die städtische Polizei aus der Gewalt der SA befreien und setzte sich bis zu seiner Erhängung am 2. Februar 1945 in jeder Weise für die verfolgten Juden ein. Der Anwalt Helmuth James Graf von Moltke warnte jüdische Freunde und Bekannte vor Hitlers Entschlossenheit, seine Drohungen gegen die Juden wahrzumachen, und half vielen, das Land zu verlassen. Johannes Popitz, der preußische Finanzminister, ging 1938 nach dem November-Pogrom zu seinem vorgesetzten Ministerpräsidenten, Göring, erklärte seinen Rücktritt und verlangte die Bestrafung der für den Pogrom Verantwortlichen. Göring sagte: »Mein lieber Popitz, wollen Sie den Führer bestrafen?«[9] Goerdeler legte der britischen Regierung dringend nahe, die diplomatischen Beziehungen zum Deutschen Reich abzubrechen, bis die Judenverfolgungen aufgehört hätten.[10] Das galt damals als Landesverrat.

6 *Der Prozeß gegen die Hauptkriegsverbrecher vor dem Internationalen Militärgerichtshof Nürnberg 14. November 1945-1. Oktober 1946*, Bd. XXXIII, Nürnberg 1949, S. 424.

7 Horst Mühleisen, »Patrioten im Widerstand. Carl-Hans Graf von Hardenbergs Erlebnisbericht«, in: *Vierteljahrshefte für Zeitgeschichte* (1993), S. 450, 464.

8 Sarah Gordon, *Hitler, Germans and the »Jewish Question«*, Princeton 1984; *Spiegelbild einer Verschwörung: Die Kaltenbrunner-Berichte an Bormann und Hitler über das Attentat vom 20. Juli 1944. Geheime Dokumente aus dem ehemaligen Reichssicherheitshauptamt*, Stuttgart 1961, S. 449f., 457, 471.

9 Ulrich von Hassell, *Die Hassell-Tagebücher 1938–1944. Aufzeichnungen vom Andern Deutschland*, Berlin 1988, S. 70.

10 A. P. Young, *The ›X‹ Documents*, hg. von Sidney Aster, London 1974, S. 150–152, 176–178.

Graf Hardenberg wurde 1941 als Persönlicher Adjutant des Oberbefehlshabers der Heeresgruppe Mitte, Generalfeldmarschall Fedor von Bock, Zeuge der Massenmorde an Juden und Kriegsgefangenen und war beteiligt an Bemühungen, den Feldmarschall zu einem Protestschritt bei Hitler zu bewegen.[11] Auch Stauffenberg nannte schon im April 1942 die Morde an Juden und Kriegsgefangenen als Grund für die Notwendigkeit, Hitler zu töten.[12]

Eine Verschwörung gegen Hitler bestand seit 1938. Ihr aussichtsreichster Versuch, Hitler zu stürzen, ging von General Ludwig Beck aus, dem Chef des Generalstabes des Heeres. Der Versuch mißlang am 4. August 1938, weil der Oberbefehlshaber des Heeres, General Walther von Brauchitsch, von Hitler bestochen, seine Mitwirkung versagte. Es gab sogar Versuche, Hitler zu töten, so am 13. und 21. März 1943. Aber alle Versuche mißlangen.

Stauffenberg hatte von Sommer 1942 bis Januar 1943 allein und unabhängig von den Verschwörern vergeblich versucht, höhere Führer an der Ostfront zu überreden, Hitler zu entmachten. Seit Februar 1943 kämpfte er in Tunesien als Führungsoffizier (Ia) in der 10. Panzer-Division und wurde am 7. April 1943 schwer verwundet. Während der Genesung entschloß er sich, mit der bestehenden Verschwörung zusammenzuarbeiten.

In der Verschwörung waren Konservative wie Johannes Popitz, Ulrich von Hassell, Carl Friedrich Goerdeler, Ludwig Beck; Sozialisten wie Julius Leber, Wilhelm Leuschner, Theo Haubach, Carlo Mierendorff, Adolf Reichwein; Hitler-Gegner mit sozialistischen Überzeugungen wie Adam von Trott zu Solz im Auswärtigen Amt und Helmuth James Graf von Moltke im Oberkommando der Wehrmacht/Amt Ausland; Peter Graf Yorck von Wartenburg im Oberkommando des Heeres/Wirtschaftsstab Ost, Theodor Steltzer beim Wehrmachtbefehlshaber Norwegen, Berthold Schenk Graf von Stauffenberg im Oberkommando der Marine; Offiziere in Stäben des Ersatzheeres, der Heeresgruppe Mitte an der Ostfront, der Heeresgruppe B an der Westfront, und im Generalstab des Heeres gehörten ebenfalls dazu. Mierendorff, Reichwein, Moltke, Leber wollten 1943 und 1944 die Kommunisten einbeziehen, Stauffenberg war einverstanden.[13]

Seit Sommer 1943 bereiteten erst Oberst i. G. Henning von Tresckow, dann seit August Tresckow und Oberstleutnant i. G. Claus Schenk Graf von Stauffenberg zusammen die Erhebung vor. Befehle zur Bildung von Kampfgruppen aus

11 Peter Hoffmann, *Widerstand, Staatsstreich, Attentat. Der Kampf der Opposition gegen Hitler*, 4. A., München, Zürich 1985, S. 334.

12 Peter Hoffmann, *Claus Schenk Graf von Stauffenberg und seine Brüder*, Stuttgart 1992, S. 249, 251; Peter Hoffmann, »Tresckow und Stauffenberg. Ein Zeugnis aus dem Archiv des russischen Geheimdienstes«, in: *Frankfurter Allgemeine Zeitung* Nr. 165, 20. Juli 1998, S. 8f.

13 Peter Hoffmann, *Widerstand, Staatsstreich, Attentat. Der Kampf der Opposition gegen Hitler*, 4. A., München, Zürich 1985, S. 447f.

den in der Heimat beurlaubten oder zur Ausbildung hier befindlichen Truppen waren für den Fall vorbereitet, daß feindliche Truppen durch Landung von der See oder aus der Luft auf deutsches Reichsgebiet vordrangen. Tresckow und Stauffenberg modifizierten diese Befehle leicht, um sie für die Übernahme der Vollziehenden Gewalt durch das Heer, also für einen Ausnahmezustand, brauchbar zu machen. Sie verließen sich auf die Kraft des militärischen Befehls. Auf die Gefolgschaft des Volkes glaubten sie sich nicht verlassen zu können. Deshalb bereiteten sie zusammen mit General Beck, Carl Friedrich Goerdeler und anderen führenden Verschwörern Aufrufe vor, in denen sie behaupteten, »frontfremde« Parteiführer hätten Hitler ermordet und wollten die Macht an sich reißen, das Heer trete ihnen entgegen, um die bestehende Ordnung aufrecht zu erhalten. Durch einen weiteren Aufruf, der die verbrecherischen Maßnahmen des bisherigen Regimes verurteilte und insbesondere die Besetzung der Konzentrationslager und die Verhaftung der Lagerkommandanten verfügte, entstand allerdings sofort ein Widerspruch zu der anfänglichen Behauptung, es gehe um die Aufrechterhaltung des nationalsozialistischen Regimes.[14]

Hitlers Tod war in jedem Fall die Voraussetzung für den Aufstand. Mehrere Mitverschwörer stellten sich zur Ausführung des Attentats zur Verfügung, aber trotz allen Versuchen und Einflußnahmen konnte man ihnen den Zugang zu Hitler nicht verschaffen. Als Stauffenberg im Juni 1944 Chef des Generalstabes beim Befehlshaber des Ersatzheeres wurde, bekam er selbst gelegentlich Zugang zu Hitlers Lagebesprechungen. Obwohl er in Afrika die rechte Hand, zwei Finger der linken und ein Auge eingebüßt hatte, entschloß er sich zu der Doppelrolle des Attentäters und militärischen Leiters des Aufstandes. Da er nicht gleichzeitig an zwei rund fünfhundert Kilometer voneinander entfernten Punkten – Berlin und Hitlers Hauptquartier – tätig sein konnte, lag darin ein Widerspruch, der das Scheitern von vornherein wahrscheinlich machte. Einerseits konnte Stauffenberg kaum damit rechnen, nach dem Anschlag aus dem Hauptquartier Hitlers nach Berlin zu entkommen, andererseits gab es in Berlin niemanden, der über genügend Autorität und Tatkraft verfügt hätte, um in Stauffenbergs Abwesenheit oder während seines Rückfluges nach Berlin den Staatsstreich in Gang zu setzen. Tatsächlich erlaubten die zwei bis drei Stunden zwischen dem Attentat und der Rückkehr Stauffenbergs nach Berlin Hitler und seinen Leuten, den verspätet begonnenen Aufstand schon im Keim zu unterdrücken. Das Attentat war mißlungen, weil Stauffenberg beim Ingangsetzen des Zünders von einem Angehörigen des Stabes von Generalfeldmarschall Keitel, der ihn zur Beeilung mahnte, so gestört wurde, daß er nur die Hälfte des vorgesehenen Sprengstoffs in seine Aktentasche legen konnte.

14 Ebd., S. 896–900.

Die führenden Verschwörer, einschließlich Becks, Stauffenbergs und seines Bruders Berthold, wußten wohl, daß die Aussichten auf Erfolg äußerst gering waren. Sie wußten, daß Deutschland selbst im Falle des Gelingens nicht der Niederlage, der Besetzung und Aufteilung entgehen würde. Ihre Tat war ein Opfergang. Ihre Motive gründeten schließlich auch in der Unmöglichkeit, den Krieg zu überleben, ohne wenigstens den Versuch gemacht zu haben, die Verbrechen der herrschenden Bande zu beenden. Stauffenbergs Onkel Nikolaus Graf von Üxküll drückte es so aus: »Von dem Gangsterhaufen kann ich mich nur durch den Tod trennen.«[15] Auch Graf Hardenberg sah die Teilnahme am Umsturz als Opfer an: »Besitz, Familie, eigene und Standesehre mußte in die Waagschale geworfen werden, wenn dieser Weg beschritten werden sollte.«[16]

Reinhild Gräfin von Hardenberg schildert als unmittelbare Zeugin und von ihrem Vater eingeweihte Mitverschworene viele der zentralen Vorgänge im Kampf gegen Hitlers Verbrecherregime. Sie schildert vor allem die Welt, in der Carl-Hans Graf von Hardenberg lebte. Aus dieser Welt und ihren Überzeugungen ging der Wille Graf Hardenbergs zum Widerstand hervor. Die Denkweise Graf Hardenbergs, seiner Kinder und Freunde ließe sich wohl in abstrakte Wendungen fassen. Hier wird sie in der Lebensgeschichte seiner Tochter Reinhild Gräfin von Hardenberg lebendig.

Montreal (Kanada), im Juni 2002 *Peter Hoffmann*

15 Peter Hoffmann, *Claus Schenk Graf von Stauffenberg und seine Brüder*, Stuttgart 1992, S. 453.
16 Horst Mühleisen, »Patrioten im Widerstand. Carl-Hans Graf von Hardenbergs Erlebnisbericht«, in: *Vierteljahrshefte für Zeitgeschichte* (1993), S. 449, 464.

Meine Eltern Carl-Hans Graf von Hardenberg, 1939, und Renate Gräfin von Hardenberg, geborene Gräfin von der Schulenburg-Lieberose, 1939

Neuhardenberg

Denke ich an das Neuhardenberg meiner Kindheit und Jugend, dann sehe ich die weiten Felder vor mir, die das Dorf umgeben. Ich sehe sie im Sommer, bedeckt von den wogenden Halmen des Getreides, das sich vom hellen Grün des Frühjahrs in strahlendes Goldgelb verfärbt hatte. Wie ein vibrierender Schleier hing die erwärmte Luft über der Landschaft.

In all meinen Kindheitserinnerungen will sich das Bild eines regenverhangenen Tages nur schwerlich einstellen. Beinahe über allem, was mein Gedächtnis über das Neuhardenberg meiner Kindheit bewahrt hat, liegt herrlicher, warmer Sonnenschein.

Wenn ich die Augen schließe, umschmeichelt mich der betörende Duft, den die blühenden Linden- und Akazienbäume im Park verströmten. Noch heute löst dieser Geruch unweigerlich Heimweh aus.

Im Herbst wiederum faszinierten mich die abgeernteten und gepflügten Felder, denn man konnte an der unterschiedlichen Färbung der feucht glänzenden Erdschollen die Fruchtbarkeit der Äcker deutlich ablesen.

Insgesamt umfaßte der Besitz knapp 7500 Hektar Land und Forst. 430 Menschen waren im Jahre 1930 in den Betrieben angestellt, von denen etwa achtzehn im Schloß arbeiteten. Als kleines Kind glaubte ich, daß alles, was mich umgab, Eigentum meines Vaters sei. Ich konnte es daher kaum glauben, daß er uns Kindern mit den Worten: »Das gehört euch nicht!« verbot, Blumen auf einer Wiese zu pflücken.

Mein Zuhause – dieser Begriff ist für mich untrennbar mit Neuhardenberg verbunden. Zuhause begann schon, wenn man – vom Bahnhof mit dem Pferdewagen oder mit dem Auto von Berlin kommend – durch die schönen Alleen der Mark Brandenburg in Richtung Neuhardenberg fuhr. Rechts und links der Straße standen die alten Bäume in regelmäßigen Abständen, und ihre Äste verflochten sich über dem Weg zu einem fast undurchdringlichen Blätterdach. Den Sonnenstrahlen gelang es nur vereinzelt durchzubrechen, und wenn sie es schafften, malten sie Kringel in den Sand oder auf den Asphalt. Heftiger Regen wurde vom dichten Laub abgefangen und fiel dann in dicken, einzelnen Tropfen zu Boden. Selbst böigen Wind schirmte der grüne Baldachin im Sommer ab.

Wer heute durch den Ort fährt, dem öffnet sich rechter Hand plötzlich ein weiter Platz mit einem Rasenoval, auf dem Grabplatten an im Zweiten Weltkrieg gefallene sowjetische Soldaten erinnern. Dieser Platz wird auf beiden Seiten eingerahmt von eingeschossigen, langgestreckten Vorgebäuden, den sogenannten Kavalierhäusern. Sie geben den Blick frei auf Schloß Neuhardenberg, das, ursprünglich 1763 als spätbarockes Landschlößchen von Joachim Bernhard von Prittwitz erbaut, von 1820 bis 1822 durch Schinkel mit einer klassizistischen

Schloß Neuhardenberg in der Gegenwart

Der Ort Neuhardenberg im Oderland, Landkreis Lebus, Landkarte von 1938

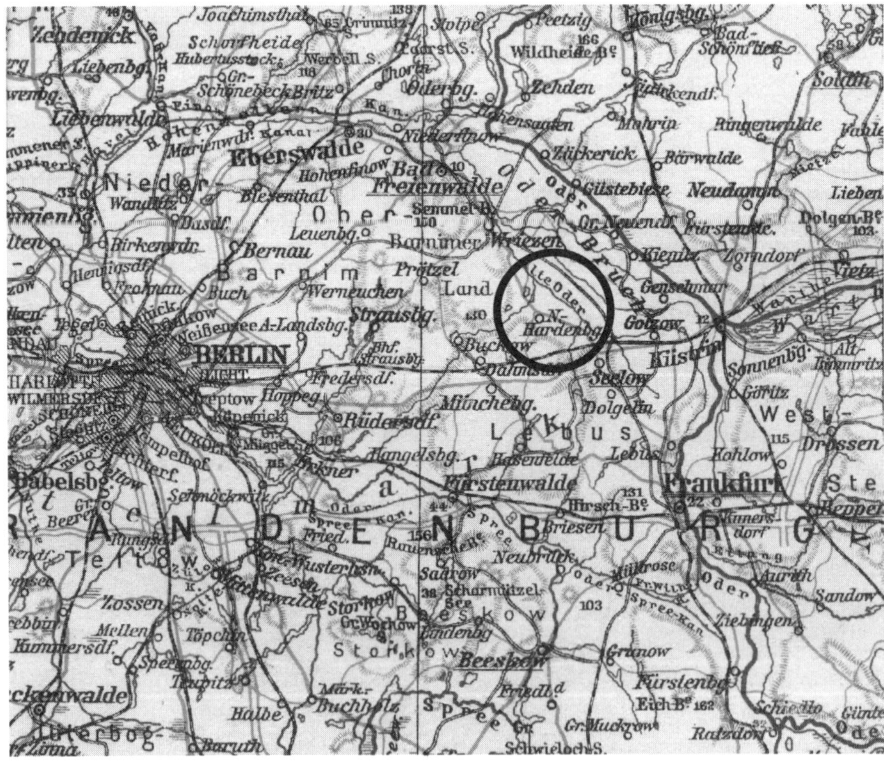

Schloß Neuhardenberg um 1940

Fassade versehen und um ein Geschoß erhöht wurde. Der Besitz war 1814 an den Staatskanzler Karl August Fürst von Hardenberg übergegangen.

Zu unserer Zeit hatte das Schloß auch eine südliche Zufahrt durch den Park, die nur die Familie und enge Freunde nutzten. Den Teich, an dem leicht erhöht ein von dem italienischen Bildhauer Giuseppe Martini geschaffenes Denkmal Friedrichs II. steht, überquerte man auf einer weißgestrichenen Holzbrücke. Das Poltern der Bohlen konnte man bis ins Haus hören, wenn Pferdewagen oder Autos über diese Brücke fuhren.

Das vertraute Geräusch enthielt vielschichtige Signale: Es klang hell und fröhlich, wenn wir liebe Gäste erwarteten, die wir dann schon freudig erregt an der Tür empfingen, und dumpf und traurig, wenn sie uns wieder verließen.

Über mehrere Stufen einer breiten, steinernen Freitreppe gelangte man in das Vestibül, den Steinflur, der in den späten 1780er Jahren, vermutlich nach einem Entwurf von Carl Gotthard Langhans d. Ä., mit Gesims und Wandkonsolen, auf denen antike Büsten standen, gestaltet worden war und den Schinkel 1814 unverändert übernommen hatte. Der Steinflur bildete mit fünf Flügeltüren neben der Haustür einen zentralen Raumverteiler im Parterre. Von hier aus gelangte man geradewegs in den Gartensaal, den schönsten Raum des Hauses. Auch diesen hat vermutlich Langhans d.Ä. noch im frühklassizistischen Stil um 1790 für Prittwitz gestaltet. Schinkel übernahm auch ihn so, wie er war. Zu den filigranen Stuckdekorationen gehörten auch Medaillons mit Darstellungen aus der griechischen Mythologie. Zwei runde, weiße Fayence-

Schloß Neuhardenberg, Gartensaal

Öfen, ehemals gekrönt von Skulpturen, zierten die Ecken des Saals: jeweils eine grazile Frauengestalt neben einem Knaben. Der eine Knabe hielt eine Urne, während der andere auf einer Flöte spielte. In den gegenüberliegenden Ecken des Saales standen zwei Büsten. Auf der einen Seite der Staatskanzler, ein Werk von Christian Daniel Rauch, auf der anderen Friedrich Wilhelm III. von Johann Gottfried Schadow. Die Möbel in diesem Raum waren in Weiß und Gold gehalten, wovon nur zwei elegante Stühle die Kriegswirren 1944/45 überlebt haben. Drei Fenstertüren führen auf eine Terrasse, über die man in den Park gelangte.

Wie viele Gesichter nahm dieser Raum im Laufe des Jahres doch an! Alle Mahlzeiten wurden üblicherweise im Gartensaal eingenommen. An Werktagen traf sich dort die ganze Familie um halb acht zum gemeinsamen Frühstück, an Sonn- und Feiertagen um acht Uhr. Mittags und am Abend gab es warmes Essen. Der Diener Karl Koch, der in seiner schwarzen Livree sehr würdevoll aussah, reichte die Speisen herum. Dabei glänzten die silbernen Knöpfe an seinem Jackett, die mit dem Keilerkopf – unserem Wappenemblem – verziert waren, manchmal hell auf. Natürlich bekam er während des Servierens die Gespräche mit, die am

Eßtisch geführt wurden. Mit keiner Miene verriet er jemals, daß er dabei ganz genau zuhörte. Nur wenn etwas besonders Amüsantes erzählt wurde, vibrierte sein Schnauzbart und zeigte an, daß auch er seinen Spaß hatte.

Karl Koch hatte einen nicht geringen Anteil an unserer Erziehung. Nahmen wir uns seiner Meinung nach etwas zuviel Süßspeise auf einmal, dann hob er einfach beim Servieren die Schüssel hoch, und wir hatten unsere liebe Not, den Vorlegelöffel wieder in die Schüssel hineinzubalancieren. Andererseits hatte er aber draußen in der Anrichte oft eine weitere ordentliche Portion Nachtisch für uns sichergestellt, die uns nach dem gemeinsamen Essen erwartete. Auf Festen unterstützten ihn beim Servieren auch der Diener Gustav Brandenburg und Franz Engelke, der Kutscher.

Weihnachten im Schloß

Am schönsten habe ich den Gartensaal zur Weihnachtszeit in Erinnerung. Schon Wochen vor dem Fest durften unser Hauspersonal und die leitenden Angestellten aus den Forst- und Landwirtschaftsbetrieben, insgesamt etwa sechzig Personen, ihre Wünsche äußern. Meine Mutter bemühte sich dann bei ausgedehnten Fahrten nach Berlin, jeden Wunsch zu erfüllen. Der Preis der jeweiligen Geschenke richtete sich in etwa nach dem Monatslohn und kann so mit dem heutigen Weihnachtsgeld verglichen werden. Nur wäre man damals ebensowenig auf die Idee gekommen, Angestellten zu Weihnachten Geld in die Hand zu drücken wie man heute auf den Gedanken käme, Geschenke für sie auszusuchen. Angestellten zu so einem Fest Geld zu geben, wäre meinen Eltern lieblos und phantasielos vorgekommen. Und die Beschenkten selber hätten das damals als sehr unpersönlich empfunden.

Zur vorweihnachtlichen Zeit gehörte es auch, daß wir Kinder, also meine Schwestern Renate und Astrid, mein Bruder Friedrich-Carl und ich Theater spielten, und zwar, wie ich mich erinnere, besonders schlecht. Trotzdem mußten alle im Haus anwesenden Gäste nicht nur zuschauen, sondern auch einen Obolus entrichten, den wir nach der Vorstellung einsammelten. Dieses Geld haben wir allerdings nicht für uns behalten. Vielmehr setzten wir den ganzen Betrag in Lebensmittel um, die wir kurz vor Heiligabend in einem Bollerwagen zu einer bedürftigen Familie mit dreizehn Kindern brachten, die etwas abseits vom Dorf neben einer Mühle wohnte.

Am 23. Dezember fuhr dann mein Vater mit uns Kindern im Auto zu den einzelnen Angestellten und ihren Familien auf die Güter und verteilte die Geschenke. Diese Fahrt war für uns einer der Höhepunkte der weihnachtlichen Feierlichkeiten. Meine Mutter begann währenddessen mit den umfangreichen Vorbereitungen für die Bescherung am Heiligen Abend. Am 24. Dezember dann,

Festtafel im Gartensaal. Der Tafelaufsatz war ein Geschenk der Stadt Paris an den Staatskanzler als Dank für die Disziplin der preußischen Besatzungstruppen.

gegen sechs Uhr abends, besuchten wir alle gemeinsam den Gottesdienst in der Kirche. Wieder zurück, zogen wir uns um und versammelten uns mit vor Aufregung geröteten Gesichtern in der Bibliothek. Doch auf die Bescherung mußten wir noch ein Weilchen warten. Denn mein Vater las, wie jedes Jahr, die Weihnachtsgeschichte für diejenigen, die an der weihnachtlichen Feier in der Kirche nicht teilnehmen konnten. Erst danach wurden wir im Gartensaal unter dem bis unter die Decke reichenden, wunderschön geschmückten und im Scheine zahlreicher Kerzen erstrahlenden Weihnachtsbaum zu unseren Geschenken geführt.

Der Weihnachtsabend in Neuhardenberg war kein reines Familienfest im heutigen Sinn, denn wir Kinder feierten ihn nicht nur mit unseren Eltern – mit uns feierte das ganze Haus.

Die Angestellten im Schloß Neuhardenberg waren der Familie nicht nur wichtig, sie gehörten vielmehr zu unserer Familie. Sie hatten damals in unserem Leben einen ebenso festen Platz wie heute in meiner Erinnerung. Da war die Haushälterin Anna Reppin, von der ganzen Familie liebevoll Reppinchen genannt. Der Diener Karl Koch, die Hausmädchen und auch die Küchenangestellten waren vollzählig vertreten. Damit auch sie wirklich feiern konnten, gab es übrigens traditionell nach der Bescherung nur kalte Speisen zum Abendessen. Uns Kinder begleiteten unsere jeweiligen Erzieherinnen und Lehrerinnen. Fräulein Ingeborg Schaudig, die von uns sehr geschätzte »Schaudine«, die im ersten Jahr ihrer Anwesenheit zunächst untröstlich schien, weil ihre süddeutsche Heimat für eine Reise über die Feiertage zu weit entfernt war, hat nach ihrem ersten Weihnachtsfest mit uns in Neuhardenberg während der weiteren Jahre, die sie bei uns verbrachte, nie mehr den Wunsch geäußert, nach Hause zu fahren.

Jeder Anwesende fand sehr schnell den speziell für ihn liebevoll gerichteten Gabentisch, auf dem immer auch ein Teller stand, randvoll mit Nüssen, Marzipan und Plätzchen, vor allem den nach Anis duftenden Springerle, die ich am liebsten mochte. Keine der Süßigkeiten war gekauft, alles wurde im Hause selbst hergestellt. An allen Festtagen galt – ob es sich nun um hohe kirchliche Feiertage wie Weihnachten, Ostern und Pfingsten oder um die feierlichen Jagd- und Geburtstagsdiners handelte: Auf den Tisch kam nur das, was Garten und Hof hervorbrachten. Allenfalls Südfrüchte wie Apfelsinen, Bananen und Mandarinen mischte man im Winter zwischen die im Keller gelagerten Birnen und Äpfel. Austern, Hummer oder gar Kaviar habe ich in Neuhardenberg nie bei einer Mahlzeit erlebt, wohl aber köstliche Hasen- und Fasanenpasteten, wohlschmeckende Reh- und Wildschweinbraten sowie auf der Zunge zergehende Forellen und zarte Flußkrebse. Meeresfrüchte aß man allgemein zu damaligen Zeiten eher selten, und wenn, dann in Berlin im Restaurant.

Der Gartensaal

Viele sehr schöne und auch sehr bedrückende Erinnerungen verbinden sich mit dem Gartensaal. Wir aßen an jenem Tag im Sommer 1944 gerade zu Abend, als die Gestapo kam, um meinen Vater und mich nach dem Attentat vom 20. Juli zu verhaften. Die Atmosphäre war schon seit Wochen angespannt. Und die Köchin, die uns wohl auf ihre Art beistehen wollte, hatte unser aller Lieblingsgericht zubereitet: »Kirschrösterle«, ein schwäbisches Gericht, dessen Rezept meine Mutter von ihrer Mutter übernommen hatte.

Doch bleiben wir noch ein Weilchen bei den schönen Erinnerungen. Warm und wohltuend waren die lauen Sommerabende auf der Terrasse, wo wir viele friedliche Stunden verbrachten, bis die Konturen der hohen Bäume und die Silhouette des klassizistischen Hauses allmählich in der Dämmerung verschwammen. Hier und da hörte man vereinzelt noch eine Nachtigall singen. Die Stille der Nacht senkte sich langsam über das Land, gelegentlich unterbrochen von dem Geläute einer Kuhglocke auf der fernen Koppel. Unsere Gespräche waren ebenfalls verstummt, und jeder hing seinen Gedanken nach.

Zu dieser Idylle gehörte auch das zu dieser Stunde einsetzende, oft ohrenbetäubende Konzert der Frösche in unserem Teich. Für die Gäste aus Berlin größtenteils kein Vergnügen. Sie, die sich nach dem Lärm der Stadt eine erquickende Nachtruhe auf dem Lande erhofft hatten, wurden oft bitterlich enttäuscht. Die Frösche sind mittlerweile verstummt, aber in meiner Erinnerung höre ich sie immer noch quaken – ein vertrautes Geräusch, das sich mit diesen sommerlichen Abenden verbindet.

Schloß Neuhardenberg, Gartensaal

Von Frühjahr bis Sommer erlebte man vom Gartensaal aus, wie das zarte Hellgrün der Bäume sich langsam in ein sattes, kräftiges Grün verwandelte. Im Herbst hingegen war der Park in seiner ganzen Farbenpracht eine wunderschöne Kulisse für unsere Mahlzeiten. Und im Winter schweifte der Blick durch die laublosen Bäume weit in die Landschaft, wo der aufsteigende Nebel den fernen Horizont verschwimmen ließ und Himmel und Erde eins wurden.

Mein Zuhause

Aber zurück zum Haus. Nach Westen gelangte man durch eine Türenflucht erst in die große, dahinter schließlich in die kleine Bibliothek. In offenen Regalen standen dort etwa 16 000 Bände aus Literatur und Wissenschaft, die der Staatskanzler im Laufe seines Lebens angesammelt hatte. Er hat viele der Bücher tatsächlich gelesen, denn nicht wenige tragen seine schriftlichen Anmerkungen. Auch eine kleine Kupferstich- und Münzsammlung war hier zu finden.

Eingerichtet haben die Bibliothek erst unsere Eltern, die den Bücherschatz bei ihrem Einzug 1921 wohlverpackt in Kisten vorfanden. Um den Bestand zu ordnen, stellten sie damals eine Bibliothekarin ein, die über achtzehn Monate mit Sichten und Aufstellen beschäftigt war.

Nach unserer Flucht Anfang 1945 fuhr ich im Sommer 1946 zum ersten Mal wieder nach Neuhardenberg, um zu sehen, was noch zu retten war. Im Steinflur fand ich an die 250 Bücher in wilder Unordnung zurückgelassen. Ich durfte sie ungehindert mit in den Westen nehmen – zusammen mit Resten des Mobiliars und einigen Bildern, die der Plünderung entgangen waren. Das Gros der Bibliothek galt allerdings lange Zeit als verschollen. Heute wissen wir, daß etwa die Hälfte davon in die Stadtbibliothek Potsdam verbracht wurde. Dieser Teil der Sammlung geht jetzt zurück an die Familie Hardenberg. Wesentliche Teile der anderen Hälfte befinden sich nach unseren Erkenntnissen noch immer als Beutegut in russischen Archiven. Vielleicht wird uns bei der Lokalisierung einmal ihre Kennzeichnung mit dem runden Exlibris »Bibliothek zu Neuhardenberg« samt fürstlichem Wappen des Staatskanzlers helfen.

Neben den offenen Regalen gab es in der kleinen Bibliothek auch einen verschlossenen Bücherschrank. Zunächst hatte ich mir nie irgendwelche Gedanken gemacht, warum ein kleiner Teil der Bibliothek unter Verschluß stand. Allerdings war mir nicht verborgen geblieben, daß Onkel Fibs, der jüngere Bruder meines Vaters, sich immer mal wieder den Schlüssel organisierte und mit einem verschmitzten Lächeln ein Buch aus diesem Schrank nahm. Ich wurde neugierig und fragte schließlich meinen Vater, was denn der Onkel so Vergnügliches in diesem Schrank fände. Zu meiner Erheiterung erklärte er mir, der Staatskanzler habe – in Verfolgung seiner offenkundig vielfältigen literarischen Interessen – auch eine Sammlung von Erotica angelegt, die nun in diesem »Giftschrank«, wie er ihn nannte, sicher verwahrt würde.

Die beiden Bibliothekszimmer waren sehr gemütlich, und wir hielten uns gern dort auf, besonders im Winter, wenn es draußen schneite und der Ostwind ums Haus pfiff. Es war ein Vergnügen, in der Bibliothek am offenen Kamin, an dessen Stirnseite die Worte »pro patria« (für das Vaterland) eingraviert waren, zu sitzen, den Harzduft des Holzes in der Nase und im Ohr das Knistern und Knacken des Feuers, das so manches Mal das Sturmgetose übertönte. Vor allem meine Mutter liebte diese gemeinsamen Abende vor dem flackernden Feuer und nannte sie später »unsere Kamingespräche«.

Im Ostflügel des Hauses ging es vom blauen Salon nach Norden hin durch eine breite Schiebetür in das Musikzimmer. Diesem großen rechteckigen Raum mit fünf Fensterachsen hatte Onkel Kuno Hardenberg 1910 eine halbrunde Exedra angefügt, die für das darüberliegende Zimmer einen Balkon mit Blick auf den Park bildete. Im Musikzimmer stand ein Klavier, auf dem der im Gegensatz zu meinem Vater sehr musikalische Onkel Fibs gern und gut spielte, wenn er zu Besuch kam. 1942 erlitt er an der Ostfront einen Oberarmdurchschuß. Nach der Verwundung ließ seine Fingerfertigkeit nach; er kam mit den Klaviertasten nicht

Schloß Neuhardenberg, Bibliothek

mehr so gut zurecht wie früher. Wann immer ich heute *Eine kleine Nachtmusik* von Mozart höre, vermisse ich die Patzer, die Onkel Fibs seit seiner Verletzung ungewollt in das Stück mit einbaute.

Nach Nordosten hin schloß der Ostflügel auf der Parkseite mit dem Arbeitszimmer meines Vaters ab, der dort leidenschaftlich gern Zigarren rauchte. Sie konnten ihm gar nicht dick und lang genug sein. Kam man während einer seiner Besprechungen mit Güterdirektor Rudolf Bräuninger ins Arbeitszimmer, waren nur die Stimmen der beiden Herren zu vernehmen. Die dichten Schwaden des Zigarrenrauchs verhüllten ihre Umrisse fast zur Gänze. Später, als Backfisch, stellte auch ich fest, daß Zigarren etwas Gutes waren, allerdings hielt ich die ersten drei Züge für das Beste an ihnen. Mein Vater überließ mir mitunter seine Zigarre genau für diese ersten drei Züge.

Zwischen Steinflur und Ahnenzimmer lag ein weiteres, schmales Kaminzimmer, in dem auf einem Pult das Gästebuch lag. Dieses nahm die Gestapo bei der Verhaftung von meinem Vater und mir am 25. Juli 1944 mit, in der nicht unberechtigten Annahme, darin Hinweise auf andere Verschwörer zu finden. In weiser Voraussicht hatten einige Besucher wie Kurt Freiherr von Plettenberg den Eintrag im Gästebuch vermieden, um sich nicht leichtfertig zu exponieren. Ich selbst schaudere seit jenem 25. Juli vor pflichtgemäßen Gästebucheintragungen zurück.

Den zum Park hin gelegenen Bibliotheksräumen standen auf der Hofseite Anrichte und Nähstube gegenüber. In der Anrichte putzte Karl Koch das Silber und spülte das Porzellan. Die Nähstube war das Reich von Reppinchen, der Haushälterin. Unter ihrer Anleitung hielten dort die Hausmädchen die Wäsche und Kleidung des großen Haushalts in Ordnung.

Es war nicht abzustreiten, daß diese jungen Mädchen in ihren blauen Baumwollkleidern und den weißen, gestärkten Schürzen ein hübsches Bild abgaben. Eines Abends, nachdem sich Gäste und Gastgeber schon verabschiedet hatten, traf mein Vater seinen Bruder Fibs sowie die Freunde Peter Rheinen und Kurt Plettenberg an, als sie im Flur ihren hellen Spaß hatten. Dieses Trio Junggesellen, immer zu Scherzen aufgelegt, hatte so richtig von Herzen gelacht. Auf meines Vaters Frage, was ihnen denn solchen Spaß mache, antwortete Kurt Plettenberg, sie wären gerade übereingekommen, wie wenig verständnisvoll doch meine Mutter als Gastgeberin sei. Als mein Vater irritiert nachhakte, was denn an ihr auszusetzen sei, gab Plettenberg lachend zur Antwort, die Hausfrau setze ihnen regelmäßig die hübschesten Hausmädchen vor, erwarte aber dennoch von ihren Gästen, daß sie »anständig« blieben.

Reppinchen spielte eine bedeutende Rolle im Haus, und meine Mutter schätzte sie sehr. Wenn Reppinchen – was nicht selten vorkam – schlechte Laune hatte,

Onkel Fibsens Lieblingsplatz in der Bibliothek – der verschlossene Giftschrank mit den Erotica des Staatskanzlers

konnte meine Mutter sie schnell auf andere Gedanken bringen. Sie mußte nur andeuten, daß sie sich nicht wohl fühle oder unter Kopfschmerzen leide – schon waren Reppinchens Pflegeinstinkte geweckt und ihre schlechte Laune verflogen. Denn jemandem helfen zu können, war das Schönste für sie, und als Patient konnte man keine liebevollere Pflegerin finden.

Von der Anrichte führte der Flur um die Ecke nach Norden in den zum Eingang vorspringenden Westflügel des Schlosses. Dort lag die »römische Bilderstube«, ein gemütliches Gästezimmer mit vielen Stichen römischer Veduten. Nach dem Besuch Paul von Hindenburgs anläßlich der Manöver um Frankfurt (Oder) 1932 wurde das Zimmer in »Feldmarschallstube« umbenannt. Im übrigen befanden sich im Parterre des Westflügels noch Reppinchens Stube, das »Putzzimmer«, ein Schlafzimmer für zwei Hausmädchen und die Stube des Dieners Karl Koch.

Zwischen Anrichte und Feldmarschallstube führte eine Treppe in das Tiefparterre zur Speisekammer, zum Eßzimmer des Hauspersonals und zur Küche. Hier regierte Herr Krug, der Koch, mit hoher Mütze und weißer Schürze über dem weißen Anzug. Meine Mutter hatte bewußt einen Koch anstelle einer Köchin engagiert, in der Überzeugung, daß Männer die Herdhitze besser vertrügen als Frauen.

Im Obergeschoß befanden sich sowohl die Schlafzimmer der Familie als auch die zum Teil klassizistisch eingerichteten Gästezimmer. Die Zimmer des Personals lagen im Souterrain und im Hochparterre des Hauses. Es gab fünf Badezimmer im Haus, eine für die damalige Zeit beeindruckende Anzahl. Ein Bad stand den Hausangestellten zur Verfügung.

Die Schlafzimmer zum Park hin boten ein besonderes Vergnügen. Wenn im Sommer die Sonne schien, konnte man vom Bett aus die sich verändernden Muster beobachten, die die Schatten der Blätter des Lindenbaumes durch das offene Fenster auf den Fußboden zeichneten.

Jeden Sonnabendmorgen wurde ich von einem unverwechselbaren Geräusch geweckt. Meist sechs Frauen harkten den Kies hinter dem Schloß, während sie sich leise murmelnd unterhielten. Wenn ich auch nichts von dem verstehen konnte, was sie sich erzählten, so hatte allein das vertraute Geräusch etwas Beruhigendes.

Der Schloßplatz

Trat man durch das Portal hinaus auf den Platz vor dem Schloß, erblickte man zu beiden Seiten die Kavalierhäuser. Im rechten Kavalierhaus befand sich ein Gästetrakt und dahinter die Wohnung von Rentmeister Paul Brüning. Im linken Kavalierhaus wohnte die Rentnerin Fräulein Seele mit ihrer Tochter

Der Schloßplatz nach 1990 und vor dem Abriß der DDR-Plattenbauten (rechts vorn)

– die zu meinem großen Erstaunen keinen Vater hatte – sowie der Diener Karl Koch mit Frau und zwei Töchtern. Fräulein Seele litt an der Bechterew-Krankheit, einer schweren Wirbelsäulenverkrümmung, bei der sie nur stark nach vorn gebeugt gehen konnte. Ihr Kopf befand sich fast auf Wadenhöhe. Sprach sie mit mir, mußte sie ihn extrem zur Seite drehen, um mich von unten her anschauen zu können. In den restlichen Räumen des Hauses lagen die Büros von Forstmeister Alfred Ristow und Rentmeister Paul Brüning. Buchhalterin war Hertha Fahrenkampf, die man hin und wieder schimpfen hörte: »Natürlich – immer die Reichen haben das Geld.« Da konnte man ihr schlecht widersprechen.

Es war eine sehr behütete Zeit, in der ich groß wurde, eine Zeit, die von Traditionen bestimmt wurde. Doch es war eine trügerische Idylle. Die politisch bedingten Veränderungen der Zeit griffen auch in den Ablauf unseres Lebens ein. Obwohl vieles so festgefügt und sicher wirkte und wir uns einen Zusammenbruch dieses Lebens kaum vorstellen konnte, ahnten wir, daß wir auf schwankendem Boden standen. Diese Ahnung, die sich immer mehr manifestierte, war eine gute Vorbereitung auf die vielen Veränderungen, die mein Leben später bestimmen sollten.

Die Eltern

Meine Eltern stammten beide aus Familien, die in der Geschichte Preußens eine bedeutende Rolle gespielt haben. Allerdings werden die Hardenbergs – anders als die Schulenburgs – berühmt erst im neunzehnten Jahrhundert mit dem späteren Staatskanzler Karl August Fürst von Hardenberg. Mein Großvater, Wilhelm Georg Graf von Hardenberg, war Offizier. Mein Vater, geboren am 22. Oktober 1891, wuchs mit seinen Geschwistern Ella und Wilfried hauptsächlich in Potsdam auf. In Neuhardenberg lebte damals Kuno Graf von Hardenberg, ein kinderloser älterer Bruder meines Großvaters, den mein Vater später beerbte.

Bereits mit 23 Jahren, also 1914, heiratete mein Vater die am 29. Oktober 1888 in Lübben/Spreewald geborene Renate Gräfin von der Schulenburg aus Lieberose. Mein Vater war großgewachsen und von stattlicher Figur. Seine Haltung verriet militärischen Schliff: »Bauch rein, Brust raus!« Das fast schwarze

Hochzeit meiner Eltern, 1914

Meine Mutter Renate Hardenberg, um 1914

Mein Vater Carl-Hans Hardenberg, 1915

Haar trug er nach hinten gekämmt, was die rundliche Form seines Kopfes noch betonte. Seine wachen, immer interessiert und oft amüsiert dreinblickenden Augen verliehen seinem ebenmäßigen Gesicht eine besondere Ausstrahlung. Seine Nase schien vielleicht ein bißchen zu fleischig. Doch weder war sie eine Knollennase noch als häßlich zu bezeichnen. Wenn wir ihn necken wollten, dann sprachen wir von ihr als »Böhms Allerfrüheste«, eine damals bei uns bekannte und sehr gute Kartoffelsorte. Vaters Hände dagegen waren auffallend schön und wohlproportioniert.

Nach dem Ersten Weltkrieg absolvierte mein Vater eine Ausbildung in Land- und Forstwirtschaft sowie im Bankwesen. In dieser Zeit bewirtschafteten meine Eltern einen Bauernhof in Mochlitz bei Lieberose, der meinem Großvater mütterlicherseits gehörte. Keine leichte Aufgabe, denn mein Vater konnte nur am Wochenende nach Hause kommen, und der junge Haushalt war nicht gerade mit Reichtümern gesegnet.

Bei einem dieser Wochenendbesuche berichtete ihm meine Mutter mit trauriger Stimme, daß die einzige Kuh eingegangen sei. Mein Vater schien nicht im Geringsten berührt, was meine Mutter gar nicht verstehen konnte. Auf ihre etwas unwillige Frage, ob er denn gar nichts darauf zu antworten wüßte, lächelte er nur maliziös und antwortete: »Macht nichts, Onkel Kuno ist auch tot.« Er hatte meinen Vater zum Alleinerben aller Güter der ehemaligen fürstlichen Standesherrschaft bestimmt. Vater erhielt nach Bekanntwerden des Erbes von seinem langjährigen Freund Kurt Plettenberg ein Glückwunschtelegramm, das ihn sehr zum Schmunzeln brachte: »Was das Saucischen unter den Würsten, das bist Du, mein lieber Hanni, nun unter den Fürsten.« »Saucischen« – das waren kleine, besonders gutschmeckende Bratwürstchen. Plettenberg meinte damit, daß Neuhardenberg unter den deutschen Standesherrschaften zwar eine der kleinsten war, dafür aber exzellent beleumundet und sozusagen die berühmte Rosine im Kuchen.

1922 übersiedelte mein Vater mit der Familie nach Neuhardenberg. Obwohl die Forst- und Landwirtschaft seinen ganzen Einsatz erforderte, widmete er sich zunächst nicht nur der Bewirtschaftung seiner Güter, sondern wurde auch, der Deutschnationalen Volkspartei (DNVP) angehörend, kommunalpolitisch tätig. Mit Hitlers Machtergreifung 1933 legte er aber alle seine Ämter nieder, um sich nicht mit der NSDAP oder einer ihrer Gliederungen einlassen zu müssen. Daß seine politische Einstellung in Neuhardenberg kein Geheimnis war, zeigt folgende lustige Geschichte: Anfang der dreißiger Jahre praktizierte in Neuhardenberg der Arzt Dr. Ruppin. Seine Frau Kati war eine glühende Nationalsozialistin, weshalb sie im Dorf den Spitznamen »Nazisse« trug. Während einer politischen Versammlung, an der auch mein Vater teilnahm, griff sie ihn plötzlich vehement wegen seiner ablehnenden Haltung gegenüber der NSDAP an. Ihre Attacken gipfelten in dem Ausruf: »Und Sie, Herr Graf, haben noch immer nicht den Weg zu mir gefunden.« Bevor mein Vater antworten konnte, erscholl aus den vorderen Reihen die Stimme von Kaufmann Hermann Horn: »Kati, dafür bist du viel zu alt.« Die große, blonde Kati Ruppin war nicht nur an die fünfzig, sondern auch korpulent und wenig attraktiv. So gingen ihre Vorwürfe gegen meinen Vater im allgemeinen Gelächter der Versammlung unter.

Als mein Vater die Güter übernahm, waren sie hoch verschuldet. Zusätzlich verschlimmerte die weltweite Agrarkrise, die vor allem die großen Ackerbaubetriebe zu spüren bekamen, die Situation. In dieser Zeit halfen meinem Vater besonders zwei Menschen, und das nicht nur mit gutem Rat, sondern vor allem finanziell: sein Schwiegervater, mein Großvater Otto Graf von der Schulenburg aus Lieberose, und sein Freund Bodo von der Marwitz, unser Nachbar aus Friedersdorf.

In der Wahl seiner Mitarbeiter hatte mein Vater großes Glück. Als Güterdirektor stand ihm schon bald der ungewöhnlich tüchtige Rudolf Bräuninger zur Seite, dem mein Vater, in weiser Voraussicht, zusätzlich zu seinem Gehalt eine erfolgsabhängige Gewinnbeteiligung garantierte; eine Maßnahme, die bei einigen der benachbarten Gutsbesitzer jedoch auf Kritik stieß. Auch die anderen Mitarbeiter meines Vaters zeichneten sich durch großes Fachwissen aus. Mein Vater verstand es, auf die Menschen zuzugehen, und deswegen schenkten sie ihm gern ihr Vertrauen. Er war gütig, ohne dabei sentimental zu sein, und diese Güte war lebensnah und praktisch. Sie ging mir nie auf die Nerven, denn sie wirkte weder bevormundend noch vermittelte sie mir ein schlechtes Gewissen.

Mein Vater war nicht gerade das, was man als musikalisch bezeichnet. Wenn er im Gottesdienst in den Gesang mit einstimmte, litt der Pfarrer in unserer Dorfkirche jedesmal Höllenqualen. Mein Vater selbst hat uns immer wieder spöttisch erklärt, ihm sei der Pfiff einer Lokomotive weitaus lieber als irgendein Musikstück, weil es schneller aufhöre. Marschmusik allerdings fiel nicht unter dieses vernichtende Urteil, die hatte er ausgesprochen gern.

Er interessierte sich zudem sehr für Zeitgeschichte und verfügte über ein großes historisches Wissen, das sich nicht nur auf die preußische Geschichte beschränkte. Sichtliches Vergnügen bereitete es ihm, seinem Bruder Fibs und seinen guten Freunden Kurt Plettenberg und Forstmeister Rheinen, ihre Kenntnisse untereinander zu messen. Manches Mal unterbrach das Läuten des Telefons die hitzigen Diskussionen, die über irgendwelche Daten oder sonstige unterschiedlichen Auffassungen entbrannten. Während einer der Herren in die Bibliothek ans Telefon ging, eilten die anderen zum zurechtgelegten Konversationslexikon und wußten danach alles ganz genau und natürlich besser.

Aus historischem Interesse hatte mein Vater die *Weißen Blätter – Zeitschrift für Tradition, Geschichte und Staat* abonniert. Herausgeber war der später im Zusammenhang mit dem 20. Juli 1944 ermordete Dr. Karl Ludwig Freiherr von und zu Guttenberg. Die Zeitschrift enthielt unter anderem Beiträge von Reinhold Schneider, Werner Bergengruen und Jochen Klepper. Ihr Inhalt war sowohl dem monarchistischen Gedankengut als auch der Ökumene verpflichtet. Vor allem aber gehörte sie zu den wenigen noch erscheinenden Monatszeitschriften, die als oppositionell galten.

Mein Vater ging mit uns Kindern zärtlicher um als unsere weniger spontane, aber ebenso liebevolle Mutter. Dabei war sie im wahrsten Sinne des Wortes allen, denen sie im Leben begegnete, von Herzen zugetan, auch wenn sie das nicht so gut vermitteln konnte wie er. Ihre zurückhaltende Art ließ sie den Freunden unserer Kindheit und Jugend hie und da unberechtigterweise als eher streng erscheinen. Ludwig Hammerstein zum Beispiel las mir einmal einen Eintrag aus seinem Tagebuch vor, in dem es hieß: »Dieses Wochenende in Neuhardenberg verlief viel lockerer als sonst üblich, da die Hausfrau nicht anwesend war.« Er hat seine Meinung über meine Mutter später revidiert, denn auch ihm war nicht verborgen geblieben, wieviel weicher und offener meine Mutter im Umgang mit Menschen nach dem Verlust unserer Heimat geworden war.

Die Ehe meiner Eltern, von großem gegenseitigen Vertrauen getragen, war sehr glücklich. Meine Mutter hielt meinen Vater für etwas ganz Besonderes. Ich hatte manches Mal das Gefühl, aus ihrer Stimme einen mitleidigen Unterton herauszuhören, wenn sie über ihre Freundinnen und deren Männer sprach. Keine hatte einen so interessanten Partner wie sie! Aber das bedeutete keineswegs, daß sie meinem Vater etwa kritiklos gegenübergestanden hätte.

Meine Mutter reichte meinem Vater ungefähr bis zur Schulter, und sobald wir Kinder herangewachsen waren, war sie der »Familienzwerg«. Ihr Gesicht hatte sehr feine, ebenmäßige Züge mit einem reinen Teint. Von übertriebener Kosmetik hielt sie nicht viel, wohl aber von gründlicher Reinigung, weshalb ihr bis ins hohe Alter eine makel- und fast faltenlose Haut erhalten blieb. Sie trug ihr mittelblondes Haar in Wellen eng am Kopf anliegend und im Nacken zu einem kleinen Knoten zusammengefaßt. Obwohl sie sechs Kinder geboren hatte, war ihre Figur schlank und fest geblieben. Durch das Stillen hatte sich ihr Busen recht kräftig entwickelt. Wenn sie ein ausgeschnittenes Kleid trug, beeindruckte mich der tiefe Spalt zwischen ihren Brüsten, der mir, wenn sie sich beim Gutenachtkuß zu mir herunterbeugte, wie eine Schlucht im Gebirge vorkam.

Der große Haushalt in Neuhardenberg erforderte viel Umsicht, aber meine Mutter hatte alles fest im Griff, denn sie verfügte über umfassende Kenntnisse aller Arbeitsabläufe, um entsprechend disponieren zu können. Kochen konnte sie nicht, doch wußte sie genau, welches Gewürz den Geschmack welcher Speise abrundete.

Sie besaß eine schöne Stimme, die vor ihrer Hochzeit in Berlin ausgebildet worden war. Als junge Frau gab sie das Singen auf, denn sie merkte schnell, daß sie damit bei meinem Vater »keinen Blumentopf« gewinnen konnte. Auch mich beeindruckte als Kind weniger ihr Gesang, als der damit verbundene ständige Wechsel des Gesichtsausdrucks. Ich stellte ihr deshalb einmal voller Mitleid die Frage, ob Singen sehr weh täte, was großes Gelächter nach sich zog. Ihre Musikalität hat sie als einzigem ihrer Kinder meiner Schwester Atti vererbt.

Meine Eltern waren passionierte Reiter. Von Frühjahr bis Herbst ritten sie beinahe täglich aus. Meine Mutter trug dazu – damals schon etwas altmodisch – ein Reitkleid und saß im Damensattel auf dem Pferd, was sehr elegant aussah. So gern sie zusammen ausritten, so wenig kann ich mich daran erinnern, sie jemals zusammen tanzen gesehen zu haben. Auch hat mein Vater seine Frau nie in einer öffentlichen Rede für irgendetwas gelobt oder ihr gedankt. Vielleicht lag das daran, daß es in seiner Generation nicht üblich war, außerhalb der engsten Familie Gefühle zu zeigen.

Beide fühlten sich traditionellen Werten verbunden und verpflichtet. An erster und vielleicht wichtigster Stelle stand die Verwurzelung im christlichen Glauben, in Preußen bekanntlich evangelischer Prägung. Tätiges Engagement im kirchlichen Bereich war selbstverständlich. Mein Vater bekleidete das Amt des Kirchenpatrons in sieben Pfarrgemeinden und nahm seine Aufgabe sehr ernst. Meine Mutter leitete die evangelische Frauenhilfe. Hin und wieder kamen auch die Frauen aus dem Dorf ins Schloß, lasen gemeinsam in der Bibel, sangen und machten Handarbeiten. Tisch- und Abendgebet und auch der Sonntagsgottesdienst gehörten selbstverständlich zu unserem Leben. Wir empfanden den Glauben als sehr lebendig, da er uns Raum gab für eigene Überlegungen.

Mein Vater als »Erster Gardist« (1. Garderegiment zu Fuß) in Potsdam vor dem Ersten Weltkrieg

Von der charakterlichen Einstellung her galt meinen Eltern etwas als wichtig, das ich selbst heute im Rückblick im besten Sinne als »preußisch« bezeichnen möchte in der zum geflügelten Wort gewordenen Formulierung des Grafen Schlieffen: »Viel leisten, wenig hervortreten, mehr sein als scheinen.« Übertreibungen und Selbstdarstellungen waren in Neuhardenberg verpönt, und jeder, der das übersah, bekam postwendend den Wink: »Nun spuck' mal nicht so hohe Bogen!«

Einen weiteren Grundsatz, der uns zu Hause begleitete, mag man ebenfalls als preußisch bezeichnen, zumal er in unserer heutigen, stark auf Selbstverwirklichung ausgerichteten Gesellschaft manchmal in Vergessenheit zu geraten scheint, nämlich, daß man zwar seine Rechte kennen, dabei aber nicht die Pflichten vergessen dürfe. Sich ihrer – man könnte hinzusetzen: patriarchalischen – Verantwortung als Kirchenpatron und Gutsbesitzer bewußt, entsprachen mein Vater und auch meine Mutter damit in vieler Hinsicht den Erwartungen der Menschen, die ihnen in ihrer privilegierten Stellung anvertraut waren.

Typisch für die Wertbegriffe waren auch klare Normen, was rechtens war und was nicht. Ich habe schon erzählt, daß man mir als Kind verbot, Blumen von der Wiese zu pflücken – an sich eine Belanglosigkeit, an der sich heute wohl niemand stören dürfte. In solchen Fällen aber ging es meinen Eltern ums Prinzip: Nicht alle Handlungen, zu denen man sich in der Lage sieht, sind auch erlaubt. Es gibt Grenzen, die für alle gleichermaßen gelten.

All diese Wertvorstellungen in meinem Elternhaus scheinen mir hier erwähnenswert, weil man sie wohl auch als Mosaiksteine jener Gesinnung verstehen muß, die meinen Vater und die anderen Verschwörer im Widerstand gegen den Nationalsozialismus leiteten, und die ihm eine Orientierung ermöglichten. Diese festen Maßstäbe haben ihm freilich den Weg in den Widerstand nicht nur erleichtert. Ich werde darauf zurückkommen, welchen Kampf er mit sich selbst ausfocht, um sich als preußischer Offizier wilhelminischer Prägung vom Eid gegenüber dem obersten Kriegsherren lösen zu können und darüber hinaus die Vorbereitungen zum Tyrannenmord zu unterstützen. Mein Vater hat später in eigenen Worten niedergeschrieben, wie tief er und seine Freunde dieses Dilemma empfanden: Einerseits konnten sie den Verbrechen des Staates nicht länger tatenlos zusehen, andererseits erschien ihnen ein Attentat selbst als ein Verbrechen.

Bodo Scheurig, Autor einer Biographie über Henning von Tresckow, hat mit Blick auf friderizianische Offiziere, die sich im Kriegsdienst angesichts eines inneren Konfliktes zwischen Ehre und Gehorsam für die Ehre entschieden, einmal das Wort vom »preußischen Gebot der Insubordination« geprägt.

Kindheit und Erziehung

Wir waren sechs Geschwister, fünf Schwestern und ein Bruder: Gisela, geboren 1917; Ehrengard, geboren 1919, doch bereits mit vier Jahren an einer Blutkrankheit gestorben; Renate, genannt Lalla, geboren 1922, dann ich, Reinhild, genannt Wonte, geboren 1923; Friedrich-Carl, genannt Fritze, geboren 1924, und unsere jüngste Schwester, Astrid, mit Spitznamen Atti, geboren 1925.

Als viertes Mädchen in Folge war ich eine Enttäuschung für meine Eltern. Wieder kein Stammhalter. Zu meiner Geburt gab es daher kaum Glückwünsche, und meine Mutter meinte später einmal, sie sei sich damals wie eine Kuh vorgekommen, die nur Bullenkälber zur Welt bringt. Denn so wie der Landwirt von seinen Kühen Kuhkälber für die Milchwirtschaft und die Aufzucht erhofft, so erwartete mein Vater von ihr den Stammhalter für die Erbfolge.

Als endlich der ersehnte Sohn ein Jahr später zur Welt kam, war alles anders. Als die Wöchnerin mit dem Säugling aus dem Potsdamer Krankenhaus

Wir Geschwister: von links Renate gen. Lalla, Reinhild gen. Wonte, Gisela, Friedrich-Carl gen. Fritze, Astrid gen. Atti

Empfang mit Hörnerklang für den lang ersehnten Erben: meine Mutter trifft mit dem neugeborenen Fritze in Neuhardenberg ein

zurückkam, bliesen die Förster in Neuhardenberg auf ihren Jagdhörnern den »Fürstengruß«. Eine Welle von Glückwünschen schwappte über Mutter und Sohn herein. Und mein Vater stiftete aus lauter Dankbarkeit eine Orgel für die Kirche des Dorfes.

Meine Mutter hatte feste Vorstellungen von unserer Erziehung, was ein gut erhaltenes Schriftstück beweist, auf dem – zum Teil handschriftlich, zum Teil mit Schreibmaschine getippt – all das festgehalten ist, worauf die Kinderpflegerin ihrer Meinung nach zu achten hätte. Ihre Anweisungen auf diesem Papier klingen sehr nüchtern, ja beinahe kühl und lassen eine große Distanz zwischen unseren wechselnden Erzieherinnen und meinen Eltern vermuten. Doch der erhaltene Briefwechsel meiner Eltern mit unserer Lehrerin Schaudine, nachdem sie Neuhardenberg verlassen hatte, spricht eine andere Sprache: Er ist geprägt von großer Wärme, Freundschaft und Vertrautheit, und zwar von beiden Seiten.

Die Instruktionen meiner Mutter betrafen zunächst unsere regelmäßige Körperpflege: »Die Haare bürsten, bürsten, bürsten«, ist mir besonders in Erinnerung. »Nur dadurch allein sehen die Haare gepflegt aus. Alle vierzehn Tage Kopf waschen, die Zähne mit harter Zahnbürste putzen.« Und, unsere Gesundheit vor Augen, notierte meine Mutter: »In der prallen Sonne nicht ohne Hut im Hochsommer«, und: »Auf die Verdauung achten.« Natürlich kam die Wertevermittlung nicht zu kurz: »Kleine Pflichten. Verantwortungsgefühl. Anvertraute Tiere regelmäßig füttern.« Das bezog sich auf meine Schwester Lalla, die einige Angorakaninchen geschenkt bekommen hatte. Vor allem die Fellpflege der Tiere kostete viel Zeit, und der Anspruch meiner Mutter »Haare bürsten, bürsten, bürsten« galt auch für unsere Schutzbefohlenen.

Meine Schwester Lalla, um 1930

Die Liniendroschke

Den heutigen Vorstellungen, wie kleine Grafenkinder vielleicht früher aufwuchsen, entsprach der folgende Abschnitt sicher in keiner Weise: »Im Sommer sollen sie viel barfuß laufen. Sofern der Boden nicht mehr kalt ist und sie keine kalten Füße haben, können sie auch zu Tisch barfuß aber sauber kommen.« Gleich zu Beginn der Notizen heißt es: »Die Kinder sollen bei allen Spielen und Beschäftigungen zur Ordnung angehalten werden. Beim An- und Ausziehen sollen sie selbst Ordnung halten, nicht Sachen herumwerfen und andere aufheben lassen.« Meine Mutter fährt fort: »Sie müssen alles essen, was auf den Tisch kommt. Sie müssen sich beherrschen und Schmerz verbeißen lernen.« Und unmißverständlich fügt sie hinzu: »Auf dies beides lege ich großen Wert«.

Rückschauend habe ich manches Mal das Gefühl, in meiner Jugend keinen Satz so häufig gehört zu haben wie die Aufforderung: »Reiß dich zusammen!« Ebenso großen Wert legte meine Mutter auf Höflichkeit. Und zwar jedem gegenüber. Standesunterschiede wurden da nicht gemacht. So mußten wir auch im Haus aufmerksam allen Angestellten zuerst guten Morgen sagen.

In Neuhardenberg gab es eine »Liniendroschke«, die, von zwei Pferden gezogen, ungefähr vierzehn Personen befördern konnte. Bei diesem in Kurland bekannten Gefährt saß man im Reitersitz auf einem schmalen Brett, das Vorder- und Hinterachse des Wagens verband. Mit dieser Liniendroschke fuhren wir in meiner Kindheit oft zum Baden nach Altfriedland zu den Oppens. Bei diesen Fahrten bestanden meine Eltern darauf, daß wir die Bäume am Straßenrand grüßten, sozusagen um gute Manieren einzuüben.

Wie wichtig meinem Vater taktvolles Benehmen im Umgang mit anderen war, zeigte er mir als Heranwachsender mit dem wohl heftigsten Verweis, den ich mir je von ihm einhandelte. Wir fuhren damals mit einem Gast in der Pferdekutsche von Lietzen nach Neuhardenberg. Auf dem Kutschbock saß Franz Engelke. Als wir durch Platkow kamen, fragte mich unser Gast: »Und wer wohnt denn hier?« Bevor ich noch richtig nachgedacht hatte, antwortete ich: »Keiner!« Damit meinte ich, daß in Platkow kein Großgrundbesitzer wohnte. Mein Vater ließ mir diese Taktlosigkeit – auch Kutscher Franz Engelke gegenüber – nicht durchgehen und wies mich in dessen und unseres Gastes Gegenwart umgehend scharf zurecht.

Natürlich wurden wir auch in die typischen Gepflogenheiten unserer eigenen Gesellschaft eingeführt, die festen Regeln unterlagen. So verlangte meine Mutter, wenn wir Gäste hatten, »beim Guten-Tag-Sagen den Damen die Hand zu küssen. Der Junge macht auch vor Herren eine Verbeugung, die Mädchen keinen Knicks (nur bei Fürstlichkeiten). Die Erwachsenen zuerst zur Tür hinausgehen lassen. Heruntergefallene Sachen aufheben, auch wenn's einem unbequem ist.« Für die Fahrt im Kutschwagen und später im Auto galt: »Erwachsene sitzen im Wagen rechts«, und, so fährt meine Mutter fort: »in der Stadt oder bei feierlichen Gelegenheiten die Erwachsenen rechts gehen lassen. Wenn zwei Kinder einen Erwachsenen begleiten, dann müssen sie rechts und links von ihm gehen.«

Sie behandelte in ihren Ausführungen auch die Frage des Kindergottesdienstes. Um das Benehmen der Kinder zu kontrollieren, war die Kinderpflegerin gehalten, ab und an mitzugehen. Das Geld für die Kirchenkollekte war genau festgelegt. Das Rentamt sollte dafür Kupfergeld zur Verfügung stellen.

Meiner Mutter lag besonders daran, daß wir von »schlechten Eindrücken« ferngehalten wurden, wie zum Beispiel dem Schlachten oder Aufbrechen von Tieren. Was haben wir Kinder nicht alles angestellt, um einmal einen Blick auf eine Schlachtung werfen zu können! Für den Fall, wir wurden erwischt, hatte meine Mutter angeordnet: »Alle Unregelmäßigkeiten melden.« Es folgten dann noch Instruktionen, die auf die jeweiligen Eigenschaften von jedem einzelnen von uns abgestimmt waren. Bei mir hieß es: »Wonte muß sich besonders zusammennehmen, weil sie sehr zappelig sein kann und sich dann innerlich aufreibt. Sie kämpft dagegen an, wenn man sie immer wieder darauf hinweist.« Noch heute habe ich hin und wieder die Ermahnungen meiner Mutter im Ohr: »Wonte! Ruhe, Ruhe, Ruhe!«

Da alle ihre Anweisungen sehr ernst genommen wurden, hatte ich so manches Mal das Nachsehen. Wann immer es Grund zur Freude gab, achtete niemand darauf, wie meine Geschwister sich benahmen, ob sie herumhüpften und tobten, sondern alle Aufmerksamkeit galt nur meinem Verhalten. Sobald ich meinen Gefühlen Ausdruck gab, war jedermann bemüht, sie zu dämpfen. Auch durfte ich oft nicht mit den Geschwistern im Kinderzimmer zu Abend essen, sondern

Mein Bruder Friedrich-Carl, gen. Fritze, um 1932

bekam etwas in mein Schlafzimmer gebracht und wurde anschließend zur Beruhigung in ein Kräuterbad gesteckt.

Reiten mochte ich nicht besonders, weshalb meine diesbezüglichen Künste sich in Grenzen hielten. Noch heute höre ich unseren Reitlehrer, Herrn von Gustedt, der immer etwas an mir auszusetzen fand, vorwurfsvoll sagen: »Bei dir möchte ich lieber Gebetbuch als Pferd sein. Das wird mehr geschont«.

Mein Vater forderte von uns Mutproben, die nicht immer einfach waren. So verlangte er einmal von mir, eine steile Kiesgrube hinunterzureiten. Ich fand dieses Ansinnen einfach entsetzlich und erinnere mich genau, daß ich mich einfach weigerte, obwohl auch Fritze dabei war. Aber das wurmte mich später, und mein Unmut, die Prüfung nicht über mich gebracht zu haben, wuchs und wuchs, so daß ich am nächsten Tag heimlich allein wieder zur Kiesgrube ritt. Und ich schaffte es diesmal tatsächlich, mich selbst zu bezwingen. Meine Selbstachtung kehrte zurück.

Mein Vater konnte es nicht ausstehen, wenn eines von uns Kindern weinte. Hatte Fritze seine Hausaufgaben nicht richtig gemacht oder sich aus sonst einem Grunde einen »Rüffel« eingehandelt, brach er in Tränen aus, und man konnte sicher sein, daß wir Schwestern, voll Mitleid mit unserem Bruder, sofort ebenfalls zu schluchzen anfingen. Das führte jedesmal dazu, daß mein Vater uns mit einem deutlichen: »Alle raus!« vor die Tür setzte.

Kutscher Franz Engelke nahm im Haus eine Sonderstellung ein, weil er im Ersten Weltkrieg »Bursche« meines Vaters gewesen war. Der größte Tag im Jahr war für ihn der Schlachttag, denn er hatte nicht nur gelernt, Schweine und

Wonte im Park,
Sommer 1933

Kälber zu schlachten, sondern beherrschte auch die Kunst, den Wurstteig zuzubereiten und zu würzen. Meine Mutter schmeckte die verschiedenen Sorten ab, die Leberwurst und auch die Blutwurst. Ich wollte es ihr gleichtun, und eifrig machte ich mich über die frische Leberwurst her. Bei der Blutwurst kostete es mich allerdings einige Überwindung, die ich mir aber nicht anmerken ließ.

Über viele Jahre meiner Kindheit genoß Franz Engelke meine ganz besondere Hochachtung und Bewunderung. Nach seinen Erzählungen hatte er meinem Vater im Ersten Weltkrieg an vorderster Front das Leben gerettet. Für mich eine Heldentat! Bis irgendwann einmal die ruhmreiche Geschichte vor meinem Vater zur Sprache kam und sich als reine Mär herausstellte. Franz Engelke war nie an der Front gewesen!

Für mich brach eine Welt zusammen, und mein Vertrauen in die Glaubwürdigkeit der Erwachsenen erhielt einen schweren Schock. Von da an fragte ich Kutscher Engelke immer, wenn er etwas erzählte, ob das denn auch der Wahrheit entspräche. Wenn er sich – was häufig geschah – dann in die Enge getrieben sah, nahm er seine Mütze ab, kratzte sich hinter dem Ohr und nuschelte: »Na, denn weeß ick ooch nich«.

Unseren Kutscher konnte ich noch nach dem Wahrheitsgehalt seiner Geschichten fragen. Bei den anderen Erwachsenen war das nicht erlaubt. Immer wurde uns Kindern gegenüber der Eindruck erweckt, daß Erwachsene tadellos und ohne Fehl seien. Mich wunderte allerdings, warum ebendiese unfehlbaren Erwachsenen im »Vaterunser« beim Abendmahl am Karfreitag oder am Buß- und Bettag in der Kirche in aller Öffentlichkeit ihre Schuld bekennen und um Vergebung bitten mußten.

In Pfarrer Herbert Köller, der mich auf meine Konfirmation vorbereiten sollte, fand ich einen verständnisvollen Lehrer und Freund. Dankbar erinnere ich mich daran, daß er bei schönem Wetter im Park mit mir auf das »Buchennest« stieg, um mir dort Unterricht zu geben. Dieser Ort war eine von uns Kindern selbst gebaute Sitzgelegenheit mit Tisch im Geäst einer großen Buche. Als wir Kinder einmal zur Musik aus dem Radio, das wir ins offene Fenster gestellt hatten, ums Rondell vor dem Haus ritten, kam Pfarrer Köller mit seinem Motorrad angefahren, reihte sich ganz schnell in unseren galoppierenden Kreis ein und fuhr ein paar Runden mit, was ihm unsere höchste Anerkennung einbrachte.

Natürlich zog auch in Neuhardenberg die neue Zeit mit ihren technischen Errungenschaften ein, und das Auto löste den Pferdewagen ab – vor allem bei Ausflügen in die weitere Umgebung. In der Garage standen damals ein roter Protos und ein dunkelblauer Mercedes.

Da nun weniger Pferde für Kutschfahrten benötigt wurden, gab es auch weniger im Stall zu tun. Kutscher Engelke avancierte zum Chauffeur und wurde

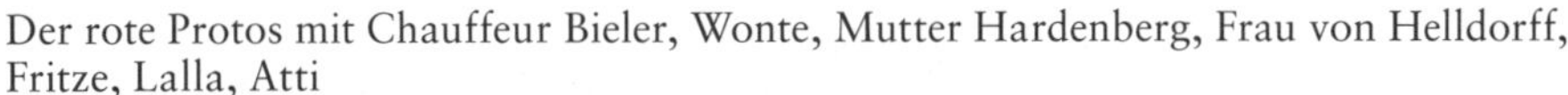

Der rote Protos mit Chauffeur Bieler, Wonte, Mutter Hardenberg, Frau von Helldorff, Fritze, Lalla, Atti

im Handumdrehen vom Kutschbock hinters Steuer verfrachtet. Das ging wohl alles ein wenig schnell, denn so viel er von Pferden verstand, so wenig verstand er von Automotoren. Sie blieben für ihn ein Buch mit sieben Siegeln. Engelkes große Leidenszeit begann jedoch, als wir am Anfang des Krieges einen mit Holzkohlen betriebenen Packard, ein amerikanisches Auto, bekamen. Wenn mein Vater seine Abfahrt für sieben Uhr morgens ansetzte, zog Kutscher Engelke den Packard schon um halb sieben mit den Pferden auf den Hof, um ihn so in Gang zu setzen. Das gelang allerdings erst nach mehreren Anläufen und führte dazu, daß sich die Abreise – sehr zum Leidwesen meines überaus pünktlichen Vaters – jedesmal um einige Zeit verschob.

Eine Fahrt nach Berlin dauerte damals anderthalb bis zwei Stunden, bei Glatteis entsprechend länger. Da sowohl der Mercedes als auch der Protos nur Planenverdecke hatten, erstarrte man im Winter darin zu Eiszapfen. Mein Vater legte den ersten Stopp immer erst am Gendarmenmarkt ein. Er und mein Bruder Fritze verschwanden dann für die nächsten fünfundvierzig Minuten beim Büchsenmacher Geiger. Ich nutzte die Gelegenheit, um mich in den Grünflächen zwischen den Büschen gründlich zu übergeben, da mir bei längeren Autofahrten jedesmal speiübel wurde.

Der rote Protos hatte nicht nur im Winter, sondern auch im Sommer eine unangenehme Eigenschaft, die vor allem uns Kindern zu schaffen machte. Unser Vater nahm uns auf seinen Fahrten über die Felder und durch den Wald oft mit, und wir durften fernab der öffentlichen Straßen das Autofahren üben. Solche Gelegenheiten nahmen wir natürlich gerne wahr. Doch der Dämpfer folgte sozusagen auf dem Fuße. Da das Gaspedal noch nicht richtig isoliert war, erhitzte es sich schon nach kürzester Zeit. Um also fahren zu können, mußten wir das mittlerweile gluhendheiße Pedal bedienen – mit bloßen Füßen, denn im Sommer liefen wir ja meist barfuß herum. Den mittelalterlichen Heiligen, die der Legende nach über glühende Pflugscharen geschritten waren, muß ähnlich zumute gewesen sein. Wir litten wie sie, tapfer und ohne ein Sterbenswörtchen von uns zu geben. Die Angst, nicht mehr Auto fahren zu dürfen, wog schwerer als der Schmerz.

Einmal ließ mich mein Vater sogar auf offener Landstraße fahren. Prompt sahen wir in einiger Entfernung vor uns eine Straßenkontrolle, und eilig tauschte mein Vater den Platz mit mir. Der Polizist hielt uns an. Er hätte zwar schwören können, daß im Auto ein Sitzplatzwechsel stattgefunden habe. Allerdings könne das Mädchen ja auf gar keinen Fall das Auto gelenkt haben. Er ließ uns kopfschüttelnd weiterfahren. Die Erleichterung meines Vaters teilte ich ganz und gar nicht. Vielmehr war ich zutiefst beleidigt, weil er mir das Chauffieren nicht zugetraut hatte.

Es gab zwischen Eltern und Kindern wenig Diskussionen darüber, was zu geschehen hatte und was nicht. Dennoch störte es mich, wenn Verbote ohne nähere Begründung ausgesprochen wurden. Ich wollte von klein auf verstehen, warum ich das eine tun und das andere unterlassen sollte. Aber die Erwachsenen bestimmten. Ich war im Allgemeinen diszipliniert genug, aufkeimende Opposition für mich zu behalten. Das bedeutete jedoch nicht, daß ich immer den Mund hielt. Und wenn ich redete, tat ich das meist wohlüberlegt, da Widerspruch, wenn er denn geäußert wurde, nur gut begründet und möglichst ruhig vorgebracht Erfolg versprach.

Ich habe unter der manchmal strengen Erziehung nicht gelitten, wie man heute vielleicht vermuten könnte, sondern erinnere diese Zeit als unbeschwert und sehr fröhlich. Wer sich innerhalb der gesetzten Grenzen bewegte, der lebte in einer warmherzigen, humorvollen Umgebung voller Geborgenheit, in der auch den Kindern Spaß und nicht selten sogar Spott erlaubt waren. Die Eltern vermittelten uns ihr eigenes soziales Empfinden und Verantwortungsgefühl. Sie wollten uns darauf vorbereiten, anderen mit gutem Beispiel vorangehen zu können. Sie selbst erfüllten die Vorbildrolle, verlangten sie doch nichts von uns, was sie nicht selbst bereit waren zu leben.

Manchmal hege ich allerdings gewisse Zweifel, ob meine Eltern damals die Art, mich um meine Mitmenschen zu sorgen, als großen Erfolg ihrer Erziehung gewertet hätten. Etwa im Jahre 1931 beschloß meine Mutter, daß wir Mädchen Klavierspielen lernen sollten. Für den Unterricht engagierte sie Frau Sandhof, eine Bäuerin aus dem Oderbruch, die in den Sommermonaten deshalb zweimal pro Woche bei jedem Wetter die etwa acht Kilometer nach Neuhardenberg geradelt kam.

Bekanntlich beginnt der Tag auf einem Bauernhof zeitig, und so war Frau Sandhof gewöhnlich schon seit fünf Uhr morgens auf den Beinen. Sie hatte nicht nur ihre Kühe gemolken, sondern auch noch manch andere Arbeit erledigt, bevor sie auf einem Stuhl am Klavier neben einer ihrer nicht gerade eifrigsten und begabtesten Schülerinnen saß. Was Wunder, daß sie deshalb so manches Mal mit ihrer Müdigkeit kämpfte, grundsätzlich diesen Kampf verlor und sanft entschlummerte. Voll des Mitleids mit meiner Lehrerin entlockte ich dem Klavier alsbald nur noch gleichmäßige, nicht zu laute Töne. Ich war fest davon überzeugt, eine gute Tat zu vollbringen, indem ich sie einfach schlafen ließ.

Die Sorgen in der Landwirtschaft bekamen wir schon sehr früh mit. Das galt, nachdem mein Vater die Güter wieder einigermaßen hochgebracht hatte, besonders für die Zeit der Weltwirtschaftskrise in den Jahren 1929 und 1930. Als mein Vater wirtschaftlich unter Druck und so in die Gefahr geriet, Arbeiter entlassen zu müssen, zogen meine Eltern es vor, zunächst selbst den Gürtel enger zu schnallen. Infolgedessen gab es bei Tisch nur noch zwei statt drei Gänge, und ich erinnere noch meine Enttäuschung, wenn bei Tisch an den aufgelegten Bestecken zu erkennen war, daß es wieder keine süße Speise geben würde. Anstelle des als zu teuer angesehenen Kaffees tranken wir nun Tee. Selbst zu

Wir Kinder beim Hochzeitsspiel im Park, Gisela als Braut, Cousine Mady Schilling als Bräutigam

Weihnachten ließen uns die Eltern spüren, daß überall gespart werden mußte. Auf unseren Gabentischen fanden wir nur dringend benötigte Kleidungsstücke vor. Da ich der festen Meinung war, daß das Einkleiden zu den Elternpflichten gehörte, leuchtete mir nicht ein, warum Kleider jetzt den Rang von Geschenken erhielten. Und selbst Schaudines Bitte um ein wenig Tannengrün auf den Gabentischen lehnte meine Mutter ab. Sie wollte uns, wenn auch kindgerecht, zeigen, daß die Zeiten schlecht waren.

Als kleine Kinder hatten wir die Landarbeit auf den Betrieben nur vom Kutschwagen oder vom Auto aus kennengelernt, wenn wir unseren Vater bei seinen Inspektionsfahrten begleiteten. Später dann ließ er uns alle mit Melkschemeln und Eimern ausrüsten, damit wir selber Hand anlegen konnten. Gemeinsam mit Schaudine mußten wir beim »Schweizer«, wie man damals den Melker nannte, das Melken lernen. Mein Vater begutachtete unsere Fortschritte von Zeit zu Zeit persönlich. Wie ein landwirtschaftlicher Betrieb tatsächlich funktionierte, lernte ich allerdings erst im Krieg kennen, als ich, inzwischen erwachsen, die Sekretärin meines Vaters war.

Mein Vater achtete darauf, nicht nur zu den Landarbeitern auf seinen Gütern, sondern auch zu deren Familien ein gutes Verhältnis zu pflegen. Ein besonderer Anlaß für solche Zusammenkünfte mit den Familien der Angestellten und meinen Eltern bildete alljährlich das Erntedankfest im Oktober.

Mein Vater Carl-Hans Hardenberg mit uns Kindern im Park, um 1930

Carl-Hans Hardenberg mit den Kindern Hardenberg, von der Marwitz und Tappert, Sommer 1930

Erntefest 1930. Auf den Stufen Carl-Hans Graf von Hardenberg zwischen Güterdirektor Bräuninger und Frau Bräuninger.

Mit dabei waren auch der Güterdirektor Rudolf Bräuninger und seine Frau sowie die Inspektoren und Förster mit ihren Ehefrauen. In meinem Besitz befindet sich eine alte Fotografie, auf der meine Eltern und Bräuningers auf der Treppe von Lietzen die Erntekrone entgegennehmen. Das junge Mädchen, das gerade im Begriff ist, die Treppe zu ihnen hinaufzusteigen, hält den Kopf tief gesenkt. Doch wer hier vermutet, daß es sich um eine Demutshaltung handelt, der irrt gründlich. Das Mädchen schaut nur in die aus Ähren mühevoll geflochtene Krone, um von einem darin verborgenen Zettel das Erntegedicht ablesen zu können.

Dieses Fest begann am frühen Nachmittag mit Kaffee und Kuchen. Kuchen war immer so reichlich vorhanden, daß sich anschließend jede Familie noch eine große Tasche voll für zu Hause mitnehmen konnte. Abends gab es dann ein Essen und Freibier, anschließend Tanz und Gesellschaftsspiele. Besonders Tauziehen war sehr beliebt. Wenn mein Vater und Bräuninger in zwei Gruppen gegeneinander antraten, nahmen die anspornenden Zurufe und das Gejohle kein Ende. Beim Erntetanz achtete mein Vater darauf, jede der anwesenden Frauen wenigstens einmal aufzufordern, und ein landwirtschaftlicher Inspektor half ihm dabei, auch ja keine zu vergessen.

Besuche in Lieberose

Gelegentlich besuchten wir unseren Großvater Schulenburg und unsere Cousinen in Lieberose. Meine Großmutter Luise, eine geborene Freiin Schilling von Canstatt, kam aus Baden. Da sie früh gestorben war, habe ich sie nicht mehr kennengelernt. Nur von ihren Rezepten profitiere ich noch heute, denn meine Mutter übernahm einige davon für unseren eigenen Speiseplan. Die Springerle an Weihnachten und unser Lieblingsgericht Kirschrösterle gehörten dazu.

Das Schloß Lieberose – eine mehrgeschossige barocke Vierflügelanlage mit einem gewaltigen Uhrturm – war ungleich größer als Neuhardenberg, dafür aber nicht so anmutig.

Zu den Ausmaßen des Lieberoser Schlosses erzählte meine Mutter gern folgende Anekdote: Als sie einmal einen Ausflug der Neuhardenberger Frauenhilfe nach Lieberose organisiert hatte, wandte sich auf der Heimfahrt Frau Buchholz, eine der Bäuerinnen, an meine Mutter und meinte: »Wat für een jroßet Schloß is doch Ihr Elternhaus, da müssen sich ja Frau Gräfin jetzt in Neuhardenberg wie in't Jefängnis vorkommen!«

Für uns Kinder war ein Besuch in Lieberose immer auch ein Abenteuer. Entdeckten wir doch in dem verwinkelten Gebäude jedesmal neue Ecken und Nischen, die nur darauf warteten, von uns in Besitz genommen zu werden. Dabei verliefen wir uns nur allzu oft. So vertieft waren wir in unser Spiel, daß wir die Zeit vergaßen und meist zu spät zu den Mahlzeiten erschienen.

Schloß Lieberose

Schloß Lieberose,
Speisesaal

Mein Großvater beschloß im Alter von fünfundsechzig Jahren, wieder zu heiraten. Daß seine Braut drei Jahrzehnte jünger war, sorgte in der Familie für helle Aufregung. »We were not amused«, dieser Ausspruch trifft die Empfindungen am besten, die die Familie beschlichen. Meine Eltern schickten ihren engen Freund Kurt Plettenberg vor, um dem alten Herrn die Heiratspläne auszureden. Er wies meinen Großvater denn auch auf den nicht geringen Altersunterschied hin, der sich mit den Jahren immer deutlicher bemerkbar machen würde: »Fünfundsechzig zu fünfunddreißig, das mag ja noch gehen«, erklärte er. »Aber«, so fuhr Plettenberg fort, »wenn du siebzig bist, wird deine Frau vierzig sein, also noch sehr jung, in den besten Jahren sozusagen...« Mein Großvater wollte nicht verstehen. Er würde eben auch noch mit siebzig fit sein. Doch Plettenberg ließ nicht locker: »Stell' dir vor, du bist achtzig und sie gerade fünfzig...« Großvater Schulenburg überlegte nur einen Moment, schmunzelte und beendete die Diskussion dann mit einem Satz: »Na ja, wenn sie dann zu alt ist, kann ich ja noch einmal heiraten.« Und spazierte entschlossen zum Traualtar. Ob die junge Frau es nun auf das Erbe des alten Herrn abgesehen hatte und die Zeit ihr zu lang wurde, oder ob er eben doch nicht mehr so agil war: Drei Jahre später entschwand sie mit Großvaters Rechtsanwalt, der erheblich jünger war als sein Mandant.

Nach dem Krieg nahm meine Mutter Kontakt mit ihrer jugendlichen Stiefmutter auf und fand sie als Nonne in der Klosterschule Wald wieder, einem bekannten Mädcheninternat in Süddeutschland. Als Hausschwester wachte sie, zum Katholizismus übergetreten, mit den anderen Nonnen über die Moral junger Mädchen, die sich in stillen Stunden fröhlich kichernd Anekdoten aus deren »Lotterleben« erzählten. Eines Tages fuhr mein Bruder Fritze, der keine Ahnung von dem weiteren Leben seiner Stiefgroßmutter hatte, nach Wald, um eine Freundin aus der Klosterschule auf einen Kaffee abzuholen. Es wurde ihm bedeutet, dazu müsse er die Erlaubnis einholen. Fritze berichtete später, er sei einer »Haubenlerche« vorgeführt worden, die ihm gestattet habe, das junge Mädchen, als dessen Vetter er sich ausgegeben hatte, zusammen mit deren Freundin bis zum Abendessen auszuführen. Kaum hatten die drei die Klostermauern hinter sich gelassen, brachen die Mädchen in schallendes Gelächter aus und erzählten Fritze von der Vergangenheit der Hausschwester. Da erst dämmerte es ihm, wem er gerade begegnet war.

Schulzeit

Unsere Eltern wollten nicht, daß wir die Dorfschule besuchten, weil sie befürchteten, daß das Nebeneinander aller Altersstufen in einem großen Raum einer Vorbereitung auf weiterführende Schulen entgegenstand. Also erhielten wir Hausunterricht. Unsere Hauslehrerinnen wurden auf das Sorgfältigste ausgesucht. Nicht nur als Pädagoginnen mußten sie etwas taugen, sie wurden auch als Sekretärinnen meines Vater nachmittags in Anspruch genommen. So manche, glaube ich, empfand diesen Nachmittagsdienst angenehmer als unseren morgendlichen Unterricht. Einige Zeit unterrichtete uns auch ein Hauslehrer namens Letzas, ein recht schrulliger Mann mit einem schiefen Mund. Wie Kinder nun einmal sind – vor allem wenn sie sich in der Gruppe stark fühlen – machten wir uns oft einen Spaß daraus, ihn zu ärgern. So erklärte Herr Letzas eines Tages meiner Mutter, er allein sei mit dem gleichzeitigen Unterricht all ihrer Kinder überfordert, denn eigentlich gehöre jedes in eine andere Klassenstufe. Er wußte auch eine Lösung anzubieten und schlug vor, eine junge Dame zu seiner Unterstützung einzustellen. Eine Lehrerin, die er persönlich kannte und die er in den höchsten Tönen anpries. Meine Mutter ging darauf ein und engagierte tatsächlich besagte junge Hauslehrerin.

Letzas und das Zimmer der Neuen lagen im oberen Stockwerk nebeneinander. Was den angeblich so wachsamen Augen der Erwachsenen verborgen blieb, kriegten wir Kinder schnell spitz. Die beiden hatten ein handfestes Techtelmechtel miteinander. Aber nicht diese Tatsache lieferte meinen Eltern den Grund, sich von Herrn Letzas und seinem Liebchen zu trennen, sondern

Unsere Hauslehrerin Ingeborg Geisendörfer, geb. Schaudig, 1989

Zweifel an seiner Tüchtigkeit als Hauslehrer. Denn eines Tages beschloß er und tat es auch kund, einen Roman schreiben zu wollen. Wahrscheinlich fühlte er sich berufen, in die Fußstapfen Fontanes zu treten. Von dem Zeitpunkt an war er jedoch zu nichts anderem mehr zu gebrauchen. Er und seine Herzallerliebste wurden heimgeschickt.

Unsere älteste Schwester Gisela wurde von Fräulein Julie Laubmann unterrichtet, die wir liebevoll »Laubfrosch« nannten. Sie heiratete spater den Patronatspfarrer Franke in Lietzen, und da sie Vollwaise war, richteten meine Eltern die Hochzeit im Schloß für sie aus. Wir vier jüngeren Geschwister hatten eine andere Lehrerin, Ingeborg Schaudig, die 1928 aus Dinkelsbühl zu uns kam, wo ihr Vater evangelischer Dekan war. »Schaudine« war Anfang zwanzig, blond, blauäugig und vollschlank zu nennen. Obwohl sie sich sehr konservativ kleidete, hatte sie alles andere als altmodische Ansichten. Mit ihrem lustigen Wesen brachte sie uns oft zum Lachen, weshalb man sich Neuhardenberg bald nicht mehr ohne sie vorstellen mochte.

Wenn wir unsererseits Schaudine zum Lachen bringen wollten, wandelten wir den Refrain des Liedes »Ich bin ein Preuße, will ein Preuße sein« um und sangen: »Ich bin ein Preuße, will kein Bayer sein«. Schaudine liebte solche Scherze und war nicht so eine, die schnell etwas übelnahm. Auch das ließ sie uns ans Herz wachsen. Wenige Tage vor der Hochzeit ihrer Vorgängerin hatte sie bereits ihre neue Stelle in Neuhardenberg angetreten und nahm daher an der Feier teil.

Während des Hochzeitsessens hielt mein Vater eine Rede, in der er die guten Eigenschaften der Braut in den höchsten Tönen lobte. Kurz nach Beendigung des feierlichen Mahles fand er Schaudine tränenüberströmt unter einer Treppe sitzend vor. Auf seine besorgte Frage, was ihr denn solchen Kummer bereite, stammelte Schaudine schluchzend: »Wie kann ich denn die Nachfolgerin einer solchen Perle werden?« Mein Vater wischte ihr die Tränen ab und meinte aufmunternd: »Sie werden es schon schaffen.« Und natürlich schaffte sie es.

Schaudine gab regelmäßig Turnunterricht in der Dorfschule, an dem wir ebenfalls teilnahmen. Im Sommer turnten wir draußen in der Kastanienallee gegenüber der Kirche, und oft endete die Stunde mit einem Hindernisrennen über die Buchsbaumhecken vor dem Schloß.

Das oberste Motto der Erziehungsprinzipien meines Vaters lautete: Wer nicht an einem Tag im Schloß und am nächsten Tag auf einem Strohsack schlafen kann, ohne die Haltung zu verlieren, hat keine Kultur. Im Sommer 1933 schickten meine Eltern daher die elfjährige Lalla und mich, damals zehn, in Schaudines Begleitung auf eine sorgfältig vorbereitete Radtour durch die Mark Brandenburg, um uns die Heimat näherzubringen, wie meine Mutter sagte.

Wir übernachteten bei Freunden und Bekannten der Eltern, aber auch in zum Teil sehr primitiven Jugendherbergen. Eines Abends, als wir in einer solchen Herberge in unseren Betten lagen und alles schon dunkel war, begann Schaudine plötzlich zu reden. Sie redete und redete, und Stunde um Stunde verrann. Das paßte eigentlich gar nicht zu ihr, denn sonst war sie immer die erste, die sanft entschlummerte. Am nächsten Morgen, wir fühlten uns wie gerädert, fragten wir sie deshalb etwas unwillig, was sie denn am Vorabend um Gottes willen so geschwätzig gemacht habe. Wir hätten besser nicht gefragt, denn ihre Antwort ließ uns erschaudern. Sie erzählte nämlich, daß sie uns nur habe ablenken wollen von dem Geräusch der herumhuschenden Mäuse, die ihr Unwesen im Zimmer trieben und sich auch nicht scheuten, über unsere Bettdecken zu flitzen. Unseren Eltern gegenüber betonte Schaudine später, sie sei auf dieser Fahrt sehr stolz auf uns gewesen, weil wir mit allen Unwägbarkeiten, mit denen man bei solchen Ausflügen nun mal rechnen muß, so gut fertig geworden waren.

Auf dieser Tour besuchten wir auch Nachbarn und Freunde meiner Eltern. Diese Aufenthalte haben bei mir den größten Eindruck hinterlassen, denn unsere Gastgeber hatten sehr unterschiedliche politische Auffassungen. Das zeigte sich gleich bei unserer ersten Station in Kunersdorf bei Mariska von Arnim, geborene von Oppen, und ihrem Mann. Übereifrig hatte Mariska schon 1932 eines der ersten Arbeitsdienstlager eingerichtet und ging nun, mit erhobener Hand »Heil Hitler« grüßend, durch die Reihen der Arbeitsdienstler – und wir staunend hinterher. Ein anderer Gastgeber wiederum, Siegfried zu Putlitz, erklärte mit Stentorstimme, er werde, sollte er je gezwungen sein, die Nazifahne hissen zu müssen, dieselbe an einem Besenstiel heraushängen.

In Lohm bei Potsdam war das ganze Haus noch in heller Aufregung. Der Hausherr, Graf Wedel, war Polizeipräsident in Potsdam, und Hitler hatte ihn eine Woche zuvor in seinem Haus aufgesucht. Der Bruder des Hausherrn wiederum gehörte der Deutschnationalen Volkspartei an, damals unter der Führung von Alfred Hugenberg. Diese Partei war lange für die Wiedereinführung der Monarchie eingetreten. Obwohl skeptisch gegenüber Hitler, hatte Hugenberg schon früh mit den Nazis paktiert und sich im Januar 1933 mit dem Reichswirtschaftsministerium seine Bedenken abkaufen lassen. Wedels Bruder nun hißte dennoch lieber die deutschnationale Fahne, woraufhin seine Neffen sie sofort wieder einholten und durch die Hakenkreuzfahne ersetzten. Der Streit eskalierte nicht selten und artete manches Mal gar in regelrechte Handgreiflichkeiten aus.

Die siebzehnjährige Tochter des Hauses wollte ebenfalls nicht untätig sein und Lalla und mich mit allem Nachdruck davor bewahren, »Kornblümchen« zu werden – das war die Jungmädchenvereinigung des »Stahlhelm« –, mit der Begründung, deren führendes Mitglied Duesterberg habe eine jüdische Großmutter, eine für mich damals völlig unverständliche Begründung.

Sehr altmodisch erscheint in meiner Erinnerung das bekannte Mädcheninternat Stift Heiligengrabe in der Prignitz. Als wir der Äbtissin vorgestellt wurden, mußten wir wie die Zöglinge des Instituts einen tiefen Hofknicks machen. Das fiel uns nicht schwer, aber wir spotteten anschließend doch über diese, wie wir fanden, etwas übertriebene Ehrerbietung.

Schaudine verließ uns 1934, um Pfarrer Robert Geisendörfer, Gründer des Gemeinschaftswerks für evangelische Publizistik, zu heiraten. Sie wurde später eine der ersten weiblichen Bundestagsabgeordneten der CSU. Noch heute meint die inzwischen über Neunzigjährige, sie habe als Demokratin und Bayerin die schönste Zeit ihres Lebens bei dem »preußischen Junker Hardenberg« verbracht und dort bei meinem Vater, einem Monarchisten, in politischen Zusammenhängen zu denken gelernt.

Im Internat

Mit der Versetzung in die Untertertia endete für mich der Hausunterricht, und meine Eltern schickten mich auf ein Mädcheninternat nach Eberswalde. Das Internat lag am Ende des Ortes an einer Straße, die in den Wald führte. Es bestand aus drei Häusern und hatte einen kleinen Garten mit Tennisplatz. Lalla war schon seit einem Jahr dort. Gar nicht gern, wie sie mir gestand, und ich teilte bald ihre Meinung – im Gegensatz zu vielen unserer Mitschülerinnen.

Vor allem die beiden Vorsteherinnen des Instituts schienen uns suspekt. Mit ihren etwa fünfzig Jahren kamen sie mir »käsealt« vor, und ihre merkwürdigen

Frisuren waren auch nicht dazu angetan, sie mir sympathischer zu machen. Beide trugen einen Bubikopf, und bei beiden fiel jeweils eine einzelne Locke an der gleichen Stelle in die Stirn. Die Locke war wirklich das einzig Lockere an ihnen.

Fräulein von Stumpfeld, genannt Gylfe, sprach am liebsten über Goethe. Dessen Gedicht aus *Wilhelm Meister* wird mir immer im Gedächtnis bleiben:

»Wer nie sein Brot mit Tränen aß,
Wer nie die kummervollen Nächte
Auf seinem Bette weinend saß,
Der kennt euch nicht, ihr himmlischen Mächte!«

Ich flehte damals inbrünstig, daß mir diese Form der Gotteserfahrung erspart bleiben möge – aber vergebens. Während wir von Gylfes profunden Literaturkenntnissen noch profitieren konnten, hatten wir unter ihrem mangelnden Verständnis für Pädagogik nichts zu lachen. Auch die Haushaltsführung von Fräulein Holz, die bei uns »Lusch« hieß, konnte uns nicht aufheitern. Das Essen schmeckte einfach scheußlich; gegorene Obstsuppe oder angebrannte Schokoladenspeise sind nur zwei Beispiele ihrer »Kochkunst«. Witzig daran fanden wir allerdings, daß eine der anderen Lehrerinnen, die wir auch nicht mochten, vom Alkohol in dieser gegorenen Obstsuppe sofort einen hochroten Kopf und einen kleinen Schwips bekam – der einzige Zustand, in dem sie uns gefiel.

Nur sonntags abends war das Essen einigermaßen genießbar, denn da konnte Lusch beim besten Willen nichts verpfuschen. Es gab dann nämlich Käse und Aufschnitt. Einmal wollte ich mir eine Scheibe Lachsersatz von der Platte nehmen und lud mir aber, weil die Scheiben aneinanderklebten, unbeabsichtigt gleich zwei auf den Teller. Gylfe, die dies als Beweis meiner unersättlichen Gier ansah, brüllte hysterisch zwanzig Minuten lang ohne Punkt und Komma auf mich ein. Diese beiden mickrigen Lachsersatzscheiben mußten dafür herhalten, uns »Heiden und Kommunisten bar jeder Kultur« zu schimpfen. Ihre Art erinnerte mich in gewisser Hinsicht an Hitlers Reden, die in normalem Ton begannen, sich nach kurzer Zeit steigerten, um dann in unverständlicher, sich überschlagender Stimme zu enden und in diesem Fall in der Feststellung gipfelten: »Dein Vater ist doch kein Kaufmann!«

Ich war verblüfft und konnte damals überhaupt nicht verstehen, warum es so verabscheuungswürdig sein sollte, wenn mein Vater ein Kaufmann, ein »Koofmich«, Krämer, gewesen wäre. Aber diese Vorstellung sollte mir später im Leben noch einmal auf amüsante Weise begegnen. In der frühen Nachkriegszeit – wir waren schon im Westen – chauffierte ich meinen Vater, der ein schweres Rückenleiden hatte, auf einer seiner Reisen für die Hohenzollernsche Vermögensverwaltung. Beim Ausfüllen des Anmeldeformulars im Hotel schaute ich ihm zufällig über die Schulter und las, wie er unter der Rubrik »Beruf« »Kaufmann«

eintrug. Blitzartig erschien mir wieder jene Szene aus dem Internat. Noch einmal hörte ich in meiner Erinnerung, diesmal zu meiner vortrefflichen Belustigung, die hysterische Stimme von Gylfe wieder, aus der die Empörung aus tiefster Verachtung sprach: »Aber Wonte, dein Vater ist doch kein Kaufmann!« Jetzt war er es doch!

Die »Chefinnen« des Internats glaubten, ihre Erziehung sei preußischer Zucht und Ordnung besonders verpflichtet, wobei ich glaube, daß sie von eben diesen preußischen Tugenden keine Ahnung hatten. Entsprechend gingen die Erzieherinnen mit uns um, wenn Probleme auftraten. Heimweh galt als besondere Schwäche, und Mädchen, die deshalb öfter mal weinten, strafte Gylfe mit Verachtung und hieß sie Charakterschwächlinge. Zutiefst verabscheute Gylfe eine unserer Mitschülerinnen, die wegen ihrer Zuckerkrankheit nicht nur nicht alles, was auf den Tisch kam, essen konnte, sondern die ihre Speisen auch abwiegen mußte. Gylfe sah darin den Inbegriff von Verweichlichung. Und schwache Menschen waren grundsätzlich nichts wert, so die Meinung dieser »hervorragenden« Pädagoginnen.

Das einzig Positive an den beiden Leiterinnen war ihre Musikalität. Ab und an spielte Gylfe uns auf ihrer Geige etwas vor. Wir machten derweil Handarbeiten. Falls eines der Mädchen sich erdreistete, eine Stricknadel fallen zu lassen, wurden die lieblichen Töne sogleich von einer häßlichen Schimpfkanonade unterbrochen, die Gylfe auf die kleine Sünderin herniederprasseln ließ. Um den Chefinnen zu gefallen, ließen andere Mitschülerinnen ihre Handarbeit in den Schoß sinken, stützten ihren Kopf in die Hände und seufzten verzückt vor sich hin. Wie ich dieses Schauspiel haßte! Aber Gylfe und Lusch fielen natürlich auf die Heuchelei dieser »Chefmoppels« herein, wie wir solche Streberinnen zu bezeichnen pflegten.

Am 10. November wurde der »Langemarck-Gedenktag« begangen. Eine verklärende Meldung der Obersten Heeresleitung im Ersten Weltkrieg hatte den späteren Mythos begründet, bei dem Dorf Langemarck in Flandern seien 1914 deutsche Freiwilligenregimenter aus Schülern und Studenten mit dem zu einem brausenden Chor aufbrandenden Deutschlandlied auf den Lippen im heldenhaften Sturm für ihr Vaterland gefallen. Heute wissen wir, daß dort vor allem schlecht ausgebildete und schlecht geführte Soldaten, allerdings beileibe nicht nur Studenten und Schüler, in ungedecktem Gelände völlig sinnlos verheizt worden waren. Gesungen hatten sie vor allem, um im Nebel und Qualm nicht die Orientierung zu verlieren. Käthe Kollwitz hat dort ihren Sohn verloren und später die ergreifende Plastik von der um ihren Sohn trauernden Mutter geschaffen.

An diesem Tag also trauerten die beiden Chefinnen, weil dort, wie sie erklärten, ein Studentenfreund den Heldentod gestorben sei. »Die armen Toten können sich ja nicht wehren«, unkten Lalla und ich hinter vorgehaltener Hand.

Mit meiner Schwester Renate gen. Lalla (links), um 1940

Sie trauerten unübersehbar- und unüberhörbar. Uns war lautes Lachen untersagt, und wenn wir trotzdem bei unangemessener Fröhlichkeit ertappt wurden, gab es eine strenge Rüge. Der Tag hatte in der trübsten Atmosphäre zu verlaufen. Am Abend »durften« dann die Mädchen der Oberstufe mit den beiden selbsternannten »Kriegerwitwen« zusammensitzen und Studentenlieder singen. Uns Jüngeren fehle dazu die nötige Reife, ließen sie uns wissen. Sie hatten wohl recht, denn auf Kommando trauern zu müssen, dafür fehlte mir tatsächlich das Verständnis.

Von den übrigen Mitgliedern des Lehrerkollegiums überdauerte nur die Turnlehrerin, Fräulein Schröter, in meiner Erinnerung. Sie war klein, rund und blauäugig und sah den Medizinbällen, die sie im Unterricht benutzte, zum Verwechseln ähnlich. Vor der großen Inflation, so wußte sie zu erzählen, sei sie sehr wohlhabend gewesen. Weder das machte mir mit meinen vierzehn oder fünfzehn Jahren besonderen Eindruck noch ihre Warnung: »Fräulein von Hardenberg, wenn Sie nicht artig sind, muß ich du zu Ihnen sagen!«

Die interne »Rangordnung« unter den Internatsschülerinnen richtete sich nach ungewöhnlichen Kriterien. Zum Beispiel fragte man uns, was wir zu Weihnachten geschenkt bekommen hätten. Lalla und mir gelang es nie so recht, mit unserer Aufzählung ausreichend Eindruck zu schinden, als daß die Fragenden sich darum gerissen hätten, mit uns als Freundinnen anzugeben. Unsere Geschenke waren den Anforderungen unserer Mitschülerinnen nicht gewachsen. Bei ihnen zu Hause hatte es Grammophone, Radios, Stehlampen, also immer Präsente von imponierendem Wert und beeindruckender Größe gegeben, denen wir in ihren Augen nichts Vergleichbares entgegensetzen konnten. Entsprechend gering veranschlagten sie unser Sozialprestige.

Ein absolut dummes Spiel im Buhlen um die allgemeine Gunst verminderte Lallas und mein Ansehen weiter. Es hieß »Fenster zählen«. Hierbei sollte man angeben – ganz im Doppelsinne des Wortes – wie viele Fenster das elterliche Haus hatte. Wer die größte Anzahl an Fenstern vorweisen konnte, war Sieger und der Hochachtung aller anderen gewiß. Lalla und ich zählten im Geiste und im Schweiße unseres Angesichts, was sich auch nur im entferntesten als Fenster klassifizieren ließ, doch nie kamen wir an die unvorstellbare Anzahl heran, die unsere Mitschülerinnen anzuführen wußten. Neuhardenberg blieb als fensterarme Hütte auf der Strecke, und wir rangierten in der »Hackordnung« an letzter Stelle. Der Zufall und unsere Eltern kamen uns unverhofft zu Hilfe. An einem Sommersonntag luden sie die Chefinnen und alle fünfunddreißig Internatsschülerinnen nach Neuhardenberg ein.

Das ganze Institut fuhr mit dem Zug bis nach Wriezen. Von dort radelten wir auf mitgeführten Fahrrädern gemeinsam die sechzehn Kilometer lange Strecke durch die sommerliche Landschaft nach Neuhardenberg. Als man das Schloß von der Straße aus sehen konnte, kam für Lalla und mich ein erhebender Moment. Augenblicklich verstummten die schnatternden Mädchen und schauten fassungslos auf die langen Reihen der Fenster an der Vorderfront des Schlosses. Wir schienen wohl die einzigen gewesen zu sein, die dieses Spiel ehrlich gespielt hatten.

Ich habe das Internatsleben all die Jahre aus tiefstem Herzen verabscheut und war glücklich, als es endete. Keine zehn Pferde hätten mich dazu gebracht, bis zum Abitur durchzuhalten.

In einem Punkt allerdings verhalf mir die Anstalt von Gylfe und Lusch zu wichtigen Erkenntnissen, die ich zu Hause nicht gewärtigen konnte. An sich hatte meine Mutter keine Schwierigkeiten, uns auf das Leben vorzubereiten und uns in seine Regeln und Gesetzmäßigkeiten einzuweisen, aber mit der Aufklärung einer halbwüchsigen Tochter war sie schlicht überfordert. Wann immer dieses Thema angesprochen wurde, begann sie schrecklich zu stottern und so um den heißen Brei herumzureden, daß man am Schluß überhaupt keine Vorstellung mehr davon hatte, worum es anfangs eigentlich gegangen war. In ihrer sichtlichen Hilflosigkeit hat sie dann so manches Mal mein Mitleid erregt. Allerdings blieben meine Fragen unbeantwortet, und das war schließlich auch keine Lösung. Ganz anders im Internat. Dort redeten die Mädchen ungeschminkt und sehr direkt über alles, was ich in diesem Alter wissen wollte.

Auslandsaufenthalt

Im März 1939 verließ ich endlich leichten Herzens das Internat und kehrte vergnügt nach Hause zurück. Zu meiner größten Enttäuschung aber schmiedete meine Mutter schon neue Pläne für meine weitere Ausbildung. Sie dachte, es sei jetzt Zeit für einen Auslandsaufenthalt. Es gelang ihr, ein Internat in England ausfindig zu machen, in dem das Schulgeld in Reichsmark bezahlt werden konnte. Das war wichtig, weil man zu dieser Zeit in Deutschland schon keine Devisen mehr bekam. Das Internat lag in Bexhill-on-Sea, im Süden Englands, und wurde von einer Deutschen geleitet, Frau Rocholl, die offenbar sehr gute Beziehungen zum Hitler-Regime unterhielt. Auf jeden Fall machte man für sie eine Ausnahme und stellte für ihre deutschen Gastschüler die nötigen Devisen frei. Der Aufenthalt in dieser Schule sollte ein halbes Jahr dauern und mit dem Cambridge-Zertifikat der englischen Sprache enden.

Ich war todunglücklich über diesen Plan und versuchte meine Mutter noch in letzter Minute davon abzubringen, indem ich anderthalb Tage ununterbrochen weinte. Natürlich ließ sie sich von meinen Tränenströmen nicht erweichen, und ich ergab mich in mein Schicksal. England wurde aber kein wirklicher Erfolg, denn ich hatte in der ganzen Zeit schreckliches Heimweh. Allein der Umstand, daß ich dort zwei Freundinnen fürs Leben fand, rechtfertigt im Nachhinein diesen Auslandsaufenthalt. Eine der Freundinnen war Isa von Bergen, die Tochter des langjährigen deutschen Botschafters am Vatikan. Die andere, Christa Stumpff, kam aus Berlin und hatte einen Luftwaffengeneral zum Vater. Isa erschien acht Wochen nach Christa und mir in England. Sie durfte in Rom noch die Krönung des päpstlichen Kardinalstaatssekretärs Eugenio Pacelli, des früheren Nuntius in Berlin und München, zum Papst Pius XII. erleben. Neben uns deutschen Mädchen besuchten auch Engländerinnen das Internat. Sie sollten mit uns in ihrer Muttersprache Konversation machen. Mir ist jedoch keine von ihnen in Erinnerung geblieben.

Aber etwas anderes habe ich nicht vergessen. Zu meinem Erstaunen wurde am 20. April auf Anordnung von Frau Rocholl Hitlers Geburtstag feierlich begangen. Man hißte die Hakenkreuzfahne, das Essen war etwas besser als sonst, und wir mußten nationalsozialistische Lieder singen. Mir war das alles höchst peinlich. In London amtierte zu dieser Zeit Herbert von Dirksen als deutscher Botschafter. Er war der Bruder von Isas Mutter, und seine Frau, »Tante Hilda«, und meine Mutter waren Cousinen. Hin und wieder luden sie uns nach London ein. Ich trug damals – sehr zu meinem Kummer, aber auf besonderen Wunsch meines Vaters – meine langen Haare zu Zöpfen geflochten und hochgesteckt. Das gab mir in meinen Augen ein sehr biederes und allzu »teutsches« Aussehen. Tante Hilda aber mochte diese Frisur, und ich hatte bei ihr einen dicken Stein im Brett. Das wiederum trug mir den Spott von Isa und

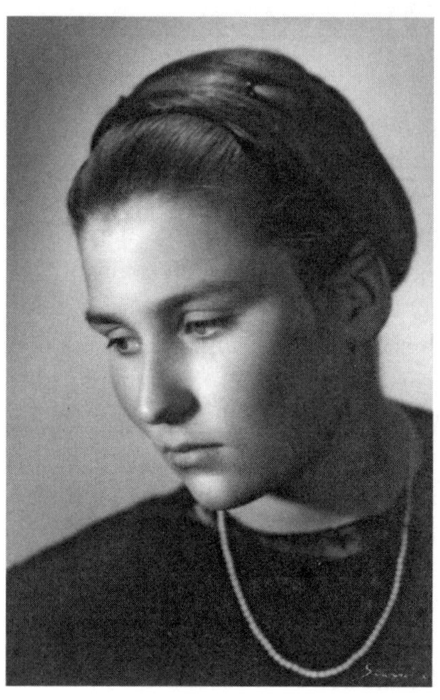

Wonte mit »teutscher« Frisur, um 1939

Christa ein, und so habe ich noch heute ihre frechen Bemerkungen über mein ach so braves Aussehen im Ohr.

Wenn es darum ging, einen Aufsatz zu schreiben, beneidete ich die neben mir sitzende Isa glühend. Kaum von einer Pause des Nachdenkens unterbrochen, sauste ihre Feder über das vor ihr liegende Blatt Papier, während ich, um einen passenden Anfang fur meinen Aufsatz ringend, mißmutig an meinem Federhalter kaute. Isa besaß Talent zum Schreiben, und später haben wir uns immer auf ihre lebendigen Jahresberichte zu Weihnachten gefreut.

Im Spätsommer 1939 mußten wir wegen des drohenden Krieges dann von einem Tag auf den anderen die Koffer packen und nach Hause fahren. Hier löste ich die Frisurenfrage auf die mir eigene Art und Weise schnell und unkompliziert. Wußte ich doch, wie ungern es mein Vater sah, wenn unsere Frisuren bei Tisch nicht ordentlich saßen. Ich kam daher mit sehr locker aufgesteckten Haaren zu den Mahlzeiten und tat alsbald alles, damit sie zu rutschen begannen. Kurz bevor sie auseinanderfielen, sprang ich dann auf, murmelte höflich: »Papi, bitte«, und stürzte aus dem Eßzimmer. Noch während ich die Tür schloß, ergoß sich die ungebändigte Haarflut über die Schultern.

Nachdem ich diesen Trick einige Male erfolgreich angewendet hatte, durfte ich sie abschneiden. Doch schon tauchte das nächste Problem auf: Lalla gönnte mir diesen Erfolg nicht. Nach weiteren vier Wochen durfte sie dann aber gleichziehen und auch zum Friseur gehen.

Jungmädchenzeit

Wir wurden erwachsen. Meine sechs Jahre ältere Schwester Gisela hatte schon 1937 Wolf-Werner Graf von Arnim aus Boitzenburg geheiratet und war auf den Besitz ihres Mannes nach Arnimshain gezogen. Mein Vater war Zeit seines Lebens sehr stolz auf diese wirklich schöne Tochter. Er hat seine Älteste deshalb wohl immer ein wenig vorgezogen. Als Gisela »flügge« zu werden begann, fand sich in Neuhardenberg eine eindrucksvolle Schar von Verehrern ein, die meiner so gut aussehenden Schwester den Hof machten. »Flirts« unter jungen Leuten verliefen zur damaligen Zeit – und erst recht in meinem Elternhaus – viel zurückhaltender, als man das heutzutage kennt. Schon ein harmloser Kuß, im Park beim Spaziergang oder auf der Pirsch ausgetauscht, zog einen handfesten Krach mit meinem Vater nach sich, wenn man sich erwischen ließ. Eine »Tochter aus gutem Hause« tat so etwas einfach nicht.

Der Anfang der Tischrede, die mein Vater anläßlich Giselas Hochzeit am 30. Juli 1937 hielt, dokumentiert eindrucksvoll seine Wertvorstellungen, auch wenn er für manchen Leser verwirrend klingen mag. »Meine lieben Kinder, die

Hochzeit meiner Schwester Gisela mit Wolf-Werner Graf von Arnim-Boitzenburg am 30. Juli 1937 – die Braut am Arm des Vaters, Ilse Kemnitz aus dem Dorf streut Blumen

Zeiten eurer Jugend waren voll von Sorgen: Krieg, Revolution, Inflation, Deflation. Unser Führer Adolf Hitler hat unserem Volk die Freiheit wiedergegeben, hat die Ketten von Versailles zerrissen. Dankbaren Herzens freuen wir uns, daß wir diesen Tag wieder in einem freien Deutschland feiern dürfen.

Dies Haus trägt an seiner Stirnfront die Worte: Gratia regis! Ein ewiges Mahnmal! Was wir sind, und was wir waren, verdanken wir dem 500jährigen, segensreichen Wirken der Markgrafen von Brandenburg und der Könige von Preußen aus Hohenzollernschem Geschlecht. Wir sind stolz darauf, daß die Tage des Ruhmes, aber auch die Tage der Not unseres Vaterlandes zugleich Marksteine sind in der Geschichte unserer Familien. Solange ein Sproß dieser Häuser mit berechtigtem Stolz diese Namen tragen darf, darf nicht aussterben das Gefühl ewiger Dankbarkeit für unsere Hohenzollern.«

Im ersten Satz seiner Rede erwähnt mein Vater Hitlers Verdienst um Deutschland. Wie ist das im Zusammenhang mit der ablehnenden Haltung gegenüber dem Nationalsozialismus zu verstehen? Man muß die historischen Hintergründe kennen. Heute kann sich kein Mensch mehr vorstellen, was in den zwanziger Jahren für die Generation meines Vaters der »Versailler Vertrag« bedeutete. Wer wie mein Vater sein Land liebte, litt damals als Deutscher aufrichtig unter den Demütigungen, die dieser Frieden Deutschland auferlegte. Nicht zuletzt empörte sich jeder über die »Kriegsschuldlüge«, die Deutschland zum Alleinverantwortlichen für den Ersten Weltkrieg machte und den Kaiser als Kriegshetzer brandmarkte. Außerdem ist an der Rede meines Vaters nicht die formelhafte Verneigung vor dem »Führer« ungewöhnlich, sondern das viel entschiedenere Bekenntnis zum Hause Hohenzollern. Monarchismus war unter den Nazis damals strikt verpönt. Meine Freundin Thoda Bottlenberg-Landsberg schreibt über die »Weißen Blätter«, die von ihrem Vater Guttenberg herausgegebene eigentlich monarchistische Zeitschrift: Hätte sie 1939 den 80. Geburtstag des Kaisers auch nur erwähnt, sie wäre verboten worden. So sehr fürchtete und verabscheute Hitler die »monarchische Reaktion«.

Die Rede meines Vaters zeigt das zunächst ambivalente Verhältnis gegenüber Hitlers Leistungen. Sie zeigt aber auch noch deutlicher, wie sehr Konservative sich noch immer ihrem angestammten Herrscherhaus verbunden fühlten. Viele verwanden es nie, daß der Kaiser abgedankt hatte. Zwar war dieses Thema in unserer und ähnlichen Familien tabu, was mir viele Freunde und Altersgenossen später bestätigten. Wenn man nach der Abdankung fragte, bekam man keine Antwort. Die Loyalität gegenüber dem preußischen Königshaus verbot der älteren Generation nach außen fast jede Kritik. Eher schon ließ sich Onkel Fibs, neun Jahre jünger als mein Vater, zu einer vorsichtig kritischen Bemerkung verleiten. Ich bemerkte ihm gegenüber einmal, der Kaiser scheine doch ziemlich »dumm« gewesen zu sein. »Das würde ich nicht sagen«, erwiderte er, »eher schon: er hat 'n bißken zu viel gelernt für's kleene Köppchen«.

Die alten Herren des Ersten Garderegiments bei der Hochzeit meiner Schwester Gisela 1937 – von links: Prinz Oskar von Preußen, mein Vater, Prinz Eitel-Friedrich, Graf Jonas zu Eulenburg, Graf Siegfried zu Eulenburg, der letzte Kommandeur des Regiments

Zusätzlich waren Staat und Kirche vor allem für den evangelischen Christen eine von Gott gewollte Einheit. Daß sie auseinandergerissen worden war, gehörte zu dem »Novemberverbrechen«, wie die Konservativen die Revolution von 1918 bezeichneten. Für viele von ihnen war die Weimarer Republik nicht der rechtmäßige Nachfolgestaat der Monarchie, sondern ein illegitimes Interregnum, das es abzulösen galt.

Wir Nachgeborenen können uns kaum mehr vorstellen, was für ein unbeschreiblicher Einschnitt der Untergang der Monarchie für viele Menschen bedeutete. Im wahrsten Sinne des Wortes brach damals – auch für meine Eltern – eine ganze Welt zusammen.

Mein Vater richtete die Anfangsworte seiner Rede aber zuallererst an einen bestimmten Teil der Anwesenden. Denn unter ihnen gab es durchaus stramme Nationalsozialisten, und mit Spitzeln mußte man rechnen. Wieder sind wir beim verdeckten Kampf. Niemand spielte damals mit offenen Karten. Nicht nur Hitler und seine Parteigänger logen, auch die Opposition mußte täuschen und verheimlichen, denn die Wahrheit war immer gefährlich.

Konfirmation

Mit der Konfirmation im Alter von sechzehn Jahren begann für jeden von uns ein neuer Lebensabschnitt. Meine Mutter legte großen Wert darauf, daß dieser Tag ohne allen Pomp innerhalb der Familie gefeiert wurde, denn das entsprach ihrer Vorstellung vom »guten Christenmenschen«. Als Lalla an der Reihe war, ließ sie ihr als Festkleid ganz schlicht eines ihrer eigenen, schon getragenen schwarzen Kleider umändern. Ein Jahr später dann, als ich konfirmiert werden sollte, fuhr meine Mutter mit mir in den damals besonders feinen Berliner Modesalon »Hilda Romatzki« und kaufte mir ein wahnsinnig schickes Kleid, dessen überdimensionale Schultern wie Epauletten wirkten. Was sie dazu bewog, ich weiß es nicht. Vielleicht einfach der Umstand, daß es bei fünf Kindern schwer ist, alle Erziehungsprinzipien konsequent durchzuhalten.

Lalla gerät heute noch in Rage, wenn wir über alte Zeiten und speziell über unsere Konfirmation reden. Ich habe das Kleid noch viele Jahre danach sehr gern getragen.

Nach der Konfirmation sprach uns das Hauspersonal nicht mehr einfach mit Vornamen an und duzte uns auch nicht mehr. Ich war nun »Komteß Wonte« und wurde mit Sie angesprochen. Das Siezen galt umgekehrt auch, nur Kutscher Franz Engelke hatte sich ausgebeten, von uns auch weiter mit »Engelke« und »du« angeredet zu werden.

Der Krieg

Am 1. September 1939 begann der Zweite Weltkrieg. Mein Vater war schon Ende August als Kommandeur des Ersatzbataillons zum Infanterie-Regiment 9 (IR 9) nach Potsdam eingezogen worden. Das Regiment pflegte die Tradition des 1919 aufgelösten 1. Garde-Regiments zu Fuß, dessen vornehmste, die Leibkompanie, er im Ersten Weltkrieg geführt hatte. In Neuhardenberg wurden deutsche Fliegeroffiziere einquartiert, die vom etwa einen Kilometer entfernten Fliegerhorst aus Einsätze nach Polen flogen. Am Abend hielten Lalla und ich ängstlich und gespannt Ausschau nach den Flugzeugen. Zum Glück kamen sie jedesmal vollzählig wieder zurück.

In dieser Zeit fiel ich meiner Mutter einmal unangenehm auf, weil ich mit einem der jungen Offiziere gewettet hatte, ich könne zwanzig Eier auf einmal essen. Meine Mutter empfand schon den Gedanken an eine solche Wette in dieser schweren Zeit nicht nur als unmöglich, sondern auch als unmoralisch. Sie war der Meinung, daß wir dringend eine vernünftige Aufgabe brauchten, die sie auch rasch fand.

In Neuhardenberg, im Fließ-Ende, bewirtschafteten Georg und Elisabeth Ehrenberg einen Bauernhof. Das Ehepaar hatte, soweit ich mich erinnere, zwei kleine Töchter. Schon am ersten Tag des Krieges wurde Georg Ehrenberg eingezogen, und seine Frau blieb mit der ganzen Landarbeit allein zurück, der sie keineswegs gewachsen war. Eigentlich eine Künstlerin, sie besaß eine schöne Stimme, sang bei Gottesdiensten in Neuhardenberg die Solopartien und spielte die Orgel. Lalla und ich wurden für einige Wochen zu ihr geschickt, um sie bei der Arbeit zu unterstützen. Die Kartoffelernte mußte eingebracht werden, eine für uns natürlich ungewohnt harte Arbeit. Wir fuhren mit einem älteren Landarbeiter, der nicht mehr eingezogen worden war, auf das Feld, wo wir den ganzen Tag über die Kartoffeln ausbuddelten. Besonders schwer fiel es uns, die vollen Säcke auf den Wagen zu laden. Dabei mußten wir dem Landarbeiter abwechselnd helfen. Mit einem Stock, an dessen Enden je eine Person anpackte, hievten wir die Säcke hinauf. Unser Arbeitskollege schien das als ebenso anstrengend empfunden zu haben wie wir, denn immer mal wieder entfuhr ihm ein Lüftchen. Völlig ungerührt sein Kommentar dazu: »Och, da knackt er all wedder«.

Eine willkommene Abwechslung war das Frühstück auf dem Feld, dicke Stullen, belegt mit einer köstlichen Knoblauchwurst, die wir zu Hause nicht bekamen.

Meine Mutter fand nun, sie müsse noch mehr für meine Fortbildung tun, und so schickte sie mich 1940 auf die Frauenschule Obernkirchen bei Bückeburg im ehemaligen Fürstentum Schaumburg-Lippe. Wieder litt ich unter schrecklichem Heimweh. Nach einem halben Jahr durfte ich aber Gott sei Dank wegen einer Nierenbeckenentzündung endlich wieder nach Hause.

Dort erwartete mich ein Brief von Isa von Bergen mit einer Einladung zu ihrer Hochzeit mit Pim von Görne. Im Mai 1941 fuhren Christa Stumpff und ich also nach Rom, um bei der Feier dabeizusein. Es wurde ein wunderschönes Fest in dem sonnendurchfluteten und vom Krieg noch in keiner Weise berührten Rom. Da schwanden schnell alle Probleme, die im Vorfeld der Reise entstanden waren, als ich mich im Auswärtigen Amt um ein Visum bemühte. Einer der Beamten meinte völlig ungerührt: »Wir können das Visum nicht erteilen, Sie müssen halt ein anderes Mal hinfahren.« Ich antwortete spontan: »Dann ist es zu spät; man heiratet nur einmal!«

Nun genossen wir Rom in vollen Zügen. Die Stadt war mir nicht fremd, hatte ich doch schon einmal das Glück gehabt, Gast bei Isas Eltern in der Residenz des deutschen Botschafters beim Vatikan zu sein. Ausgangspunkt unserer damaligen Entdeckung Roms war die wunderschöne Villa Bonaparte inmitten eines prachtvollen Parks gewesen. Isa und ihr Bruder Werner hatten mir damals viel von der Stadt gezeigt. Die südlichen Nächte mit ihren Sternen, die wie Brillanten auf schwarzem Samt blitzten, hatten es mir besonders angetan, und bei Vollmond schimmerten die Kirchen, Paläste, aber auch die Ruinen in magischem Licht.

Ich bewunderte Isas Mutter, die ihrer Rolle als Frau des Botschafters mit großem Elan nachkam und – ohne Erschöpfung zu zeigen – immer elegant gekleidet und sehr gepflegt von einem gesellschaftlichen Ereignis zum anderen eilte, um ihren schon etwas kränkelnden Mann zu vertreten. Auch war sie eine unübertroffene Gastgeberin, wenn das Ehepaar in die eigene Botschaft einlud. Und es kamen viele Gäste aus den unterschiedlichsten gesellschaftlichen und politischen Lagern.

Ich werde den charmanten, gutaussehenden SS-Mann nicht vergessen, den ich öfter im Hause Bergen traf und der mir vom Typ her sogar sympathisch war. Ich erinnere mich dabei allerdings genau meiner zwiespältigen Gefühle. Denn daß ich ausgerechnet jemandem meine Aufmerksamkeit schenkte, der im Knopfloch ein kleines rundes Abzeichen mit den SS-Runen trug, das paßte so gar nicht in mein Weltbild.

Nach Isas Hochzeit, als es ans Abschiednehmen ging, fragte mich Isas Mutter, ob ich nicht für einige Zeit Haustochter bei ihr werden wolle. Ich weiß heute nicht mehr, warum, aber ich überlegte nur kurz und lehnte das Angebot dankend ab. Statt dessen wurde ich die Sekretärin meines Vaters oder vielmehr »Mädchen für alles« in seinem Büro.

Bereits zur Jahreswende 1940/41 hatte ich eine Einberufung zum Arbeitsdienst nach Polen erhalten, wovor mir graute, denn ich wußte von den schrecklichen Verhältnissen dort. Verzweifelt suchte ich nach einem Ausweg, um dieser Einberufung zu entgehen. Als mein rettender Engel erwies sich unser Forstmeister Alfred Ristow, der wegen einer Verwundung an der Schulter auf Heimaturlaub in Neuhardenberg geblieben war. Er war ein gutaussehender, mittelgroßer Mann mittleren Alters, verheiratet mit unserer langjährigen Kindergärtnerin, Fräulein Behr, genannt Bärchen.

In seiner Felduniform und mit einem dicken Verband um die verletzte Schulter begleitete er mich zur zuständigen Dienststelle nach Seelow. Dort machte er dem Abteilungsleiter klar, daß ich in Neuhardenberg »kriegsentscheidend« im Forstbüro tätig sei und daher in der Heimat dringend gebraucht werde. Auch ich mischte mich ein und versuchte, den besonders groben und aggressiven Dienststellenleiter von meiner Unentbehrlichkeit zu überzeugen. »Ich weiß«, so trumpfte ich auf, »daß der Führer auch der Meinung ist, daß man dort eingesetzt werden soll, wo man am meisten fürs Vaterland leisten kann.« Der Mann kochte vor Wut, konnte aber meiner Argumentation nichts Adäquates entgegensetzen. So fauchte er wütend: »Gerade Frauen wie Sie sollten mal richtig arbeiten lernen!«, ließ mich aber ziehen. Draußen vor der Tür fiel ich erst einmal Alfred Ristow erleichtert und dankbar um den Hals. Ich durfte in Neuhardenberg das Mädchen für alles bleiben.

Der Krieg geht weiter

Bomben richteten jetzt auch in Berlin große Verwüstungen an. Um Kunstgegenstände vor der Zerstörung zu bewahren, ging man dort auch von offizieller Seite immer mehr dazu über, diese in das Umland auszulagern.

Im Sommer 1943 rief das Ministerium Speer bei uns an und teilte mit, man beabsichtige, einige wertvolle Ölgemälde nach Neuhardenberg zu bringen, um sie zu retten. Als die Bilder dann in einem Möbelwagen bei uns eintrafen, entpuppten sich die Kunstwerke als riesige »Schinken«, düstere Landschaften, über denen sich gewaltige Wolkenberge türmten. Bei näherem Hinsehen traute ich meinen Augen nicht. Die Wolkenberge hatten Gesichter. Schreckliche Fratzen, wie sie uns aus boshaften Karikaturen im »Stürmer« und von Hetzplakaten der Nazis als typische Vertreter der »jüdischen Rasse« nur allzu gut bekannt waren. Nach dem Krieg sind sie nie wieder aufgetaucht.

In Neuhardenberg lief der Haushalt nach Kriegsbeginn reibungslos weiter, auch wenn die Zahl der Angestellten drastisch zurückgegangen war. Ich hatte, abgesehen von meiner Sekretärinnenarbeit, eigentlich nicht sonderlich viel zu tun. Daher blieb viel Zeit für meine Lieblingsbeschäftigung, das ganze Haus mit Blumen zu schmücken. War mir eine Tischdekoration besonders gut gelungen, so bekam ich zum Zeichen der Anerkennung von meiner Mutter auch einmal ein Buch geschenkt.

Außerdem hatte ich die beiden Schafe zu melken, die wir in Neuhardenberg angeschafft hatten, um aus ihrer Milch Butter zu machen, die übrigens gar nicht so schlecht schmeckte. Zu meinen wichtigsten Aufgaben aber zählte es, den Tabak für die Pfeife meines Vaters zu fermentieren. Im Garten waren Tabakpflanzen angebaut worden, deren Blätter, sobald sie eine bestimmte Größe erlangten, einzeln nach und nach gepflückt und dann getrocknet wurden. Ich bestrich jede neue Schicht mit Honig, legte sie übereinander in ein Mistbeet, wo sie einige Tage liegenblieben – wie lange, weiß ich heute nicht mehr –, um gut durchzuziehen.

Der Krieg und damit das Leid erreichte auch uns. Die Geschwister verließen das Haus, Lalla pflegte Verwundete in Rouen in Frankreich. Ihr Verlobter, Albrecht Graf von Arnim aus Zichow, war gefallen. Atti absolvierte eine hauswirtschaftliche Ausbildung in Bayern und arbeitete anschließend ebenfalls als Krankenschwester in einem Lazarett. Fritze war als Soldat nach Neuruppin eingezogen worden.

Beinahe täglich kamen Nachrichten, daß ein Nachbar, Verwandter, Jugendfreund oder sonst ein Neuhardenberger gefallen sei. Im Krieg schwer verwundete Bekannte kamen auf Urlaub und versuchten mit aufgesetzter Fröhlichkeit darüber hinwegzutäuschen, daß sie ihr Leben fortan mit einer Behinderung würden führen müssen. Äußerlich ging das Leben weiter wie bisher.

Gastfreundschaft

In Neuhardenberg standen die Türen für Besucher immer offen, und die Nähe zu Berlin brachte das ganze Jahr über immer einmal wieder interessante Menschen zu uns. Das Wohlergehen der Gäste war ein Grundsatz des Hauses, und wir waren gehalten, uns aufmerksam um sie zu kümmern. Ich erinnere mich in diesem Zusammenhang an ein großes Diner – ich war damals sicher nicht älter als zwölf Jahre –, bei dem plötzlich der Diener Karl Koch neben mir auftauchte und mir zuraunte: »Herr Graf läßt sagen, daß dein Nachbar gelangweilt aussieht«.

Ich hatte in den Augen meines Vaters meine Pflichten als Haustochter und Mitgastgeberin vernachlässigt und wandte mich pflichtschuldig dem Gast zu. Ich wußte längst, daß die Menschen am glücklichsten sind, wenn sie von sich, ihren Interessen und ihren Leiden erzählen können. Vor allem Männer lieben es, etwas erklären zu können. Ich bat also meinen Tischherrn, mir die Funktion eines Telefons zu verdeutlichen. Da geriet der eher als einsilbig bekannte Gast ins Erzählen, und ich heimste ob meines geschickten Verhaltens nachher höchstes Lob ein. Das war zwar schmeichelhaft für mich, führte aber in der Folge dazu, daß ich mich bei Tisch immer neben Langweilern wiederfand.

Was mein Vater an gutem Benehmen von uns verlangte, erwartete er auch von seinen Gästen. Zwei junge Panzeroffiziere, beide Ritterkreuzträger, die einmal zu Besuch waren und sich in seinen Augen flegelhaft benommen hatten, übergab er Lalla mit dem Auftrag, »ihnen das ganze Haus gründlich zu zeigen, weil sie es nie wieder sehen werden«. Die beiden hatten von der Terrasse aus den Park betrachtet und sich damit gebrüstet, schneller als der andere die hinter dem Schloß im Park stehende dicke Platane mit ihrem Tigerpanzer umfahren zu können. Meinem Vater, der das zufällig mitanhörte, schoß die Zornesröte ins Gesicht – denn Zerstörung um des Zerstörens willen fand in den Ansichten des passionierten Soldaten Hardenberg keinen Platz.

Einige unserer Gäste sind mir noch heute genau in Erinnerung. Ende der zwanziger Jahre etwa kam die deutsche Kronprinzessin mit ihrem ältesten Sohn, dem Prinzen Wilhelm, zu Besuch. Mit Bussen trafen gleichzeitig auch die Kommunisten aus Berlin und dem Kreise Lebus in Neuhardenberg ein, um gegen unsere Gäste zu protestieren. Mein Vater trat vor das Haus, um mit ihnen zu reden und sie zu beruhigen. Da hörte er, wie einer der Männer in der ersten Reihe zu seinem Nachbarn meinte: »Kiek mal, is det scheen hier!« Schlagfertig erwiderte mein Vater: »Wenn de det hättst, wärste ooch nich Kommunist!« Die Umstehenden grinsten, doch als die Geschichte die Runde machte, lachten alle lauthals. Die Demonstration löste sich von selbst auf. So einfach ging das damals.

Besuch des Reichspräsidenten von Hindenburg 1932. Neben ihm mein Vater in kaiserlicher Uniform mit Pickelhaube. Hinter diesem der Diener Karl Koch, ganz links der Diener Gustav Brandenburg.

Einen jubelnden Empfang hingegen erhielt der greise Reichspräsident, Feldmarschall von Hindenburg, der im September 1932 während eines Manövers im Kreise Lebus zu uns kam. Die *Oderzeitung* berichtete darüber in einem langen, enthusiastischen Artikel, in dem auch alle Nachbarn erwähnt wurden, die aus diesem Anlaß nach Neuhardenberg gekommen waren: Herr von Morozowicz aus Wuhden, Rittmeister Schulz aus Heinersdorf, Herr von Oppen aus Alt-Friedland, Herr von Oelsen aus Vietnitz, Herr von der Marwitz aus Friedersdorf und aus Hohenseedorf Herr von Wobeser. Gemeindevorsteher Wernicke habe »den Reichspräsidenten mit schlichten Worten« begrüßt, und von meiner jüngsten Schwester hieß es: »Die kleine Astrid überreichte mit zierlichem Knicks ein Blumensträußchen«.

Als eine Abordnung des örtlichen »Stahlhelm« an Hindenburg vorbeimarschiert war, wandte sich der imposante alte Herr mit seiner tiefen Stimme an meinen Bruder Fritze: »Na, mein Sohn, willst du auch einmal Soldat werden?« Die hohe Kinderstimme klang völlig unbeeindruckt, als mein achtjähriger Bruder kurz und knapp antwortete: »Nein, Chauffeur!« Fritze ließ sich schon

Fritze, Wonte, Atti neben Hindenburg; dahinter Gisela und Mutter

damals durch nichts und niemanden von seinem einmal eingeschlagenen Weg abbringen.

Anfang der dreißiger Jahre brachte Kurt Plettenberg einen Abkömmling des Zarenhauses Romanoff nach Neuhardenberg. Sie erreichten das Schloß in einem alten Cabriolet, dessen Trittbrett sich beim Aus- und Einsteigen des korpulenten Herrn fast bis zum Boden neigte. Er hinterließ bei uns Kindern aufgrund seiner Körperfülle großen Eindruck. So faszinierte uns, daß sein ausladendes Gesäß auf keinem unserer eleganten Eßzimmerstühle richtig Platz fand und große Teile desselben rechts und links herunterhingen. Als nach einem gemeinsamen Mittagessen der Kaffee auf der Terrasse serviert wurde, rief er begeistert aus: »Ach, dieser Park ist ja genau wie der in St. Petersburg!« Der Schloßpark Neuhardenberg, ursprünglich barock angelegt, ist ein Werk von Peter Joseph Lenné, der 1821 unter Mitwirkung von Fürst Pückler-Muskau einen Landschaftspark daraus machte.

Jagdzeiten

Als Jagdgast erschien hin und wieder der Herzog Albrecht von Bayern, den wir immer wieder baten, uns von seinen Jagderlebnissen zu erzählen. Wir verstanden zwar nicht viel von dem, was er uns erzählte, aber wir amüsierten uns königlich über sein bayerisches »Kauderwelsch«.

Die Treibjagden in Neuhardenberg waren etwas Besonderes, auch wenn die Jagd insgesamt bei uns eine geringere Rolle spielte als auf den benachbarten Gütern. An Jagdtagen blies ein Förster schon im Morgengrauen mit seinem Jagdhorn an jeder Hausecke den Fürstengruß zum Wecken. Nach einem gemeinsamen Frühstück fuhr mein Vater mit den Jagdgästen in den Wald. Dort wies Forstmeister Ristow den Schützen ihre Plätze zu, und die Jagdhörner bliesen das erste Treiben an. Jetzt begannen postierte Treiber das Wild in Richtung der Schützen zu »drücken«, bis ein weiteres Hornsignal das Treiben beendete. Mittags gab es im Wald eine dicke Suppe und Glühwein. Im Herbst wurden Enten und im Winter Sauen, Hasen, Rotwild und Rehe geschossen. In Tempelberg gab es auch Trappen, große scheue Steppenvögel, die sich allerdings selten zeigten.

Mit einsetzender Dämmerung endete die Jagd, und die ganze Meute kehrte ins Schloß zurück. Vor der Treppe des Hauses wurde das erlegte Wild je nach Gattung auf einem Bett aus Tannenzweigen am Boden aufgereiht, also »Strecke gelegt«. Wieder erklangen die Jagdhörner, die Strecke wurde von den Förstern »verblasen«. Für jede Wildgattung erklang ein eigenes kurzes Signal, zum Schluß »Jagd vorbei«. Danach verschwanden die Gäste in ihren Zimmern, um sich für das feierliche Diner umzuziehen, zu dem die Jäger und ihre Damen wieder im Gartensaal erschienen.

Mein Vater (rechts) auf der Pirsch mit seinem Vater Wilhelm, vor 1914

Im Gegensatz zu den meisten Damen in ihrer Gesellschaft ging meine Mutter auch auf die Jagd, allerdings nur auf die Pirsch, allein oder mit einer Begleitperson. An den Treibjagden im Herbst und im Winter nahm sie nicht teil. Sie meinte, die Jäger fühlten sich sonst verpflichtet, ihr als Dame den besten Stand zu geben, und das wollte sie nicht.

Besucher in Neuhardenberg

Als Freund schätzten meine Eltern den Philosophen, Psychologen und Pädagogen Professor Eduard Spranger sehr. Besonders seine pädagogischen Schriften beeindruckten meine Mutter, und sie orientierte sich bei unserer Erziehung an seinem Buch *Psychologie des Jugendalters*. Spranger lehrte Philosophie und Pädagogik an der Berliner Friedrich-Wilhelms-Universität, wo er der Persönlichkeits- und Jugendforschung entscheidende Impulse gegeben hat. Er ist als Mitglied der 1863 vom ehemaligen preußischen Kultusminister Moritz August von Bethmann Hollweg gegründeten »Mittwochsgesellschaft« auch in die Geschichte des Widerstands eingegangen. Die Mitglieder der Gesellschaft trafen sich privat, meist in der Wohnung desjenigen, der einen Vortrag über politische, kulturelle, historische oder wissenschaftliche Themen vorbereitet hatte. Wenn auch aus der Gesellschaft selbst kein Kreis von Verschwörern entstand, bot sie doch die Möglichkeit oppositionellen Gedankenaustauschs. Zu den besonders aktiven Mitgliedern zählten unter anderen der ehemalige Botschafter Ulrich von Hassell, Generaloberst a.D. Ludwig Beck und der preußische Finanzminister Johannes Popitz, aber auch der Historiker Friedrich Meinecke und der Physiker Werner Heisenberg.

Professor Spranger und seine Frau verbrachten während mehrerer Kriegssommer jeweils einige Wochen in Neuhardenberg, um sich von den Bombennächten in Berlin zu erholen. Es gehörte zu meinen Aufgaben, sobald man sich abends trennte, die Gäste auf ihre Zimmer zu begleiten und noch einmal sicherzustellen, daß dort alles zu ihrer Zufriedenheit arrangiert war. Vor allem kam es darauf an, zu kontrollieren, ob das Waschwasser in der dafür vorgesehenen Kanne noch warm genug war, denn es gab in den Zimmern kein fließendes Wasser.

Besonders beeindruckte mich Sprangers ungewöhnliche Höflichkeit, die er sich in Japan, wo er einige Jahre verbrachte, angeeignet hatte. Er und seine Frau wohnten meist im oberen Stockwerk in einem der hinteren Zimmer, zu dem ein langer Gang vom Treppenhaus aus führte. Hatte ich meine Inspektion beendet, verabschiedete ich mich von den beiden, ihnen eine gute Nachtruhe wünschend. Und jedesmal verneigte sich der Professor tief und sagte: »Und nun werde ich Komteß zurück bis zur Treppe geleiten.« Ich fand das ein bißchen übertrieben, aber Widerspruch wäre zwecklos gewesen.

Professor Eduard Spranger, um 1960

Auch der Volkswirt und Soziologe Werner Sombart besuchte meine Eltern gelegentlich. Wie Spranger war auch er Professor in Berlin. Einen Namen hatte er sich mit seinen kritischen Ausführungen zum Kapitalismus und mit seinen Untersuchungen zum Sozialismus gemacht. Zunächst von Karl Marx beeinflußt, wurde er später allerdings zu dessen schärfstem Widersacher. Eine Zeitlang neigte er dem Nationalsozialismus zu, distanzierte sich dann aber später von ihm.

Ein anderer gerngesehener Gast war Elard von Oldenburg-Januschau, besser bekannt als der »alte Januschauer«, der wortgewaltige Vertreter der ostelbischen Großgrundbesitzer. Der erzkonservative Januschauer hatte sich einen Namen als Abgeordneter der Deutschnationalen Partei im Reichstag vor und auch nach dem Ersten Weltkrieg gemacht.

In den Jahren 1930 bis 1934 lud mein Vater im Sommer regelmäßig den Unteroffizier Kellermann aus Potsdam mit seiner Familie ein, damit er den örtlichen »Scharnhorst«, die Jugendabteilung des »Stahlhelm«, schulte. Der Stahlhelm war eine im Dezember 1918 von Franz Seldte gegründete Organisation, in der sich Frontkämpfer des Ersten Weltkrieges versammelten. Seldte überführte seine etwa eine Million Mann zählenden Anhänger zwischen 1933 bis 1935 in die SA. Hitler belohnte ihn dafür mit dem Reichsarbeitsministerium.

Die Jungen also lernten bei Kellermann marschieren, sangen Soldatenlieder und trieben viel Sport. Unteroffizier Kellermann war selbst begeisterter Soldat und ein hervorragender militärischer Ausbilder. Ich erinnere mich gut, wie angetan der japanische Botschafter dem Treiben der Jungen zusah, als er einmal von Berlin aus Gast in Neuhardenberg war.

Am liebsten hatten die Scharnhorster die Nachtübungen. Lalla und ich machten eifrig mit, bis uns Hans Zubke, der Sohn des Bürgermeisters Gerhard Zubke, mit der Begründung verjagte, wir seien ja »nur« Mädchen. Damals machten auch Hitlerjungen bei den Übungen mit. Nicht nur ich, sondern auch die Erwachsenen hielten die Hitlerjugend für einen Haufen richtiger Rowdies, während die Jungen vom »Scharnhorst«, die meist aus den Neuhardenberger Bauernfamilien kamen, gut erzogen und kameradschaftlich waren. Schließlich wurde die ganze Gruppierung, und damit auch mein Bruder, in die Hitlerjugend übernommen. Wir Schwestern gehörten keiner Naziorganisation an.

Übrigens: Auch der spätere Reichsführer SS, Heinrich Himmler, war einmal in Neuhardenberg. Er wollte meinen Vater 1925, in der Neugründungsphase der NSDAP, für deren Ziele gewinnen. Vergebens.

Freunde der Familie

Eine andere Gruppe von Besuchern waren Freunde meines Vaters, die mit ihm in Neuhardenberg die politische und militärische Situation besprachen: der Generaloberst a. D. und ehemalige Chef der Heeresleitung, Kurt Freiherr von Hammerstein-Equord, Oberlandforstmeister Kurt Freiherr von Plettenberg, Botschafter Ulrich von Hassell, der Botschafter Werner Graf von der Schulenburg, Oberst Fritz Jäger und der stellvertretende Polizeipräsident von Berlin, Fritz-Dietlof Graf von der Schulenburg. Dann auch General Ludwig Beck, Heinrich Graf von Lehndorff sowie Fabian von Schlabrendorff und Nikolaus von Halem.

Ein besonders enger Freund meines Vaters war der leider viel zu früh verstorbene Kurt Hammerstein-Equord, seit Herbst 1929 Chef des Truppenamtes, ab November 1930 als Nachfolger des Generalobersten Heye dann Chef der Heeresleitung. Nach der Beschreibung seines Sohnes, meines Freundes Ludwig, lehnten ihn die Rechtsparteien vehement ab mit der Begründung, er sei nicht »national« genug eingestellt.

Hammerstein vertrat entschieden die Auffassung, das Heer habe zwar unpolitisch über den Parteien zu stehen, müsse sich aber mit den großen politischen Strömungen der Zeit auseinandersetzen.

Die »nationale Welle« sah Hammerstein als durchaus erfreulich an. Die Grenze war für ihn aber da erreicht, wo sie revolutionär zu werden begann. Den Nazis bedeutete er klar, daß sie bei jedem Versuch der Illegalität mit schärfsten Mitteln bekämpft würden. Am 1. Februar 1934 schied er mit fünfundfünfzig Jahren nicht zuletzt aufgrund seiner antinationalsozialistischen Einstellung aus dem aktiven militärischen Dienst aus. Hindenburg ernannte ihn zum Generalobersten mit dem Recht, weiter die Uniform des Generalstabs zu tragen.

Fünf Jahre später, bei Kriegsbeginn, wurde er kurze Zeit als Oberbefehlshaber der Armeeabteilung A an der Westfront eingesetzt. Nach dem Polenfeldzug zunächst als »Oberbefehlshaber Ost« vorgesehen, wurde er im Spätherbst 1939 aufgrund seiner Gegnerschaft zum Nationalsozialismus endgültig in den Ruhe-

Mit Oberst Fritz Jäger auf einer Hochzeit um 1941. Er kam 1944 im Widerstand ums Leben.

Kurt Freiherr von Hammerstein-Equord, ein enger Freund meines Vaters

stand verabschiedet. Er starb am 25. April 1943 in Berlin. General Ludwig Beck schrieb damals an seine Witwe: »Unser Volk hat in schwerer Zeit in ihm einen Mann verloren, an dem es noch viel hätte haben können, an den sich noch große Hoffnungen knüpften«.

Die Hochachtung, die mein Vater für Kurt Hammerstein empfand, beruhte auf der auffallenden Zivilcourage, mit der er den Anordnungen des nationalsozialistischen Regimes begegnete. Hammerstein war den Menschen Zeit seines Lebens ebenso treu wie seinen Grundsätzen. Kennzeichnend für ihn ist, was sein Sohn, Ludwig von Hammerstein, über ihn berichtet: Als einziger General und in voller Uniform ging er zur Beerdigung seines am 30. Juni 1934 ermordeten Freundes Schleicher und dessen Frau auf dem Parkfriedhof in Berlin-Lichterfelde. Allerdings warteten die wenigen Trauergäste vergeblich auf die Särge. Die Gestapo hatte, um alle Mordspuren zu verwischen, die Leichen verbrennen lassen und gab die Urnen erst zu einem späteren Zeitpunkt zur Bestattung frei.

Zu den großen Freuden meiner Kindheit und Jugend zählten die Besuche von Kurt Plettenberg. »Onkel Kürtchen« war unser Lieblingsgast und wurde von allen Familienmitgliedern gleichermaßen ohne Vorbehalte heiß geliebt. Schon als ganz kleine Mädchen faßten wir Schwestern unabhängig voneinander den Entschluß, später einmal niemand anderen als Onkel Kürtchen zu heiraten. Er selbst war meiner Schwester Atti ganz besonders zugetan.

Die große Zuneigung, die wir dem Onkel entgegenbrachten, lag in der Art, wie er sich um uns bemühte. Er brachte uns zwar nie Süßigkeiten mit – er war der einzige unter unseren Gästen, von dem wir das nicht erwarteten –, dafür ging er auf alle unsere Kümmernisse ein. Er tröstete und gab gute Ratschläge; er nahm uns einfach ernst.

In einem Rückblick bestätigt auch Marion Gräfin Dönhoff meine Erinnerungen an Kurt Plettenberg. Er hatte 1923 oder 1924 als Forstmeister die Bewirtschaftung der Dönhoffschen Waldungen in Ostpreußen übernommen. Für die kleine Marion war es »immer wieder staunenswert«, daß Plettenberg, »der zwanzig Jahre älter war und von bedeutenden Leuten und fernen Gegenden berichten konnte, ungezählte Gedichte auswendig wußte – nicht nur gewichtige von Goethe oder Schiller, sondern auch lustige von Morgenstern und Ringelnatz –, daß ein solcher Mann bereit war, sich ernsthaft mit mir zu unterhalten«.

Es gab nur noch einen Mann, mit dem Onkel Kürtchen unsere Liebe teilen mußte. Das war sein Chauffeur. Das Wochenende mit dem Onkel war erst dann ein wirklicher Genuß, wenn auch Bernhard mitkam. Niemand konnte mit uns phantasie- und hingebungsvoller spielen als er.

Kurt Plettenberg war seit dem Ersten Weltkrieg ein enger und vertrauter Freund meines Vaters. Er hatte mittelblondes Haar und trug eine Brille mit dik-

Kurt Freiherr von Plettenberg im Manöver, 1938

ken Gläsern. Wenn er die Brille hin und wieder abnahm, veränderten sich seine Augen dramatisch, die einen sonst fest angesehen hatten. Er wirkte plötzlich verlegen und schüchtern, ja verletzlich, was weder zu seiner sonstigen Erscheinung noch zu seiner Art paßte. Daß Männer mit dicken Brillen ein Leben lang eine große Anziehungskraft auf mich ausübten, ist sicher auf meine erste große Liebe, Onkel Kürtchen, zurückzuführen. Seine Besuche wurden verständlicherweise seltener, als er eine Internatsfreundin von Gisela geheiratet und einen eigenen Hausstand gegründet hatte.

Sein Humor hat uns viel zu lachen gegeben. Besonders einmal, es mag im Jahre 1928 gewesen sein, als Tante Etta, eine etwas mühsame Erbtante, in Neuhardenberg zu Besuch war. Sie war humorlos und nicht sehr beliebt. Um sie ein bißchen aufzuziehen, verabredeten Onkel Fibs und Kurt Plettenberg , daß sie zum Schein in ihrer Gegenwart einen Streit vom Zaun brechen wollten, so als würden sie zunehmend wütender aufeinander. Der Streit sollte schließlich in eine handfeste Auseinandersetzung münden. Den überzeugend gespielten Handgreiflichkeiten wollte sich dann Kurt Plettenberg durch einen schnellen

Friedrich-Karl Klausing, um 1942

Sprung aus dem Fenster des im Hochparterre gelegenen Ahnenzimmers retten. Die scheinbare Tragödie, in Wirklichkeit Komödie, gelang hervorragend: Tante Etta traf beinahe der Schlag.

Jahre später wurde aus Onkel Kürtchens lustigem Fenstersprung blutiger Ernst: Als die Gestapo ihn, den Mitwisser des Widerstands, im März 1945 verhaftete und in das Obergeschoß des Reichssicherheitshauptamtes in der Prinz-Albrecht-Straße 8 zum Verhör brachte, da schlug er – ein geübter Boxer – seine Bewacher nieder und sprang aus dem Fenster in den Tod. Er opferte sich für seine Freunde, deren Namen er nicht unter der Folter preisgeben wollte. Ich hatte mich zu früh gefreut, als ich im Dezember 1944 aus dem Gefängnis entlassen wurde und sah, daß Plettenberg den scharfen Augen der Gestapo entgangen schien und noch in Freiheit war. Auch meiner Mutter – das belegen ihre Aufzeichnungen – war es in der ganzen schweren Zeit der Verhaftung meines Vaters und der Okkupation von Neuhardenberg durch die Gestapo ein Trost, ihn noch in Freiheit zu wissen.

Seit Kriegsbeginn trafen außer alten Freunden auch ganz neue Gäste in Neuhardenberg ein. Übers Wochenende besuchten uns jetzt oft von Berlin aus junge Offiziere, die beileibe nicht nur anreisten, um uns Töchtern, wie meine Eltern später bei der Gestapo aussagten, »den Hof zu machen«. Ihre Namen sind aus der Geschichte des Widerstands gegen Hitler gut bekannt: Werner von Haeften, Ewald-Heinrich von Kleist, Georg-Sigismund von Oppen, Ludwig von Hammerstein und Axel von dem Bussche. Mit ihnen, aber manches Mal auch

Ludwig Freiherr von Hammerstein, um 1942

allein, kam Friedrich-Karl Klausing zu uns nach Neuhardenberg. Er war, wie viele andere auch, Offizier im IR 9.

Wir spielten damals manchmal »Räuber und Prinzessin« oder »Völkerball«. Klausing genoß diese Spiele sehr und gestand mir einmal, daß er sich dabei weitaus wohler fühle als im Alltag in Potsdam. Dort werde er des öfteren bei schwierigen Themen nach seiner Meinung befragt, fühle sich aber in den seltensten Fällen kompetent genug, befriedigende Antworten zu geben. Seine Kameraden sagten ihm später nach, er habe seine von großer Vaterlandsliebe geprägten Einsichten stets mit Überzeugungskraft vertreten. Auch sei er immer bereit gewesen, die sich aus seinen Ansichten ergebenden Konsequenzen zu ziehen.

In der Erinnerung sehe ich Klausing als besonders jungenhaft vor mir. Vielleicht liegt das aber daran, daß er nicht mit uns alt werden durfte. Klausing gehörte zu den Verschwörern, und bevor man ihn hinrichtete, mußte er noch miterleben, wie sich sein Vater, ein fanatischer Nationalsozialist, wegen der »Schande« seines Sohnes das Leben nahm.

Die Freundschaft zwischen Kurt und Maria Hammerstein und meinen Eltern übertrug sich auch auf mich und meine Geschwister. Vor allem galt dies für Hildur und Ludwig Hammerstein. Groß und schlaksig und mit einer starken Brille vor den kurzsichtigen Augen wirkte Ludwig immer ein bißchen unterernährt. Er war oft zu Gast in Neuhardenberg und trug mit seiner liebenswürdigen Frechheit viel zur Unterhaltung bei. Manchmal schoß er allerdings auch über das Ziel hinaus. Er scheute sich nicht, mir kritische Einträge über

Ewald-Heinrich von Kleist-Schmenzin, um 1942

uns aus seinem Tagebuch vorzulesen. Einmal hieß es dort zum Beispiel: »Es hat in Neuhardenberg, wie üblich, zu wenig zu essen gegeben.« Lalla hielt das für eine Ungezogenheit, denn nach ihrer Ansicht gab es bei uns zu Hause sehr wohl genug zu essen. Rückblickend verstehe ich den Hintergrund dieser Notiz besser: Ludwig Hammerstein kam meist ausgehungert aus Berlin zu uns aufs Land, weil die Versorgung in der Großstadt nicht mehr so klappte. Da reichte ein Wochenende eben nicht, um seinen Heißhunger zu stillen.

Zeit seines Lebens zeichnete Ludwig große Toleranz Andersdenkenden gegenüber aus. Manchmal beschlich mich jedoch das Gefühl, daß diese Toleranz eher aus Konfliktscheu resultierte, denn er wich Auseinandersetzungen eigentlich nach Möglichkeit aus. Um so bemerkenswerter ist es, daß er sich ohne Wenn und Aber dem Widerstand zur Verfügung gestellt hat. In späteren Jahren schätzte ich an Ludwig besonders seine Urteilsfähigkeit, selbst wenn ich seine Meinung nicht immer teilen konnte. Mit seinem Tod 1996 habe nicht nur ich einen sehr wichtigen Menschen verloren.

Ewald-Heinrich von Kleist, auch er ein enger Freund, erblickte 1922 auf Schloß Schmenzin im Regierungsbezirk Köslin/Pommern das Licht der Welt. Freunde sagten ihm nach, daß sich bei ihm »eine hochentwickelte Empfindsamkeit hinter einer gelegentlichen Rauhbeinigkeit verbirgt«, und nahmen für ihn das Goethewort in Anspruch, er sei ein Mann »ohne Schiefheiten und Halbheiten«.

Georg-Sigismund von Oppen, um 1942

Ewald-Heinrich hatte sich ebenso wie der dann durch erneute Verwundung an der Front ausgefallene Axel Bussche bereit erklärt, ein Selbstmordattentat auf Hitler zu verüben. Während einer Präsentation neuer Uniformen, die für den Februar 1944 angesetzt war, wollte er mit Sprengstoff im Tornister auf Hitler zugehen und ihn bis zur Explosion der Bombe umklammert halten. Hitler verschob den Vorführungstermin immer wieder, bis Bussche an die Front mußte, wo er kurz darauf schwer verwundet wurde. Ewald Kleist war nun zum Selbstopfer entschlossen. Aber bei einem Luftangriff auf Berlin verbrannten die neuen Modelle, und die Vorführung wurde endgültig abgesagt.

Georg-Sigismund Oppen, kurz »Brummel« genannt, pflegte schon seit gemeinsamen Jugendtagen freundschaftlichen Umgang mit unserer Familie. 1942 machte er während eines Fronturlaubs einen Abstecher zur Hochwildjagd nach Neuhardenberg. Wir hatten uns immer viel zu erzählen, so auch bei einem Treiben, in dessen Verlauf ich ihn an seinen Stand begleitete. Vom Nachbarstand aus beobachtete mein Vater uns immer nervöser. Wir waren so in unser Gespräch vertieft, daß wir, ohne es zu bemerken, mit dem Rücken zum Geschehen standen – ein unverzeihliches, auch gefährliches Vergehen gegen die Jagdregeln.

Brummel war schlagfertig und humorvoll. Er stammte aus begütertem Hause und hatte dazu noch eine amerikanische Großmutter, die alles für ihn, ihren ausgesprochenen Liebling, tat. Schon früh kleidete er sich immer nach der neuesten Mode. Seine Fahrräder wiesen die neuesten, raffiniertesten technischen Errungenschaften auf. Er trug Schuhe mit dicken Gummikreppsohlen und bunte, großkarierte Strümpfe, die ihm die amerikanische Grandma schickte. Da wir eine solche Großmutter nicht unser eigen nennen konnten, habe ich Brummel viele Jahre lang leidenschaftlich um sie beneidet. Persönlich kennenlernen konnte ich die berühmte »Granny« erst nach dem Krieg in Zürich und war sehr beeindruckt von dieser lebhaften alten Dame.

Brummel muß auch auf andere Menschen einen verwöhnten Eindruck gemacht haben, was die folgende Episode eindeutig belegt: Als Offizierbewerber hatte er sich bei der Musterung auch einer dreitägigen Tauglichkeitsprüfung zu unterziehen, der ein Schlußgespräch mit einem Offizier folgte. Dieser sah ihn abschätzend von oben bis unten an und meinte: »Wir haben den Eindruck gewonnen, daß Sie reichlich verwöhnt sind.« Brummel rührte das nicht sonderlich: »Das kann schon sein.« Daraufhin der Offizier leicht konsterniert: »Wollen Sie denn gar nichts dagegen tun?« Brummel – jetzt verschmitzt lächelnd – konterte gelassen: »Würden *Sie* das denn an meiner Stelle tun?«

Ich liebte Brummels Schilderung, wie er einst in Potsdam mit Ewald-Heinrich Kleist spät abends, voll des süßen Weines, versuchte, zu seinem Elternhaus zurückzufinden. Gelegen kam ihm dabei, daß er als Offizier vorschriftsmäßig einen Degen um die Ausgehuniform geschnallt hatte, der ihm nicht nur als Dekoration dienen, sondern jetzt auch praktische Dienste leisten sollte. Er steckte ihn nämlich in die Rille neben der Straßenbahnschiene und tastete sich so zielsicher dem Elternhaus entgegen. Da die Haltestelle jedoch nicht direkt vor seinem Zuhause lag, hätte ich gern gewußt, wie er die letzten Meter bis dorthin bewältigte. Aber diese Aufklärung ist er mir leider schuldig geblieben.

1942 wurde Brummel in Rußland verwundet. Er hatte das, was man damals einen »richtig schönen Heimatschuß« nannte: eine ungefähr zehn Zentimeter lange klaffende Wunde am Unterarm, die sich nicht schließen wollte. Eine von Brummels älteren Schwestern war ausgebildete Krankenschwester und bemühte sich redlich, seinen Arm zu heilen. Jedesmal, bevor sie ihren Bruder verband, rückte sie der Wunde mit einem Ätzstift zu Leibe, was dem armen Kerl höllisch weh tat. Wenn er in Neuhardenberg weilte, pflegte ich ihn, so gut ich konnte. Aber ich hatte zu der Zeit noch nicht viel Ahnung von medizinischer Betreuung. Er genoß meine Behandlung, wahrscheinlich auch deswegen, weil ich den Ätzstift ganz bewußt wegließ, allerdings nicht nur in der Absicht, ihm die Schmerzen zu ersparen, sondern vor allem, um seinen Heimaturlaub zu verlängern. Es war uns klar, daß es den »Endsieg« nicht geben würde.

Auch Fritz-Dietlof Graf von der Schulenburg, »Fritzi« genannt, spielte in unserem Freundeskreis eine große Rolle. Er hatte neben anderen Verwendungen auch das Amt des stellvertretenden Polizeipräsidenten von Berlin bekleidet und war ein entfernter Vetter meiner Mutter. Er konnte sehr charmant sein. Ich besaß

Fritzi Schulenburg mit seinen Kindern, um 1944

zum Beispiel ein paar schicke Ohrclips, die ich wie ein Kirschenpaar am Ohr trug, und die Fritzi besonders gut gefielen. Er meinte schließlich: »Ich wüßte zu gern, wer diese Kirschen einmal pflücken wird ...«

Mit seinem glasklaren Verstand verband er die Begabung, Menschen zusammenzuführen und sie, ohne Penetranz, allein mit fundierten Argumenten für seine Meinung einzunehmen. Daß Fritzi ein sehr konsequenter Mensch war, zeigte sich unter anderem darin, daß er als ehemals überzeugter Nazi nun energisch und kompromißlos den Sturz des Regimes betrieb.

Am 9. Juli 1944 waren Ludwig Hammerstein und Ewald-Heinrich Kleist mit der Bahn von Potsdam zu uns nach Neuhardenberg gekommen. Brummel, der keinen Urlaubsschein hatte und eigentlich die Kaserne nicht hätte verlassen dürfen, fuhr mit der S-Bahn nach Strausberg und von dort mit dem Rad weiter. Er gelangte total verschwitzt, aber sehr stolz ob des gelungenen Streichs bei uns an. Lalla war auch zugegen, sie erholte sich gerade von einer Lungenkrankheit. Meine Mutter war verreist.

Mein Vater ließ den Pferdewagen anspannen, und wir fuhren mit dem polnischen Kutscher Stacho auf dem Bock an den Alt-Rosenthaler See. Ein Korb Kirschen stand zwischen uns, und wir spuckten die Kerne fröhlich gegen ein vorher vereinbartes Ziel. Wer traf, hatte gewonnen.

An dem einsamen See in Alt-Rosenthal angekommen, stiegen wir auf Pistolenschießen um. Mein Vater zog mich beiseite und fragte mich leise: »Was würdest du tun, wenn Hitler plötzlich vor dir stünde – könntest du auf ihn schießen?« »Ich weiß nicht«, gab ich ebenso leise zurück. Später begriff ich, daß er die Frage wohl eher an sich selbst denn an mich gestellt hatte.

Diesen Nachmittag mit ihm und unseren Freunden am See habe ich als eines der letzten schönen Erlebnisse in Erinnerung. In diesen wenigen Stunden fühlten wir uns gelöst und so unbeschwert wie lange nicht mehr. Wir waren einander vertraut, brauchten uns nicht zu verstellen, wir kannten uns genau, es gab nur das Gefühl der Verbundenheit und keine Mißverständnisse zwischen uns – eine Oase inmitten von Verlogenheit, Verstellung und Angst.

Dann hörten wir plötzlich Motorengeräusch. In einem offenen Viersitzer steuerte einer unserer Vettern mit seiner Mutter auf uns zu. Wir erstarrten, als hätte eine Gewitterwolke die strahlende Sonne verdeckt. Die Lockerheit des trauten Beisammenseins war dahin. Obwohl wir den Vetter gern mochten – wem konnten wir denn trauen, außer uns selbst? Recht einsilbig und bedrückt machten wir uns wenig später auf den Heimweg. Die Wirklichkeit hatte uns wieder eingeholt.

Ferien in Neuhardenberg

Im Sommer, während der Ferienzeit, stand Neuhardenberg vor allem der Verwandtschaft offen. Meine Mutter fand: Wer wie wir das Glück hat, auf dem Lande zu leben, müsse zumindest diejenigen Familienmitglieder, die in der Stadt darbten, im Sommer zu sich einladen.

Oft besuchten uns Onkel Willy Schilling mit seiner Familie und Onkel Bolly Schulenburg samt seiner Haushälterin Gertrud Otto.

Onkel Willy war sowohl unser Großonkel als auch unser angeheirateter Onkel, denn er war einerseits ein Bruder meiner Großmutter mütterlicherseits, und andererseits waren seine Frau und unser Vater Geschwister. Tante Ella zeichnete sich durch unendliche Gutmütigkeit aus. Wenn eines von uns Kindern sie in Potsdam besuchte und sie mit uns einkaufen ging, mußte man nur vor der Auslage eines Spielwarenladens begeistert ausrufen: »Ist das schön!«, und schon eilte die rührende Tante in das Geschäft und kaufte das begehrte Stück. Lalla machte diese Erfahrung als erste und gab den Tipp an uns Geschwister weiter. Wir haben reichlich von Tantchens Großzügigkeit Gebrauch gemacht. In ihrer Fürsorge neigte sie allerdings dazu, uns zum Essen zu nötigen. Wir waren das nicht gewöhnt, aber um sie nicht zu kränken, aßen wir oft mehr, als uns guttat.

Onkel Willy hieß bei uns mit Spitznamen »Onkel Aberle«, weil er gegen alles etwas einzuwenden hatte. Vor allem haßte er Spaziergänge. Als er wieder einmal aufgefordert wurde, sich uns anzuschließen, schob er dringend zu erledigende Post vor, um ja nicht mitgehen zu müssen. Wir lachten alle, und Onkel Fibs neckte ihn: »Willy, du bist so schrecklich faul! Aber eines sage ich dir: Wenn du tot bist, dann verbrennen wir dich und tun deine Asche in eine Eieruhr – und dann mußte loofen«.

Auch Onkel Fibs verbrachte häufig die Wochenenden bei uns, oft gemeinsam mit Forstmeister Karl Peter Rheinen und Kurt Plettenberg. Onkel Fibs, mittelgroß, mit dunklen Haaren, hieß eigentlich Wilfried und war neun Jahre jünger als mein Vater. Da meine Großeltern früh gestorben waren, fühlte sich mein Vater für seinen Bruder verantwortlich, und beide hingen sehr aneinander. Nach dem Abitur hatte er Forstwirtschaft studiert und dann eine Stellung als Forstmeister in der Nähe von Leipzig angetreten. Er interessierte sich besonders für Philosophie, Kunst, Literatur und Musik. Mein Vater neckte ihn gern damit, er sei ein »Intellektueller« und könne, wie alle diese Leute, »nur um drei Ecken denken«. Onkel Fibs lachte daraufhin immer nur gutmütig, während ich die Spötteleien meines Vaters für ein Vorurteil hielt und den Onkel vehement in Schutz nahm.

Wilfried Graf von Hardenberg (Onkel Fibs) und seine Frau Margarethe, geb. von Oven, um 1960

Margarethe Gräfin von Hardenberg, geb. von Oven, Stauffenbergs Sekretärin, die seine Geheimbefehle mit Handschuhen tippte

Onkel Fibs störten diese kleinen Frotzeleien nicht. Er gehörte zu den wenigen Menschen, die über sich selbst lachen können. Mit einer Ausnahme. In seiner Studentenzeit war Onkel Fibs einer »schlagenden« Verbindung beigetreten. Ich brachte wenig Verständnis dafür auf, daß die jungen Männer sich zum Zeichen ihres Mutes und ihrer »Tapferkeit« gegenseitig »Schmisse« im Gesicht beibrachten. Als ich den Onkel damit aufziehen wollte, merkte ich rasch, daß ich hier »vermintes Gelände« betrat. Sofort ließ ich das Thema fallen, denn ich liebte ihn ganz besonders und wollte ihn auf keinen Fall verletzen.

Er blieb lange Junggeselle und heiratete erst im Alter von fünfzig Jahren Margarethe von Oven, die seine Interessen teilte und ihn in ihrer anregenden Art als gleichberechtigte Gesprächspartnerin begleitete. Sie war mittelgroß, etwa wie Onkel Fibs, blond und schlank. In ihrem Auftreten schwang der Nimbus »alter Schule« mit. »Övchen«, wie wir sie bald nannten, ist in ihrem Leben viel herumgekommen und hat viel erlebt, auch weil sie zum Widerstand im Dritten Reich gehörte. Nach dem 20. Juli saß Margarethe zwei Wochen in Haft, wurde dann aber wieder freigelassen.

Als Tochter einer mittellosen Offizierswitwe – ihr Vater war gleich zu Beginn des Ersten Weltkrieges gefallen – hatte sie, wie damals viele ihrer Schicksalsgenossinnen, einen Lehrgang als Sekretärin abgeschlossen und war dann »Edeltippse« geworden. 1925 verschlug es sie in das Reichswehrministerium.

Nachdem sie sich 1928 im Rahmen der geheimen Zusammenarbeit der Reichswehr mit der Roten Armee sechs Monate unter falschem Namen in Rußland aufgehalten hatte, wurde sie Sekretärin der Chefs der Heeresleitung, zunächst Hammersteins, dann seines Nachfolgers Werner Freiherr von Fritsch. Darauf folgte von 1935 bis 1937 auch eine Verwendung in Budapest beim dortigen Militärattachéstab, danach beim Militärattaché in Lissabon. Hier unterstand sie dem Admiral Wilhelm Canaris, Amt Ausland/Abwehr. Dann wurde sie die rechte Hand des späteren Generalmajors Henning von Tresckow, bei dessen Aufenthalten in Berlin während des Krieges beim »Nachkommando« des Oberkommandos der Heeresgruppe Mitte. Mein Vater schildert ihre damalige Rolle für die Militäropposition in seinem Bericht in einer Episode: »So gingen Tresckow, Stauffenberg und die tapfere Margarethe von Oven, die Aufrufe an das Volk und Heer mit Handschuhen auf der Schreibmaschine geschrieben hatte, um keine Fingerabdrücke zu hinterlassen, eines Tages in Berlin auf der

Mein Vater Carl-Hans Hardenberg (rechts) mit Oberst Henning von Tresckow, dem Kopf der Widerstandsgruppe in der Heeresgruppe Mitte, um 1942

Straße, die Aufrufe in einer Aktentasche bei sich, als ein Überfallkommando von rückwärts heranjagte, dicht vor ihnen rechts heranfuhr und abstoppte. Die Beamten sprangen herunter, als die drei das Haus gerade erreicht hatten, und sperrten das Haus ab, ohne sich um sie zu kümmern. Da hat auch diesen drei tapferen Menschen das Herz stillgestanden«.

Wie beliebt Margarethe bei Mitarbeitern und Untergebenen war, läßt sich aus einer ihrer eigenen Erzählungen über die Zeit ihres Widerstands ableiten. Dieser Bericht beschreibt nicht nur die damaligen Verhältnisse sehr anschaulich, er ist auch ein Denkmal für die »kleinen Helden« im Widerstand. Damit meine ich die vielen unermüdlichen Helfer bei der Vorbereitung des Umsturzversuches, aber auch die verschwiegenen Seelen, die nach dem 20. Juli dichthielten und – unter Lebensgefahr – Flüchtlinge versteckten. Doch ich lasse sie selbst zu Wort kommen: »Ich bin verschiedentlich gefragt worden, wie es möglich war, ›davonzukommen‹. Als einen der glücklichen Umstände möchte ich ›das Wunder Schmadtke‹ nennen. Schmadtke war Werkmeister im Nachkommando der Heeresgruppe Mitte im Gebäude des Gruppenkommando 1 in der Kaiserallee, und ihm unterstanden alle telefonischen Leitungen zwischen Berlin und der Heeresgruppe, also ein wichtiger Mann. Er war ein Ur-Berliner, erschreckend häßlich und herzerfrischend ordinär, wahrscheinlich Kommunist, aber das linke Herz auf dem rechten Fleck, und damit hat er wahrscheinlich manchem von uns das Leben gerettet. In seiner Pfiffigkeit durchschaute er mehr als wir ahnten. Als ich in meine Arbeit eingeführt wurde, warnte mich Tresckow: ›Mit Schmadtke wirst du Ärger kriegen, er ist ein Streithahn und Rabauke, legt sich mit jedem an. Aber mach dir nichts draus, wenn der erste Krach fällig ist, ruf mich nur an, ich bieg's dann wieder hin.‹ Der Hilferuf von meiner Seite blieb aus, und ich mußte mir dann und wann – ob meines guten Einvernehmens mit ihm – ein leichtes Frozzeln des Stabes über ›meinen Freund‹ Schmadtke gefallen lassen. Meine guten Beziehungen zu ihm kamen dem Stab nicht selten sehr zugute. Wenn ich irgendeine dringende telefonische Verbindung brauchte, hörte ich nur von ihm: ›Is jeritzt, ick hab zwar jrad 'nen Feldmarschall dranhängen, aber der kann ja noch ein bisken warten.‹ Und ich hatte meine Verbindung.

Nach dem 20. Juli vertiefte sich unser Verhältnis. Kein Wort wie: ›Ick weeß wat‹ oder ›Ihr könnt mir nich für doof verschaukeln‹; die ganze Zeit hindurch keine einzige Andeutung, daß er uns durchschaute, aber in wechselnden Abständen erschien nun sein Gesicht in meiner Tür: ›Ick würde man nun auf *der* Leitung telefonieren‹; ›Ick würde man heute nicht in die Bendlerstraße gehen.‹ ›Ick würde man heute Ihre Gäste aus dem Portal rauslassen.‹; ›Ick würde man … ick würde man …‹ wurde in den nächsten Monaten zum geflügelten Wort. Als Herrscher über alle Leitungen war er eben bestens orientiert. Als ich vom Alex nach kurzem Haftaufenthalt zurückkam, lagen ein Blumenstrauß auf meinem

Schreibtisch und mehrere Rollen Klopapier. ›Hab ick for Sie orjanisiert.‹ Und am Tag nach dem furchtbaren Angriff auf Potsdam stand der Getreue – die Stadt war ohne Leitungen, Strom und Wasser, und er war den ganzen Weg größtenteils getippelt – mit Kommißbrot und einer Kanne Wasser vor uns. ›Ick wollte man bloß …‹ Das war Kamerad Schmadtke. Hätten wir doch nur mehr Schmadtkes in den Schaltstellen gehabt.«

Die Geschichte von dem getreuen Schmadtke hatte ein trauriges Ende. Margarethe erzählte: »Als Fabian Schlabrendorff aus dem KZ zurückkam, fragte er mich, wer sich in der Zeit anständig verhalten habe und wer nicht. Ich sagte: ›Wer mit Sicherheit dazu beigetragen hat, daß manche von uns noch mal davongekommen sind, ist zweifellos dein Rabauke Schmadtke.‹ Fabian ging los, um ihn zu suchen, kam aber bald darauf zurück. ›Ich habe eine traurige Mitteilung für dich: Schmadtke ist tot. Und du bist auch noch schuld daran.‹

Was war geschehen? Nun, die Heeresgruppe hatte für den Belagerungsfall einen Keller mit Lebensmitteln angelegt, vollgepackt unter anderem mit Schokolade. Den ›Schokolade-Schlüssel‹ hatte ich. Als es in den letzten Tagen durch die Luftangriffe immer fraglicher wurde, ob man von Potsdam nach Berlin noch durchkam, übergab ich diesen Schlüssel an Schmadtke; die Vorräte seien zwar für den Belagerungsfall gedacht, aber bevor sie den Russen in die Hände fallen, ›gehen Sie man ran‹. – Er tat es. Ein bißchen zu häufig wohl, denn die Folge war ein Darmverschluß. Soll man traurig sein? Wer weiß, was ihm sonst noch passiert wäre.«

Ihre Geschichten über die verschiedenen Vorgesetzten, unter denen sie gearbeitet hatte, entbehren nicht einer gewissen Komik. So auch diese: Als sie an Tuberkulose erkrankte, bekam sie eines Tages einen riesigen Blumenstrauß von ihrem damaligen Chef, Generalfeldmarschall Werner von Blomberg. Sie habe herzzerreißend schluchzen müssen. Nicht wegen der netten Geste, sondern weil sie glaubte, sie müsse bald sterben. Der als geizig verschriene Blomberg hätte doch höchstens einer Todgeweihten einen so großen Blumenstrauß geschenkt.

Ich liebte es, wenn Margarethe aus ihrem Leben erzählte, doch tat sie das viel zu selten, da sie sich auch später noch an ihre Verpflichtung zur Verschwiegenheit gebunden fühlte.

Nach dem Krieg arbeitete sie bei meinem Vater in der Hohenzollernschen Vermögensverwaltung, bis sie Onkel Fibs heiratete. Sie verlobten sich zur gleichen Zeit wie meine Schwester Lalla und Franz Joseph Graf von Westphalen. Während Lalla und Franz Joseph sich wie ein ganz normales Brautpaar gebärdeten, führten sich Onkel Fibs und Övchen wie die Turteltauben auf. Jede angebotene Süßigkeit teilten sie, was vor allem bei Schnapspralinen zum Problem wurde; jedenfalls sahen sie danach oft aus wie kleine Kinder, weil sie über und über bekleckert waren.

Der Weg in den Widerstand

Als Vorstand des Brandenburgischen Landbundes war mein Vater in Berlin schon im Januar 1931 im Hause Bechstein Adolf Hitler begegnet. Hitler brachte dort seine Vorstellungen über die Beseitigung der Arbeitslosigkeit durch Aufrüstungsmaßnahmen sowie die rücksichtslose Bekämpfung der Juden zum Ausdruck. Von diesem Tag an hegte mein Vater tiefes Mißtrauen, später auch Abscheu dem »Führer« gegenüber, der für ihn und meine Mutter der Inbegriff des Bösen war.

Viele Jahre später, als er, zurückgekehrt aus dem Konzentrationslager Sachsenhausen, an Silvester 1945 begann, seine Erinnerungen niederzuschreiben, faßte er die Anfangsphase des Nationalsozialismus folgendermaßen zusammen: »Das Dritte Reich trat im Jahre 1933 seinen Weg an von der Gruft der großen Preußenkönige, Friedrich Wilhelms I. und Friedrichs des Großen. Hiermit sollte dem deutschen Volk und dem Ausland vor Augen geführt werden die gradlinige Fortsetzung des preußisch-deutschen Weges im Gewande des zwanzigsten Jahrhunderts. Das Programm sah vor die Einschaltung von pflichtbewußten, dem Vaterland dienenden Menschen, die Überbrückung der leidigen Klassenkämpfe, die Zerschlagung des undeutschen Kommunismus, die Beseitigung der Arbeitslosigkeit (sechs Millionen Arbeitslose) und die Wiederherstellung des deutschen Ansehens im Rahmen europäischer Zusammenarbeit. Nicht eine einzelne Partei oder ein einzelner Berufsstand ging freudig an die Mitarbeit, die Deutschland und damit Mitteleuropa aus der Not emporführen sollte, sondern alle Parteien und alle Stände. Auch aus dem Ausland (z.B. England) wurden Stimmen laut, die ehrliches Verständnis zeigten.

Aber noch niemals in der Geschichte der Völker ist ein so großes Kapital an Vertrauen ruchloser verwirtschaftet worden. Ein Führungsanspruch, berechtigt bei der unseligen Neigung der deutschen Menschen zur Zersplitterung, artete mehr und mehr in einen Terror ohne Grenzen aus.

Am 30. Juni 1934 wurde neben einzelnen Schuldigen eine große Zahl ehrenwerter Menschen, nur weil sie politisch unbequem waren, ermordet. Unter ihnen der bisherige Reichskanzler und Reichswehrminister von Schleicher. Ein Gerichtsverfahren, auch hinterher, fand nicht statt«.

Die beiden letzten Sätze beziehen sich auf den »Röhm-Putsch«, in dessen Ergebnis die SA ausgeschaltet worden ist und bei dem auch gleichzeitig unliebsame Gegner Hitlers unterschiedlichster Couleur liquidiert wurden. Ich selbst, damals elf Jahre alt, erinnere mich gut an diesen Tag. Wir waren zum Schwimmen nach Alt-Friedland zu unserem Nachbarn Karl von Oppen gefahren. Es war einer jener strahlend heißen Sommertage, wie man sie für mein Gefühl nur im Osten erleben kann. Soweit man sehen konnte, wölbte sich ein lichtblauer Himmel über der flachen Landschaft, die durch die Getreidefelder goldgelb erstrahlte. Wir tummelten uns im See, während die meisten Erwachsenen am Badehaus saßen. In dem Moment erschien der Hausherr mit leichenblassem Gesicht. Er berichtete, was geschehen und wer alles umgebracht worden war. Nie werde ich das Entsetzen und die Ratlosigkeit auf den versteinerten Gesichtern der Erwachsenen vergessen.

Dieser Tag war der Auslöser für den schrittweisen Weg meines Vaters in den Widerstand. Sein Entschluß, nicht weiter passiv zu bleiben, entsprang der tiefen religiösen Haltung, daß das Böse immer zu bekämpfen sei. Die Nazis waren für ihn der Inbegriff des Bösen und der Kampf gegen sie eine innere Pflicht. Dennoch war sein Verhältnis zum eigenen Tun zwiespältig, denn auch auf ihn traf das Wort von Henning Tresckow zu, das Margarethe Oven einmal in einem Interview zitierte: »Du glaubst nicht, wie ich mich danach sehne, daß ich mal wieder mit offenem Visier über die Straße gehen kann und nicht alles so heimlich und hinterhältig machen muß.« Der Kampf im Untergrund ging gegen die Natur und Erziehung meines Vaters und seiner Freunde; als Frondeure und Attentäter waren Männer wie Tresckow oder er nicht erzogen worden. Und deshalb fiel ihnen der Weg von der Einsicht bis in den tätigen Widerstand so ungeheuer schwer. Geprägt war dieser Weg von innerer Auseinandersetzung hinter bewahrter äußerer Fassade.

Man leistete diesen Widerstand sehr überlegt, was heute in einem demokratischen Rechtsstaat, der die Meinungsfreiheit manchmal höher einstuft als das Ansehen der Person, nur schwer vermittelbar und kaum verständlich zu machen ist. Schon wir Jüngeren haben es damals nicht verstanden, warum die ältere Generation in unseren Augen oftmals nicht konsequent zu handeln schien. Nach einer Parteifeier, 1943, kam der von uns an sich sehr geschätzte Landrat Kreutzberger in voller Parteiuniform zu uns zu Besuch. Er begrüßte meinen Vater mit einem strammen »Heil Hitler«, und der erwiderte den Gruß ebenso stramm. Die Einstellung meines Vaters kennend, verstand ich die Welt nicht mehr. Kaum war der Gast aus dem Haus, machte ich deshalb meiner Empörung Luft. Völlig ungerührt über meinen Vorwurf, er sei ein Opportunist, meinte mein Vater: »Ich werde doch wegen so einer Kleinigkeit die große Sache nicht gefährden.« Und als man meiner Mutter das Mutterkreuz, ein von den Nationalsozialisten eingeführter Orden für Frauen mit mehr als vier Kindern, für ihre »fünf Kinder« überreichen wollte, lehnte sie die Auszeichnung mit der Begründung ab, sie habe sechs Kinder geboren. Natürlich verachtete sie diese Dekoration, aber das konnte sie nicht offen sagen.

Aus der gleichen Vorsicht heraus verbot mir mein Vater bei dem Lied »Es geht alles vorüber, es geht alles vorbei« anstelle der Zeile »Auf jeden Dezember folgt wieder ein Mai« – wie damals hinter verschlossenen Türen geschehen – »im März geht der Führer, im Mai die Partei« zu singen. So etwas brachte in seinen

Augen nichts und war bei der sowieso bekannten konservativen Einstellung der Hardenbergs zu gefährlich.

Mein Vater hätte sich auch nie wegen eines politischen Witzes der Gefahr der Verfolgung ausgesetzt, obwohl er sich an Witzen über die Partei und ihre Vertreter durchaus erfreuen konnte. Witze waren für ihn und seine Freunde ein wichtiges Kriterium, die Stimmung in der Bevölkerung zu erkennen und zu deuten. Die Fähigkeit, zwischen den Zeilen zu lesen und auf Zwischentöne zu hören, beherrschte man damals eben perfekt. Das war sogar manchmal lebensnotwendig, denn dann konnte man den anderen ein- und zuordnen.

In dem Maße, in dem die Gleichschaltung auch die evangelische Kirche erreichte, erlangten auch dort »Zwischentöne« ihre Bedeutung. Unsere Eltern hatten uns Kinder oft zum Gottesdienst oder zur Bibelstunde von Pfarrer Willm in die Kirche von Dolgelin mitgenommen, eine der Patronatsgemeinden meines Vaters. Er fand an diesem Geistlichen der Bekennenden Kirche zunächst Gefallen. Nachdem der Pfarrer jedoch zu den Deutschen Christen übergetreten war, wollte mein Vater uns nicht mehr bei ihm sehen. Er nahm es diesem »Wendehals« übel, daß er jetzt mit derselben Überzeugung für jene predigte wie vorher für die Mitglieder der Bekennenden Kirche.

Die Mitglieder der Bekennenden Kirche standen den Nazis in der Regel sehr skeptisch gegenüber und wurden deshalb auch von ihnen verfolgt. Der später ermordete Pfarrer Dietrich Bonhoeffer sowie Martin Niemöller gehörten der Bekennenden Kirche an, während die Deutschen Christen den sogenannten »ReiBi«, den Reichsbischof Müller, stellten, der mit der nationalsozialistischen Reichsregierung zusammenarbeitete. Von derlei Unterschieden wußten Menschen wie meine Eltern natürlich. Als Kirchenpatron war mein Vater für die Anstellung neuer Pfarrer in seinen Patronatsgemeinden verantwortlich. In dieser Eigenschaft erreichte er beim evangelischen Konsistorium in Berlin die Versetzung des damaligen Pfarrers Neubert, eines Deutschen Christen. Nach langwierigen Verhandlungen mit dem Konsistorium setzte er schließlich durch, daß 1939 der der Bekennenden Kirche angehörende Pfarrer Herbert Köller nach Neuhardenberg berufen wurde.

Das Hitlerregime hatte für die Berufungsurkunde einen genauen Wortlaut vorgeschrieben, der in dem Satz gipfelte, der Patron erwarte, daß der neue Pfarrer »gemäß dem bei der Übertragung des geistlichen Amtes geleisteten Eide dem Führer des deutschen Volkes und Reiches treu und gehorsam sein und die Gesetze beachten« werde. Diesen Satz übernahm mein Vater nicht in die Urkunde.

Immer deutlicher trat zutage, daß der nationalsozialistische Staat ein Unrechtsstaat war. Vor allem in der Hauptstadt Berlin konnte das spätestens seit der »Reichskristallnacht« 1938 niemand mehr übersehen. Im Herbst diesen Jahres war bei uns in Neuhardenberg eine junge Schottin, Hester Ogilvy, einige

Wochen zu Besuch. Im Austausch verbrachte Lalla anschließend ein Vierteljahr in Schottland.

Von Zeit zu Zeit fuhren meine Mutter und Lalla mit ihr nach Berlin, um ihr die dortigen Sehenswürdigkeiten zu zeigen. Auch am 10. November 1938 bestiegen die drei das Auto und machten sich auf den Weg in die Stadt. Auf der Hinfahrt betonte meine Mutter einmal wieder, wie sie es gerne tat, daß Berlin nicht nur eine besonders attraktive, sondern vor allem auch eine besonders saubere Stadt sei. Als jedoch der Wagen über die Frankfurter Allee in Richtung Innenstadt von Berlin steuerte, bot sich überall ein Bild der Verwüstung. Schaufensterscheiben waren zerschlagen worden, und in vielen Geschäften herrschte ein wüstes Durcheinander. Sie waren offensichtlich geplündert worden. Manche Eingänge hatte man notdürftig mit Brettern verbarrikadiert, hier und da waren die Rolläden heruntergelassen. Die Gehsteige waren übersät mit Glasscherben und achtlos hingeworfenen oder mutwillig zerstörten Waren. Der Anblick strafte meine Mutter Lügen.

In der Nacht zuvor hatte die sogenannte »Reichskristallnacht« stattgefunden, angeblich »spontane Ausschreitungen« gegen Juden, nachdem ein junger Jude in Paris einen deutschen Attaché erschossen hatte, in der Absicht, eigentlich den Botschafter zu treffen. Im ganzen Land wurden wie auf Kommando die Synagogen in Brand gesteckt, jüdische Geschäfte zertrümmert und Juden in großer Anzahl mißhandelt, verhaftet und auch ermordet. Die heute oft falsch verstandene Wortschöpfung »Reichskristallnacht« entstammt dem Berliner Volksmund, der sich in Zeiten des Redeverbots Luft verschaffte, um das eigentlich nicht Aussprechbare dennoch verständlich zu machen. »Kristallnacht«, das war eindeutig auf die zertrümmerten Fenster und Schaufenster gemünzt. In dem Wortteil »Reich« steckte die Andeutung, daß dieser Pogrom gewiß »von oben« organisiert und veranlaßt, also keineswegs so spontan entstanden war, wie Goebbels der Öffentlichkeit weismachen wollte.

Meine Mutter und Lalla reagierten mit stummem Entsetzen. Mein Vater soll vor innerer Anspannung und Wut mit den Zähnen geknirscht haben. Und Hester Ogilvy scheute als unser Gast wohl aus Taktgefühl, Fragen zu stellen.

Von der Ablehnung bis zum Widerstand und weiter zum Attentat war es noch ein weiter Weg. Kaum einer der am 20. Juli 1944 Beteiligten hatte sich unüberlegt zu diesem Schritt entschlossen. Dagegen sein umfaßte viele Schattierungen, viele Formen, die auch jene Männer und Frauen durchliefen, die den Anschlag vorbereiteten und durchführten. In seinen Erinnerungen beschreibt mein Vater, wie sein Entschluß zum Widerstand mit den Ereignissen seit dem Röhm-Putsch allmählich reifte.

Heute wird immer noch kritisiert, die Männer und Frauen des 20. Juli hätten mit dem Attentat viel zu lange gewartet.

Das sagt sich so leicht im Nachhinein; doch wir, die wir einige dieser tapferen Menschen gut kannten, wissen, wie qualvoll der Entscheidungsprozeß, aktiv einzugreifen, für viele von ihnen war. Diese Menschen mußten mit ihren Prinzipien brechen, Überzeugungen, die ihr Leben ausmachten, über Bord werfen.

Ende 1945 schrieb mein Vater dazu: »Wer heute mit sicherem Urteil feststellen zu müssen glaubt, daß Ehrgeiz, Ruhmsucht oder der Wunsch, sich der Katastrophe zu entziehen, die Männer damals geleitet hat, der weiß nichts von den Gewissensbissen und seelischen Qualen, mit denen jeder für sich allein fertig werden mußte. Das Wohl des Volkes verlangte den ganzen Einsatz von uns. Auch im Falle des Mißglückens mußte der Welt gezeigt werden, daß es in dieser Zeit Männer gegeben hat, die, wie der Grabstein von Marwitz in Friedersdorf sagt, ›Ungnade wählten, wo Gehorsam nicht Ehre einbrachte‹.«

Letztlich war ihm nur ein einziges Urteil der Nachwelt wirklich wichtig: »Was wird dereinst dein eigener Junge sagen?« Jahre später gab mein Bruder die Antwort, wohl das Schönste, was ein Sohn über seinen Vater sagen kann, zeigt sie doch sein bedingungsloses Vertrauen ihm gegenüber: »Ich war sehr dankbar, daß er das gemacht hat. In dem Augenblick, da ich von dem Attentat und der Mitwirkung meines Vaters gehört hatte, war mir klar, daß es richtig war. Das lag daran, daß mein Vater einen sehr großen Einfluß auf mich hatte. Er hätte wahrscheinlich umgedreht aus mir auch einen Nationalsozialisten machen können, wenn er es gewollt hätte. Ich wäre nie dem Glauben verfallen, daß er etwas falsch gemacht haben könnte«.

Es gab noch einen weiteren Punkt, mit dem sich viele Männer und Frauen des Widerstands auseinandersetzen mußten; und der bedeutete, sich von einer tief verwurzelten, ethischen Vorstellung lösen zu müssen. Mein Vater brach, wie auch sein Freund Kurt Plettenberg, mit einer im Christentum tief verankerten Lebensmaxime. Um der Gestapo unter Folter nicht Namen der Freunde und Mitverschworenen preiszugeben, beschlossen beide, sich im Falle einer Verhaftung den Verhören durch Selbstmord zu entziehen, gegen die Gebote ihres Glaubens.

Wenige Wochen vor dem 20. Juli hatten mein Vater und ich eine Auseinandersetzung zum Thema Selbstmord. Anlaß war eine Zeitungsmeldung, ein junger Organist habe sich umgebracht, als er nach einer vorausgegangen Rückstellung doch noch seine Einberufung zum Kriegsdienst erhielt. Ich zeigte Verständnis für die Tat des jungen Mannes. Mein Vater lehnte es ab, Probleme auf diese Weise zu lösen. Er begründete seine Auffassung damit, daß ein Christ nicht das Recht habe, sich selbst das Leben zu nehmen. Der junge Mann hätte als Soldat seine Pflicht dem Vaterland gegenüber erfüllen müssen. Nun aber verlangte die Situation von meinem Vater einen Bruch mit seiner tiefen christlichen Moralvorstellung: Durfte er, um seine Freunde zu schützen, seinem Leben ein Ende bereiten? – Ein heute für uns schwer nachvollziehbarer Zwiespalt, der bei den Betroffenen jedoch tiefe innere Konflikte auslöste.

Der Kontakt zu den Frauen und Männern des Widerstands bestand in der Zeit von Sommer 1942 bis zum 20. Juli 1944. Die Freunde kamen meist übers

Feldmarschall von Bock mit seinem Adjutanten Carl-Hans Hardenberg, um 1942

Wochenende nach Neuhardenberg, wo sie während langer Spaziergänge die Situation besprachen und Attentatspläne und Überlegungen für die Zeit danach Kontur annahmen.

Seit Beginn des Jahres 1941 war mein Vater persönlicher Adjutant des Generalfeldmarschalls Fedor von Bock, Oberbefehlshaber der Heeresgruppe B, der ebenso gutaussehend wie eitel war. Um jugendlich zu erscheinen, verzichtete er anläßlich seines 60. Geburtstages auf eine Feier, vor allem deshalb, weil ja so sein Alter bekannt würde. Mein Vater aber ließ das Musikkorps an seinem Ehrentag zweimal hintereinander das Lied »Schier dreißig Jahre bist du alt« spielen. Ihre enge kameradschaftliche Verbindung ging zurück auf die Zeit vor dem Ersten Weltkrieg, als Bock Erster Generalstabsoffizier des Garde-Korps war, dem auch das 1. Garde-Regiment zu Fuß unterstand.

Stets lobte mein Vater Bock als hervorragenden Strategen. Da er aber sonst keinerlei Interessen gehabt habe – er konnte nicht einmal Bridge spielen – gestalteten sich die langen Abende in Rußland im Feldmarschalls-Kasino ziemlich eintönig. Nur selten sei es zu einer intensiveren Unterhaltung gekommen, und es gelang meinem Vater nicht – wie von Henning Tresckow erhofft –, Bock in politische Gespräche zu verwickeln. Dessen Empörung, wenn ihm eine Meldung über die Erschießung von Juden in die Hände fiel, hatte die Hoffnung aufkeimen lassen, man könne ihn für die Sache gegen Hitler gewinnen. Wenn er aber dann vor seinem obersten Kriegsherrn stand, um ihm darüber zu berichten, wie er es mit zorniger Stimme angekündigt hatte, sei er über ein strammes »Jawohl, mein Führer!« nicht hinausgekommen und habe jeden Anschein von Kritik tunlichst zu vermeiden gewußt.

Daß besondere Formationen des SD und der Polizei, willig unterstützt von landeseigenen Hilfsmannschaften, hinter der Front Massenmorde vor allem an Juden durchführten, wußte mein Vater. Im Oktober 1941 wurde er in Borissov selber Augenzeuge einer solchen Massenerschießung. Solches Wissen machten ihn und Tresckow zu entschiedenen Verschwörern und nicht erst – wie heute einige Kritiker über die Motive der Attentäter spekulieren – die Niederlage von Stalingrad oder gar das Herannahen der Roten Armee an die Reichsgrenzen. Von der gleichsam fabrikmäßigen Ermordung in Vernichtungslagern haben mein Vater und seine Freunde erst im Herbst 1943 erfahren. Es hätte des Wissens über diese unfaßbaren Greuel auch nicht mehr bedurft – der Weg meines Vaters stand schon früher fest.

Im Sommer 1942 fiel Bock bei Hitler in Ungnade und verlor sein Kommando. Zurückversetzt in die Führerreserve, stand ihm als Feldmarschall jedoch auch weiterhin ein Adjutant zu, und mein Vater kehrte mit ihm zusammen nach Hause zurück. Er konnte in Neuhardenberg wohnen, erledigte seine Aufgaben als Adjutant jedoch in einem Büro in Berlin, was bis zum 20. Juli 1944 regelmäßige Fahrten in die Reichshauptstadt erforderte – oft mehrmals in der Woche –, zugleich aber auch unauffällige Kontakte mit den Freunden in Berlin ermöglichte.

Werner von Haeften

Im Sommer 1943 lernte ich in Neuhardenberg Werner von Haeften kennen, meinen späteren Verlobten. Eine Freundin, Ursula von Kardorff, brachte ihn nach Neuhardenberg mit. Von da an kam er hin und wieder aus Berlin übers Wochenende zu uns herausgefahren. Der Jurist Werner von Haeften arbeitete nach seiner Genesung – er hatte im Februar 1942 einen Beckendurchschuß erlitten – seit Herbst ebendiesen Jahres, vermittelt durch seinen Bruder Hans-Bernd, bei dem Juristen Helmuth Graf von Moltke im Amt Ausland/Abwehr. Im Sommer 1943 begegnete Werner dann seinem späteren Chef Stauffenberg und war gleich so tief von ihm beeindruckt, daß er sich ihm als Ordonnanzoffizier für dessen neuen Posten als Stabschef im Allgemeinen Heeresamt zur Verfügung stellte.

Werner von Haeften, um 1940

Fotografien von ihm, die ich noch heute als Andenken verwahre – er war damals sechsunddreißig Jahre alt – zeigen einen jungenhaften, etwas verwegen aussehenden, lebenslustigen Menschen. Ein sehr typisches Bild zeigt ihn in Zivil beim Segeln mit offenem Hemdkragen und hochgekrempelten Ärmeln. Einige Strähnen seines blonden Haares wehen ihm um die Stirn. Auf einem anderen Foto mildert sein strahlendes und offenes Lächeln die markanten Züge seines schmalen Gesichts.

Seine trotz der schweren Verwundung ungetrübte Lebensfreude schlug alle Menschen, die ihm näherkamen, in seinen Bann. Bei aller Heiterkeit und Fröhlichkeit war er aber alles andere als oberflächlich. Ernsten Gesprächen wich er nicht aus. Mit seiner klaren Haltung, die ihre Wurzeln im Christentum fand, nahm er die Menschen für sich ein. Er liebte seine Familie, tat alles für seine Geschwister und deren Kinder und war von großer Hilfsbereitschaft seinen Freunden gegenüber.

Ende 1943 hatten wir versprochen, einander zu heiraten. Vieles an Werners Vorstellungen, an seinem Gedankengut war mir aus meinem eigenen Elternhaus wohlbekannt und vertraut. Werner erinnerte mich insofern an meinen Vater, da er sich lieber mit historischen Fragen als mit Kunst beschäftigte. Sehr viel bedeutete uns die gemeinsame Zugehörigkeit zu einem Kreis enger und verläßlicher Freunde. Wir haben sehr fröhliche Stunden miteinander verlebt. Gerade weil wir uns in einer extremen Zeit befanden, genossen wir einigermaßen unbeschwerte Tage intensiver und lebhafter als im Frieden. Das galt für die Soldaten, die auf Fronturlaub nach Hause kamen, genauso wie für die Menschen in der Heimat, deren Leben von Bomben bedroht war. Und es galt doppelt für alle diejenigen, die sich im Widerstand am »Hochverrat« beteiligten.

Während Werner den Blitzsieg in Frankreich, wo er zu seinem ersten Fronteinsatz kam, wie so viele spätere Verschwörer noch geradezu begeistert genoß, erfolgte durch seinen Einsatz als Kompaniechef vor Leningrad im Winter 1941/42 rasch die Desillusionierung. Aus seinen Briefen von der Front hat seine Schwester Elisabeth Harmsen folgende Sätze von ihm überliefert: »Mein Ehrgeiz ist es jedenfalls nicht, in dem Wahnsinn des modernen Krieges umzukommen. Das hat nichts damit zu tun, daß man sich nicht ordentlich hält, wenn man nun mal dabei ist. Der Krieg wird mir immer mehr zuwider, er bringt zuviel Leid über die Menschen. Ich finde, man sollte sich da nichts vormachen. Dem ›Heldentod‹ ist viel Sentimentalität beigemischt. Ich bemühe mich auch nicht, meinen Männern so was einzureden, und ich glaube, daß ich mich, wenn es wirklich darauf ankommen sollte, damit auf meine Männer besser verlassen kann, als wenn sie sich über den Wahnsinn des Krieges blauen Dunst vormachten«.

Nur wenig später beendete der Beckendurchschuß seinen Fronteinsatz für immer. Allmählich gesundete er im Hindenburg-Lazarett zu Berlin und nahm seit November 1942 wieder an gesellschaftlichen Veranstaltungen teil. Ursula Kardorff hat in ihren Tagebuchaufzeichnungen eine typische Anekdote festgehalten, die ein Licht auf seine furchtlose Art gegenüber Vertretern des Naziregimes wirft. Mit beißender Ironie soll er einem SS-Mann bedeutet haben, daß »wir euch alle auf einer einsamen Insel aussetzen sollten, wo ihr dann von früh bis spät über Lautsprecher eure eigenen Reden hören müßt«. Überhaupt mangelte es Werner nicht an Mut, sowohl an der Front, wo man ihn mit dem Eisernen Kreuz I. Klasse ausgezeichnet hatte, als auch in ziviler Gesellschaft, in der er seiner Meinung unbekümmert Ausdruck verlieh.

Stauffenberg, der seit seiner Rückkehr nach Deutschland 1943 – er war Anfang April auf dem nordafrikanischen Kriegsschauplatz schwer verwundet worden – die Planungen zum Staatsstreich an sich zog, hatte spätestens nach seinem Amtsantritt als Stabschef des Allgemeinen Heeresamtes im Oktober desselben Jahres begonnen, gezielt nach jungen Offizieren Ausschau zu halten, die für die

Werner von Haeften, um 1943

Durchführung eines Attentats und den Umsturz in Frage kamen. Schon Ende 1943 hatte Stauffenberg Haeften gefragt, ob er sich für ein Bombenattentat zur Verfügung stellen würde. Werner versagte sich aus religiösen Gründen. Zwar sah er die Berechtigung des Tyrannenmordes ein, lehnte aber die Inkaufnahme der Tötung und Verwundung zufällig Anwesender – wie sie am 20. Juli dann doch nicht zu vermeiden war – aus ethischen Gründen ab. Als Stauffenberg ihn im Januar 1944 erneut fragte, ob er denn Hitler mit gezielten Pistolenschüssen umbringen würde, willigte Werner ein. Mit Hinweis auf das fünfte Gebot »Du sollst nicht töten« hielt ihn der eigene, tief religiöse Bruder Hans-Bernd jedoch von einer Durchführung ab.

Unabhängig von der Frage, was geworden wäre, wenn, scheint mir ein Vergleich der Einstellungen zu bestimmten Fragen zwischen ihm, meinem Vater und der der anderen Verschwörerfreunde interessant. Die Gefahr, bei einem Bombenattentat das eigene Leben zu verlieren, spielte bei ihnen sicherlich nur eine geringe Rolle. Differenzierter war da schon die Haltung hinsichtlich der Tötung Unbeteiligter. In gewisser Weise kann man Werner Haeften als tragische Figur ansehen, da er es als überzeugter Christ Stauffenberg gegenüber abgelehnt hatte, diese Schuld auf sich zu nehmen. Denn am Ende sollte es ausgerechnet Werner sein, der durch seine tatkräftige Unterstützung Stauffenbergs am 20. Juli in der Wolfsschanze »mitschuldig« an tödlichen Verletzungen und schweren Verwundungen Unbeteiligter wurde.

Als Gegenpol in dieser Frage empfinde ich die Einstellung unseres engen Freundes Kurt Plettenberg. Bei einer Unterhaltung mit meinem Vater sagte er ganz direkt, daß er sich in einer solchen Situation gezwungen sähe, jegliche Rücksicht auf das Leben seines Freundes Hardenberg hintanzustellen. Mein Vater hat ihm seine Offenheit in keiner Weise verübelt, dachte er doch genauso.

Es mag den Menschen von heute merkwürdig erscheinen, aber es entspricht den Tatsachen, daß man nicht viel miteinander zu reden brauchte, um zu wissen, wo der andere stand. Als Beispiel dafür erinnere ich mich einer Begegnung mit Werner und den Brüdern Berthold und Claus Stauffenberg. Werner nahm mich eines Tages im Frühsommer 1944 zum Segeln mit auf den Wannsee, um mich mit Claus Stauffenberg näher bekannt zu machen. Der hatte mich bisher in Neuhardenberg am Rande erlebt. Es entwickelte sich ein besonders lustiger und anregender Nachmittag, der erst später durch das Hinzukommen Uneingeweihter gestört wurde. Ich kann mich aber beim besten Willen nicht daran erinnern, daß wir über Politik gesprochen hätten.

Das Attentat

An einem lauen Sommerabend 1943 saß ich mit Fritzi Schulenburg auf der Terrasse, und wir hingen unseren Gedanken nach. Er war den ganzen Tag schon auffallend schweigsam, doch plötzlich wandte er sich mir zu und sagte mit einer Stimme, die mir richtig fremd vorkam: »Ist dir klar, Wonte, daß dies alles bald verlorengeht?« An diesem wunderschönen Sommerabend wollte ich mit meinen zwanzig Jahren jedoch nichts davon hören, nicht daran denken, was die Zukunft bringen würde – obwohl ich durchaus wußte, was er meinte. Ein paar Tage später schlug ich meinem Vater vor, er solle doch versuchen, in Süddeutschland ein Gut zu kaufen, da wir unsere Heimat wohl bald verlieren würden. Er lehnte ohne auch nur einen Moment zu zögern ab: »Meine Freunde und ich setzen unsere ganze Kraft ein, das Vaterland zu retten. Ich kann jetzt nicht an meine Zukunft denken«.

Am 20. Juli 1944 fuhr mein Vater frühmorgens nach Berlin. Der jetzt auf Holzkohle umgestellte Packard – Benzin war Mangelware – sprang wieder einmal nicht gleich an. Kutscher Franz Engelke zog das Auto mit dem Pferdewagen einige Male um den Hof herum, bis der Motor endlich spuckend und stotternd in Gang kam. Gegen halb acht Uhr konnte mein Vater endlich, wenn auch verspätet, abfahren. Meine Mutter, Lalla und ich nahmen von meinem Vater nicht anders Abschied als an den anderen Tagen, wenn er nach Berlin fuhr.

Der 20. Juli 1944 war ein extrem heißer Sommertag. Ich kann nicht mehr sagen, was ich an diesem Tag im Einzelnen empfunden habe. Doch erinnere ich mich, daß ich Mühe hatte, meine innere Anspannung zu verbergen. Sowohl meine Mutter als auch ich verspürten an diesem Tage jedoch keine Angst, eher eine Art angespannte Zuversicht.

Der Tag schlich dahin, die Spannung war kaum noch auszuhalten, obwohl wir versuchten, unserer täglichen Arbeit so normal wie nur möglich nachzugehen, um uns abzulenken. Erst am späten Nachmittag, wenn mich meine Erinnerung nicht täuscht, brachte der Rundfunk eine erste Meldung, daß Hitler einen Attentatsversuch überlebt habe. Spät in der Nacht, gegen ein Uhr, gab Hitler persönlich bekannt, daß eine kleine »ehrgeizige« Clique von Offizieren um Stauffenberg auf ihn ein Bombenattentat verübt habe.

Das Attentat war gescheitert! Diese Nachricht traf uns ins Mark; unmöglich für uns, sie in der ganzen Tragweite zu erfassen. Unsere Zuversicht wich nackter Angst und lähmendem Entsetzen. Und wir hatten keine Nachricht – weder von meinen Vater noch von meinem Verlobten, ein Albtraum. Alles schien so unwirklich, unbegreiflich. Ich weiß nicht mehr, wann uns die Nachricht erreichte, daß Claus Stauffenberg und Werner Haeften erschossen worden waren. Schon in der Nacht zum 21. Juli? Oder erst am Morgen?

Wie betäubt erlebten wir den folgenden Tag, ein ebenfalls wunderschöner, heißer Sommertag. Gegen Mittag rief uns mein Vater aus Berlin an und bat uns, ihn in Trebnitz an der Bahn abzuholen. Lalla und ich fuhren mit dem Pferdewagen zum Bahnhof. Meine Mutter blieb, um möglichst kein Aufsehen zu erregen, in Neuhardenberg. Auf der sieben Kilometer langen Heimfahrt sprachen wir nur über belanglose Themen. Als wir wieder zu Hause waren, bestätigte mein Vater, daß Werner Haeften, Claus Stauffenberg, Albrecht Mertz von Quirnheim und General Friedrich Olbricht sofort nach dem gescheiterten Attentatsversuch im Hof der Bendlerstraße hingerichtet worden waren.

Die nächsten vier Tage vergingen unter einem enormen Druck. Unsere Verzweiflung, unsere Enttäuschung und unsere Trauer über das, was geschehen war, aber auch unsere große Angst vor der Zukunft lassen sich mit Worten nicht beschreiben. Für mich kam nun eine entsetzlich schwere Zeit, denn ich durfte mir nichts anmerken lassen und mußte meine Trauer um Werner verbergen, damit ich meinen Vater nicht gefährdete.

So rief der damalige Bürgermeister Gerhard Zubke kurz vor unserer Verhaftung die Einwohner von Neuhardenberg auf dem Dorfanger zusammen und hielt dort eine haßerfüllte Rede gegen die Attentäter. Um keinen Verdacht zu erregen, bestand mein Vater darauf, daß Lalla und ich diese Veranstaltung mit ihm besuchten.

Zu Hause mußten wir zunächst Reppinchens große Empörung über die Attentäter mit anhören. Als sie dann allerdings miterlebte, daß mein Vater und ich verhaftet wurden, und sie daraus ableiten konnte, daß wir etwas mit dem Attentat zu tun gehabt haben mußten, beantwortete sie die Fragen der Gestapo sehr vorsichtig und überlegt, um uns nicht zusätzlich zu gefährden. Mein Vater rechnete stündlich mit seiner Ergreifung, und am 24. Juli war es dann soweit. Bewaffnete Gestapoleute drangen ins Haus ein und verhafteten zunächst meinen Vater. Dann wollten sie unsere Namen wissen. Lalla sagte »Renate« und ich antwortete: »Reinhild«. Da fragten sie ganz aufgeregt: »Und wo ist Wonte?« Ich gab mich zu erkennen und wurde ebenfalls verhaftet. Sie hatten auf dem Schreibtisch von Werner einen ungeöffneten Brief von mir gefunden. Mit uns wurden Onkel Bolly Schulenburg und Onkel Willy Schilling verhaftet. Mein Vater bat die Gestapo, sich noch von seiner Frau verabschieden zu dürfen. Dann ging er in die Bibliothek. Meine Mutter und ich waren darauf vorbereitet, daß er sich im Fall seiner Verhaftung das Leben nehmen würde.

Die beiden Schüsse, die aus der Bibliothek zu hören waren, löste bei den sichtlich nervösen Gestapoleuten eine erstaunliche Reaktion aus: Sie schossen wild um sich, wobei eine Kugel einen ihrer eigenen Leute ins Bein traf.

Mein Vater überlebte den Selbstmordversuch. Er verfehlte in dieser Situation, die von außerordentlicher Erregung geprägt war, sein Herz und erlitt nur zwei nicht lebensbedrohende Schußverletzungen. Die weiteren entsetzlichen Ereignisse des Abends und des folgenden Tages bis zum Transport meines Vaters in das Konzentrationslager Sachsenhausen erlebte ich nicht mehr mit und erinnere mich selbst kaum noch an die vielleicht anderthalb Stunden bis zu meinem Abtransport. Ich erwachte erst aus meiner Trance, als ich bereits, wie meine beiden Onkel, die man in einen anderen Wagen verfrachtet hatte, im Auto nach Berlin saß.

Ich saß mit dem angeschossenen SS-Mann auf dem Rücksitz, und er begann sofort, mir den Hof zu machen. Vor allem hob er hervor, wie tapfer ich sei. Eine absurde Situation. Schockieren konnte mich das allerdings nicht. Mein Vater hatte mich informiert, was im Falle meiner Verhaftung auf mich zukommen würde. Ich wußte, daß ich abwechselnd Schmeichelei und Brutalität zu erwarten hatte.

Wir kamen auf unserer Fahrt nach Berlin in einen Luftangriff, und unsere tapferen Bewacher sprangen mit allen Anzeichen panischer Angst in den Straßengraben, nicht ohne mir vorher angeboten zu haben, es ihnen gleichzutun. Ich aber zog es vor, im Auto sitzenzubleiben. Als der Angriff vorüber war, fuhren wir zu der für uns zuständigen Gestapostelle in Berlin in die Französische Straße, wo wir die Nacht über – wir kamen wohl zwischen Mitternacht und halb zwei Uhr an – auf einer Bank im Gebäude sitzen blieben. Onkel Bolly, dem sein Asthma schwer zu schaffen machte, hatte sichtlich Angst. Onkel Willy ließ sich keinerlei Furcht anmerken und verlor keinen Moment seine Haltung. Das machte einen tiefen Eindruck auf mich.

Gegen acht Uhr am Morgen kamen dann die Sekretärinnen, für sie begann der Büroalltag. Ich beneidete sie beinahe um den normalen Tagesablauf, der vor ihnen lag und den sie genau kannten. Was würde dieser Tag hingegen uns bringen? Ganz zu schweigen von der vor uns liegenden Zeit? Mich bedrückte sehr, nicht zu wissen, was aus meinem schwerverletzten Vater geworden war. Ich dachte an all unsere Freunde – wer von ihnen lebte wohl noch?

Uns drei brachten sie zunächst in die Lehrter Straße, wo Onkel Bolly und Onkel Willy hinter den Gefängnismauern verschwanden. Ich wurde abgewiesen, trotz aller Überredungsversuche meiner Begleiter, denn die Justizanstalt in der Lehrter Straße diente der Gestapo als Männergefängnis. Für mich ging die Fahrt weiter durch das bis zur Unkenntlichkeit zerbombte Berlin, bis ich mit meinen Bewachern im Untersuchungsgefängnis Moabit ankam.

Im Gefängnis

In Moabit war ich Zugang Nummer 363/44 im Frauenhaus.

Meine bisherigen Begleiter verschwanden und mit ihnen meine letzte Verbindung zur Außenwelt und zu meinem Zuhause. Eine Wärterin nahm mich in Empfang. Ich habe noch das Rasseln der unzähligen Schlüssel im Ohr, mit denen sie Tor um Tor vor mir auf- und hinter mir wieder zuschloß. Wir gingen treppauf, treppab, über zahlreiche Höfe und durch lange Gänge, an vielen Türen vorbei, hinter denen ich die Zellen der Mitgefangenen vermutete. Mit jedem Tor, das hinter mir ins Schloß fiel, ließ ich ein Stück meines bisherigen Lebens zurück. Meine persönlichen Sachen, Schmuck, Geld, meine Handtasche, alles bis auf meine Kleider wurden mir abgenommen. Anschließend mußte ich duschen. Dann führte man mich in einen anderen Raum, wo ich Bettwäsche, einen Napf, einen Becher und einen Löffel erhielt.

Schließlich wurde ich in meine Zelle geführt. Man zeigte mir, wie das Bett auf- und wieder heruntergeklappt wurde. Ein in die Wand eingelassenes Brett war meine einzige Sitzgelegenheit, ein etwas größeres Brett davor mußte als Tisch dienen. Außerdem gab es eine offene Toilette in der einen und eine Blechschüssel mit einem Wasserkrug zum Waschen in der anderen Ecke des etwa drei mal zweieinhalb Meter großen Raumes.

Am Abend meines ersten Hafttages erhielt ich ein Stück Brot und etwas Käse, dazu wurde mir der Becher mit einer widerlichen Flüssigkeit gefüllt, die nur ganz entfernt an Kaffee erinnerte. In der Nacht dann merkte ich zu meinem Entsetzen, daß ich ganz und gar nicht allein war – es wimmelte nur so von Ungeziefer. Und später auf der Pritsche fielen dann Myriaden von ausgehungerten Wanzen über mich her. Doch wie hatte mein Vater früher so schön gesagt? Wer nicht an einem Tag im Schloß und am anderen auf einem Strohsack schlafen könne, ohne die Haltung zu verlieren, der habe keine Kultur!

Die Zeit meiner Haft begann. In einer gewissen Weise wurde der Gefängnisalltag jetzt so etwas wie ein Korsett, das mir, in all dem Schweren, was schon hinter mir lag, und dem, was noch kommen würde, dennoch einen Halt gab. Ich war erfüllt von der Trauer um die Toten und der Angst um die Lebenden. Ich weiß genau, daß es mir immer wieder ein Trost war, an Kurt Plettenberg zu denken, der frei und am Leben war – ein Gedanke, der mir Kraft gab. Die wichtigste Aufgabe für mich hieß jedoch, mich und meine Hoffnungen nicht aufzugeben.

Meine Einzelhaft in Moabit dauerte ungefähr zehn Wochen. Später schien mir diese Zeit ähnlich dem, was die Jesuiten unter Exerzitien verstehen. Ganz auf mich allein gestellt, gab es keine Möglichkeit, mir selbst zu entfliehen. Ich mußte, gerade mal einundzwanzig Jahre alt, mit mir ins Reine kommen, sonst hätte ich die Situation nicht ausgehalten. Ich konnte es mir nicht leisten, mich meinen Gefühlen hinzugeben und mich treiben zu lassen.

Da ich in einer normalen Strafanstalt als Untersuchungsgefangene und nicht in einem Gestapogefängnis saß, bekam ich ein Gesangbuch. Um mich geistig beweglich zu halten, lernte ich täglich einige Lieder auswendig. Das Neue Testament, das ich von zu Hause mitgenommen hatte und behalten durfte, begleitete mich die ganze Gefängniszeit über.

Einmal wurde mitten in der Nacht Fliegeralarm gegeben. Unsere Zellen blieben aber verschlossen, wir durften nicht in den Luftschutzkeller gehen. Die sogenannten Christbäume, Signalmunition an Fallschirmen, die die Alliierten zur Markierung ihrer Bombenziele abwarfen, erleuchteten die Nächte taghell. Aber die dann lichtdurchfluteten Zellen hatten nichts Tröstliches. Uns umgab nur schrecklicher Lärm, der sich aus dem Brummen der Flugzeuge, den niedersausenden und detonierenden Bomben sowie dem knatternden Bellen der Flakabwehr zusammensetzte. Gedämpft drangen die Angstschreie mitgefangener Frauen in meine Zelle. Da saß ich, zusammengekauert, zitternd und gottverlassen allein mit meiner Angst und wartete, daß dieser Schrecken ein Ende nahm. Später riet mir der evangelische Gefängnispfarrer Harald Poelchau, mich im Falle eines Bombenangriffes immer in eine Ecke an der Innenseite des Raumes zu setzen. Ich befolgte seinen Rat und kauerte bei den folgenden Angriffen mit meiner Decke über dem Kopf in der Ecke meiner Zelle, die zum Gang hin lag.

Ich kann sagen, daß ich in der ersten Zeit im Gefängnis die Angriffe mit stoischer Ruhe über mich ergehen ließ. Erst einige Wochen später erfüllten mich diese Nächte mit Angst. Pfarrer Poelchau, mit dem ich darüber sprach, fand daran nichts Ungewöhnliches. Er meinte, die Angst sei eigentlich ein gutes Zeichen, da offensichtlich meine Lebensgeister zurückkehrten und damit auch der Überlebenswille.

Alltag im Gefängnis

Morgens um sechs Uhr wurde man geweckt. Für einen Neuzugang war das Gefängnisleben alles andere als einfach. Welches Verhalten von einer Gefangenen erwartet wurde, mußte man selber herausfinden. Am Anfang machte ich immer wieder Fehler, die mit Anschnauzen bis hin zu Verwarnungen geahndet wurden. Es kostete viel Selbstdisziplin, dabei nicht zu verzweifeln. Schwer fiel mir vor allem, daß ich nichts mehr selbständig entscheiden durfte und daß ich sofort angeraunzt wurde, wenn ich, meist unbeabsichtigt, einen Schritt zuviel oder zuwenig tat.

Der Tag im Gefängnis war genau eingeteilt. Nach dem Wecken wurde die Zelle geputzt, um Viertel vor sieben Uhr ging die Tür auf. Ich mußte nun den Waschkrug vor die Tür stellen, um – natürlich kaltes – Wasser zum Waschen zu bekommen. Dann hieß es sich zum Rapport vor der Tür aufbauen. In strammer Haltung mußte ich der Wärterin Meldung erstatten: »Untersuchungsgefangene Hardenberg, Zelle 31, politisch«.

Zum Frühstück gab es eine Schnitte Kommißbrot und einen Becher »Kaffee«. Es folgte der sogenannte Freigang. Im Abstand von vier Schritt mußten wir Häftlinge uns im Gang aufstellen, man führte uns zum Rundgang in einen kleinen von hohen Mauern umgebenen Hof. Nun ging es im Gänsemarsch immer im Kreis herum, unzählige Male. Nachdem wir eine gewisse Zeit in die eine Richtung gelaufen waren, rief die Aufsicht führende Wärterin: »Rechts um!« oder »Links um!« Und dann ging es in entgegengesetzter Richtung so lange weiter, bis ein neuer Befehl kam. Leider erfüllten den Hof Waschküchendämpfe und Übelkeit erregende Küchengerüche, so daß dieser trostlose Spaziergang nichts mit einem Aufenthalt an frischer Luft gemein hatte. Die Luft dieses mir als besonders heiß in Erinnerung gebliebenen Sommers stand in dem kleinen Hof ebenso stickig wie in unseren Zellen. Dort lief einem schon im Sitzen der Schweiß in Strömen über Körper und Gesicht. Später im Jahr sollte uns übrigens dann die Kälte ebenso viel zu schaffen machen, und der Gang durch den Hof, bekleidet nur mit dem Notwendigsten, verlangte von uns eine entsprechend große Anstrengung. Rund vierzig vom Hunger ausgemergelte Frauen bedurften all ihrer Willenskraft, um nicht umzufallen. Entstellt von Wanzenbissen müssen wir alle schrecklich ausgesehen haben. Ein besonderes Anschauungsobjekt bot mir Clarita, die Frau des später in Plötzensee hingerichteten Adam von Trott zu Solz, die vor mir herging.

Ihre schönen Beine veränderten sich von Tag zu Tag, bis sie so zerstochen waren, daß von deren früherer Makellosigkeit nichts zu erahnen war.

Trotzdem gewann ich dem Freigang Positives ab. Hier bot sich die Gelegenheit, durch das eine oder andere geflüsterte Wort oder versteckte Zeichen einer Mitgefangenen eine Botschaft zukommen zu lassen oder selbst eine Information zu erhalten. Wurde man allerdings dabei ertappt, so mußte man mit einer scharfen Verwarnung rechnen.

Eine andere Möglichkeit, Nachrichten auszutauschen, bot die allwöchentliche Dusche, bei der man zu zweit unter der Brause stand. Vor allem aber bezog ich meine Nachrichten aus den Zeitungsfetzen, die als Klopapier dienten. Ich verlangte immer mehr von diesen Papierschnipseln als mir eigentlich »zustanden«, aber auf die Art erfuhr ich immer wieder, wem der Prozeß gemacht und wer hingerichtet worden war. Selbst diese Nachrichten schienen erträglicher als die entsetzliche Ungewißheit, der viele der mitgefangenen Frauen über das Schicksal ihrer Männer ausgesetzt waren. Vor der Tatsache, daß unsere Freunde einer nach dem anderen in den Tod geschickt wurden, konnte und durfte ich meinen Blick auch aus einem anderen Grund nicht verschließen.

Ich brauchte die Namen der Toten aus der Zeitung für die Verhöre. Denn es war ratsam, wenn man, um die Gestapo zufriedenzustellen, doch einmal etwas Belastendes über die Freunde aussagen wollte, man grundsätzlich Namen von Toten angab. Ich kam aber nur einmal in die beklemmende Situation, der Gestapo gegenüber etwas zuzugeben. Nämlich, daß Vater Hammerstein – und der war schon 1943 gestorben – dem Regime gegenüber ausgesprochen pessimistisch eingestellt gewesen sei.

Ich kann meinen Schmerz, meine Verzweiflung, mein Entsetzen gar nicht beschreiben, wenn ich im Gefängnis die Namen alter Freunde und Bekannter las, die hingerichtet worden waren. Wie viele von ihnen habe ich damals in Gedanken auf ihrem letzten Weg begleitet, mich in ihre Todesnot zu versetzen versucht und mit ihnen gelitten. Aber nicht nur ich trauerte. Ich erinnere mich an das blanke Entsetzen in den Augen der Wärterin, die mir erzählte, sie habe Elisabeth von Thadden, die Leiterin eines Mädcheninternats in Wieblingen bei Heidelberg, zur Hinrichtungsstätte nach Plötzensee begleiten müssen.

Hilfe in der Not war mir vor allem Harald Poelchau, der fürsorgliche evangelische Gefängnispfarrer. Er hatte mehr als tausend Gefangene auf ihrem letzten Weg begleitet und mußte dann den oft selbst inhaftierten Anverwandten die Nachricht von dem vollstreckten Urteil in die Zelle bringen. Poelchau wirkte nach außen kühl und beherrscht, ganz unsentimental.

Ich empfand seine Art damals als wohltuend und angenehm. Heute frage ich mich oft, ob Poelchau vielleicht deshalb nicht sehr lange nach Kriegsende starb, weil er sich das alles – im wahrsten Sinne des Wortes – wesentlich mehr zu Herzen genommen hatte, als wir ahnten.

Ich klammerte mich an jeden Strohhalm, der Hoffnung und Ausweg versprach. Ich werde nie den Gesichtsausdruck von Pfarrer Poelchau vergessen, als ich sagte, anstatt hingerichtet zu werden, würde ich lieber in ein KZ gehen. »Nein, nur das nicht!« Jetzt verstand ich, was mein Vater gemeint hatte, als er wenige Tage vor dem Attentat zu mir sagte: »Für mich ist das, was kommt, nicht so schlimm, ich habe mein Leben gelebt. Aber du, Wonte, du hast noch dein ganzes Leben vor dir.« Dabei war er damals selbst erst dreiundfünfzig Jahre alt.

Meine Todesangst war schrecklich. Sie wurde noch verschärft durch die Befürchtung, daß ich es vielleicht nicht schaffen würde – und das war ein so demütigender Gedanke –, klaglos und erhobenen Hauptes in den Tod zu gehen.

Natürlich blieb viel Zeit, um über das Geschehene zu grübeln, und zu ergründen, was der eigene Anteil dabei gewesen sein könnte. Viel später, lange nach dem Krieg, sollte ich in einem Gespräch eine Antwort auf die Frage erhalten, die mich damals besonders bewegt hatte. Ich arbeitete im Westen für Thyssen, als der bekannte Pädagoge und Internatsleiter von Salem, Kurt Hahn, meinen damaligen Chef, Dr. Birrenbach, in Düsseldorf besuchte. Ich begleitete ihn auf die Straße zum Taxi, das auf sich warten ließ. So konnten wir uns noch ein bißchen unterhalten. Ich erzählte ihm, daß mir im Gefängnis bewußt geworden sei, daß ich mich der Sache des Widerstands, ohne viel darüber nachzudenken, ohne Wenn und Aber verschrieben hätte. Kurt Hahn meinte, ich solle mir darüber nicht den Kopf zerbrechen, denn Bedingungslosigkeit sei die Stärke der Jugend.

Natürlich sind aus der Gefängniszeit nicht nur schreckliche Erlebnisse haften geblieben. Einmal hörte ich, wie eine Mitgefangene gefragt wurde, warum sie einsitzen müsse. Würdevoll antwortete sie: »Wegen eines Verdunklungsvergehens.« Da zischelte eine andere: »Quatsch, drei Fahrräder hat se jeklaut.« Die Aufsicht übernahm häufig eine ältere, weißhaarige Frau, eine Beamtin ganz im preußischen Sinne. Sie hinkte etwas und ging leicht gebückt. Wir waren gehalten, sie im schönsten Beamtendeutsch mit »Frau Erste Hauptwachtmeisterin Prange« anzusprechen. Alle Wärterinnen behandelten uns politische Gefangene zunächst sehr unfreundlich. Das war kein Wunder, störten wir doch den vorgeschriebenen Tagesablauf erheblich. So wurden wir zu unmöglichen Zeiten aus unseren Zellen zum Verhör geführt, etwa auch nach 22 Uhr oder an Sonntagen.

Für mich war Kommissar Bartoll zuständig, ein SS-Obersturmführer in der Gestapoleitstelle in Berlin, der auch meinen Vater verhörte. Dieser soll, als man ihm sagte, daß gegen ihn vierfach die Todesstrafe beantragt worden sei, ganz kaltblütig geantwortet haben, ihn interessiere sie nur einmal. Kommissar Bartoll warf mir nicht nur die Vergangenheit meines Vaters vor, sondern wütete auch gegen den Staatskanzler Hardenberg, der durch seine Reformen mit dazu beigetragen habe, die Judenemanzipation voranzutreiben.

Meine Schwestern Astrid gen. Atti (links) und Renate gen. Lalla, beide um 1950

Bei einem dieser Verhöre standen plötzlich meine Mutter und Lalla vor mir, die von Neuhardenberg nach Berlin gekommen waren, um etwas über meinen Vater und mich zu erfahren. Das Glücksgefühl, sie wiederzusehen, war ebenso groß wie die Verzweiflung, als sie wieder gehen mußten. Eine solche Unterbrechung im gewohnten Gefängnisalltag war natürlich etwas Erfreuliches, zerrte aber gewaltig an den Nerven, denn die Einsamkeit nach einem solchen Besuch wog weitaus schwerer.

Mitunter führte man mich Oberregierungsrat Opitz vor, der den Fall Haeften bearbeitete. Er war von der Gestapo aus dem Reichsjustizministerium angefordert worden. Er könne nicht verstehen, sagte er einmal, warum Stauffenberg das Attentat am 20. Juli 1944 selbst durchgeführt habe. Seiner Auffassung nach hätte man besser daran getan, einen Mörder zu dingen. Für diese Ansicht, wie sie auch gemeint gewesen sein mag, konnte ich nur ein müdes Lächeln aufbringen.

Betrat jemand die Zelle, der nicht zum Gefängnispersonal gehörte, oder bekam man eine neue Zellengenossin zugeteilt, mußte man damit rechnen, daß es sich um einen von der Gestapo eingeschleusten Spitzel handelte. Nachdem ich drei oder vier Tage in Moabit »eingesessen« hatte, wurde meine Tür aufgeschlossen, und ein Mann betrat meine Zelle. Es war der katholische Gefängnispfarrer Buchholz. Alle meine inneren Alarmglocken begannen zu schrillen. Vorsicht war am Platze. So antwortete ich ziemlich ruppig, als er mich fragte, warum ich eingesperrt sei: »Weiß ich doch nicht!«

Da seine Kleidung den katholischen Priester verriet, erklärte ich ihm des weiteren, ich sei evangelisch. Er aber meinte, er würde mir auf jeden Fall Absolution erteilen für den Fall, daß ich bei der Gestapo lügen müßte, denn ich dürfte das tun, so oft ich wolle und könne. Das wiederum veranlaßte mich, ihm zu sagen, ich würde mich *trotzdem* über eine Wiederholung seines Besuches freuen. Ich sah ihn nie wieder.

Die erste Mitbewohnerin in der Zelle nach der Einzelhaft war Mika Stauffenberg, die Frau von Berthold, dem älteren Bruder von Claus. Eines Tages führte man die kleine, schlanke Frau mit dem feinen Gesichtchen und den langen, weißen Haaren in meine Zelle. Mika war, bevor sie zu mir kam, mit einer Bibelforscherin eingesperrt gewesen, die in der Hierarchie der Zeugen Jehovas als sogenannte Wanderpredigerin einen hohen Posten bekleidete. Sie hatte Mika viel über ihren Glauben erzählt. Vor allem aber hat sie ihr erfolgreich suggeriert, daß, wer die Gnade erfahren habe, von Jehova zu hören, sich aber nicht bekehren lasse, der ewigen Verdammnis anheimfallen werde. Die auch dadurch total eingeschüchterte Mika las nun stundenlang in der Offenbarung des Johannes. Sie tat nichts anderes, und so konnten wir unser Arbeitssoll nicht erfüllen, was in diesem Fall hieß, furchtbar stinkende Socken zu stopfen. Das brachte uns einen Anpfiff ein. Es gelang mir aber, sie dazu zu bewegen, ihre fromme Lektüre auf den Abend zu verlegen, so daß sie sich tagsüber an der vorgeschriebenen Gefängnisarbeit beteiligen konnte.

Mika, die aus Weißrußland stammte, erzählte mir dabei aus ihrem und dem Leben der Familie Stauffenberg. Lebhaft schilderte sie mir folgende Begebenheit: Ihre Putzfrau, die, wie sie selbst, sehr dem Okkulten zugetan war, habe die Fähigkeit besessen, Dinge vorauszusehen. Sie sei wenige Tage vor dem 20. Juli 1944, außerhalb ihrer Arbeitszeit, zu Mika in das Haus am Wannsee gekommen und habe sie dringend zu sprechen verlangt. Ganz aufgeregt habe die Frau ihr berichtet, sie wisse, daß geplant sei, in wenigen Tagen einen Anschlag auf den Führer zu verüben, der aber mißlingen werde. Danach werde ein »gerechtes Gericht« stattfinden. Voller Angst suchte Mika überall nach Claus, bis sie ihren Schwager endlich in der Badewanne liegend fand. Sie wiederholte die Aussage der Putzfrau. Seine einzige Reaktion war ein energisches »Raus!«.

Der schrecklichste Tag für Mika kam, als sie erfuhr, man habe ihre Kinder mit unbekanntem Ziel von zu Hause weggeholt. Sie wurde wenig später verlegt, und eine andere Mitgefangene kam in die Zelle. Deren Mann war ebenfalls im Zusammenhang mit dem 20. Juli verhaftet, zum Tode verurteilt und später aufgehängt worden. Sie jammerte viel nach ihrer Mutter, obwohl sie selbst schon an die fünfzig Jahre alt war, und ließ anklingen, daß ihre vorherige Zellengenossin viel netter gewesen sei. Da hätten die Betten so über Eck gestanden, daß sich die Kopfenden berührten und sie sich am Abend gegenseitig das Gesicht streicheln konnten. Ihre Stimme klang vorwurfsvoll, als sie sagte: »Mit Ihnen geht das nicht. Sie sind dazu wohl zu kühl.« »Ich bin nicht nur kühl«, antwortete ich, »ich bin eiskalt!« Mit dieser Äußerung gelang es mir, eine notwendige Distanz zu schaffen.

In der Zelle, auf engem Raum miteinander lebend, war die so erzwungene menschliche Nähe des anderen oft auch unangenehm. Dazu gehörte zum Beispiel, daß man immer voreinander das Klo benutzen mußte. Eine meiner Mitgefangenen hatte Schwierigkeiten mit dem Schließmuskel, und ich muß zugeben, daß mich ihre donnernden Entladungen abends im Bett sehr störten, obwohl ich zu dem Zeitpunkt schon ziemlich abgestumpft war.

Manches Mal gab es eine Extraration an Essen, die aus einem Stück Brot und etwas Käse bestand. Der Käse allerdings wimmelte von Maden, die einem entgegenmarschierten, wenn man ihn auspackte. Hungrig wie ich war, schälte ich mit meinem Löffel die Maden vorsichtig aus dem Käse heraus. Dabei achtete ich genau darauf, daß auch nicht das kleinste Fitzelchen an ihnen hängenblieb. Den Käse selbst schlang ich dann heißhungrig hinunter. Man durfte eben nicht wählerisch sein, wenn man nicht verhungern wollte.

Ich spürte, wie ich mich langsam veränderte. Da ich kaum Gelegenheit hatte, mit jemandem zu reden, reduzierte sich meine Ausdrucksweise auf das Nötigste. Noch heute spreche ich in der Regel in kurzen Sätzen. Aber auch meine Fähigkeit, Dinge um mich herum wahrzunehmen, veränderte sich zusehends. Meine Augen gebrauchte ich nur noch bedingt, denn mein Gesichtskreis war sehr eingeschränkt. In meiner Zelle gab es keinen Stuhl, auf den ich hätte steigen können. So war es mir verwehrt zu beobachten, was im Hof unten geschah, auch wenn es sicher nicht viel zu sehen gegeben hätte. Und vom Himmel erblickte ich gerade so viel, wie mein vergittertes Fenster zuließ. Auch beim Spaziergang fiel das Auge immer wieder nur auf die hohen Mauern, die einen uberall umgaben. Mein Geruchssinn stumpfte ebenfalls ab, hier herrschte der Gestank von Schweiß, widerlichem Fraß und ungewaschenen Socken vor.

Dafür bildete sich mein Gehör in besonderem Maße aus. Ich entwickelte so etwas wie einen sechsten Sinn, die Geräusche außerhalb der Zelle richtig einzuordnen. Wenn am Sonntag in die uns umgebende tödliche Stille das Telefon aus dem Büro durch den Gang schrillte, schreckte ich immer auf, denn das konnte bedeuten, daß sie mich zum Verhör in die Französische Straße bestellten.

Viele der unheimlichen Geräusche erfüllten mich mit Schrecken. Ich hörte, wenn in den Zellen über, unter oder neben mir verzweifelt geweint wurde und wenn es Ärger in den Nachbarzellen zwischen Insassinnen und Wärterinnen gab. Nicht nur die Bombennächte mit den Detonationen in allernächster Nähe ängstigten mich. An meinen Nerven zerrten in diesen Nächten auch andere Dinge. Wir politischen Häftlinge mußten während des Fliegeralarms in unseren Zellen bleiben. Bei uns wurde nur der Schlüssel im Schlüsselloch einmal, anstatt, sonst üblich, zweimal herumgedreht. Die anderen Frauen sperrte man in Großzellen

Clarita von Trott zu Solz

zusammen. So wurden auch alle Jehova-Anhängerinnen in eine Zelle gesperrt. An sich genossen diese Frauen meine größte Hochachtung, waren sie doch bereit, für ihren Glauben in den Tod zu gehen. Wenn sie aber nun alle zusammen waren, begannen sie während des Angriffs lauthals »Halleluja« zu singen, je mehr Bomben fielen, desto anhaltender. Sie dachten, um so größer das Leid auf Erden, desto herrlicher die Seligkeit im Himmel. Ich konnte ihre Vorfreude nicht teilen, und ihr Gesang ging mir schrecklich auf die Nerven.

Die Heizungsrohre nutzten wir fast wie ein Telefon. Ich »unterhielt« mich auf diese Art vor allem mit meiner Zellennachbarin Clarita Trott, die mir eine lebenslange Freundin wurde. Je besser wir uns auskannten, um so besser konnten wir die bescheidenen Möglichkeiten nutzen, unsere Wärterinnen auszutricksen. In der Zelle über mir war Hilde Mertz von Quirnheim einquartiert. Ihr Mann – sie waren erst sechs Wochen verheiratet – war zusammen mit Stauffenberg, Haeften und Olbricht am Abend des 20. Juli 1944 im Hof der Bendlerstraße erschossen worden. Sie ließ mir ab und zu an einem Faden ihres Stopfgarns eine Scheibe Brot zu meinem Fenster herunter, eine hochwillkommene Gabe, denn der Hunger plagte mich ständig.

Eines Tages befand Oberregierungsrat Opitz, daß ich im Gefängnis in der Kantstraße besser aufgehoben sei als in Moabit. Die Verlegung fand am 18. November 1944 statt, und ich wurde der zuständigen Leiterin, Frau Weider, vorgestellt, die mich unnahbar und streng behandelte. »Ihr vom Adel wollt immer führen. Das kommt hier nicht in Frage.« Mich verwirrte diese Aussage, und ich konnte nichts damit anfangen. Ich hätte gar nicht gewußt, wie und wen ich im Gefängnis führen sollte. Später hörte ich, daß Frau Weider gemeinsam mit Elisabeth Harmsen, einer Schwester von Werner, eine Ausbildung in Sozialfürsorge genossen hatte.

In der Kantstraße schien alles anders. Hier wurde nicht geprügelt, man hörte auch keine Schreie. Wenn es Alarm gab, durfte ich nun auch in den Luftschutzkeller. Nach einiger Zeit wurde ich sogar in einen Keller in einem benachbarten Gebäude gebracht. Mit zwei oder drei Mitgefangenen war ich dazu ausersehen, unseren Keller, falls er verschüttet würde, wieder freizulegen. Die Tür des Gefängnisses öffnete sich dazu für ein paar Stunden. Viel später erfuhr ich, daß ich dieses Privileg, und als solches empfand ich es, Frau Weider verdankte.

In der Kantstraße hatte ich auch wieder eine Zelle für mich, was ich als große Wohltat empfand. Opitz brachte einmal jede Woche die berühmte Testfliegerin Melitta Schenk Gräfin von Stauffenberg, kurz »Litta« genannt, mit. Sie hatte den Zwillingsbruder von Berthold, den Historiker Alexander Stauffenberg, geheiratet. Litta war eine bedeutende Diplomingenieurin, besaß ein sehr feines Gehör für Maschinengeräusche und kam in der Luftwaffe zum Einsatz, um die sogenannten Stukas, also die Sturzkampfbomber, zu testen. Sie absolvierte über 2500 Sturzflüge und übertraf damit die Leistung aller anderen Piloten bei weitem, außer der des berühmtesten Kampffliegers im Zweiten Weltkrieg, Oberst Hans-Ulrich Rudel. Da die Luftwaffe sie für unentbehrlich erklärte, war sie wenige Wochen nach ihrer Verhaftung wieder entlassen worden und entging so der Sippenhaft, unter die alle anderen Mitglieder der weitverzweigten Familie Stauffenberg fielen. Sie wurde am Ende des Krieges in einem langsamen, unbewaffneten Schulflugzeug von einem alliierten Jagdflieger von hinten angeschossen, konnte schwerverwundet noch landen, erlag dann jedoch ihren Verletzungen.

Litta brachte bei jedem ihrer Besuche Lebensmittel mit. Sie wirkte sehr elegant in ihrem schwarzen Kostüm mit dem Flugzeugführerabzeichen in Gold mit Brillanten und schwarzer Baskenmütze. Außerdem besaß sie das Eiserne Kreuz II. Klasse, das ihr als vierter Frau im Zweiten Weltkrieg verliehen worden war. Mir war sie bis dahin unbekannt, und ich wußte zunächst auch nicht, weshalb Litta Kontakt zu mir aufnahm. Aber meine Mutter hatte sie inzwischen kennengelernt und schnell herausgefunden, daß Litta über Opitz die Möglichkeit hatte, ins Gefängnis zu gelangen. Sie bat Litta, mich ab und zu im Gefängnis zu besuchen und mit Lebensmitteln zu versorgen. So erinnere ich diese Besuche als ausgesprochene Lichtblicke im Gefängnisalltag. Auch Opitz, der Litta sehr verehrte und immer mit dabei war, schien das wöchentliche Gespräch mit uns zu genießen.

Übrigens verhielt sich Oberregierungsrat Opitz mir gegenüber in den Verhören immer korrekt. Nach dem Krieg sah ich ihn noch einmal wieder, als Mika Stauffenberg sich mit ihm in Hamburg in einer Konditorei treffen wollte. Er war seinerzeit auch für sie zuständig gewesen. Sie hoffte von ihm zu erfahren, daß Berthold vielleicht doch noch am Leben sei. Natürlich konnte ihr Opitz nur das bestätigen, was wir alle schon wußten: Berthold war hingerichtet worden. Während des ganzen Gesprächs schaute sich Opitz oft unruhig und ängstlich um – er tat mir fast leid.

Zusammen mit einer anderen Insassin, Philippa von Bredow, die ich vor der Inhaftierung nicht kannte, wurde ich der Gefängnisbücherei zugeteilt. Begleitet von einer Aufseherin, die die Zellentüren für uns auf- und wieder zuschloß, verteilten wir an die Mithäftlinge Lesestoff, soweit ich mich erinnere, pro Woche für jeden Häftling zwei Bücher. Eines Tages – wir zogen wieder mit unserem Bücherwagen durch das Gefängnis – erfuhr ich, daß Hildur Hammerstein eingeliefert worden war, eine der Töchter von Kurt Hammerstein. Vor Freude sauste ich in meine Zelle, holte aus meinen wenigen eßbaren Schätzen einen Apfel hervor und eilte zur Aufnahme, wo ich Hildur vermutete. Ich fand sie tränenüberströmt vor, denn man hatte sie ohne ihre Mutter, mit der sie bisher eine Gefängniszelle in Moabit geteilt hatte, in die Kantstraße gebracht. Vergeblich versuchte ich, sie zu trösten, und natürlich brachte mir meine Spontaneität eine gehörige Verwarnung durch die Aufseherinnen ein.

Die Freundschaft unter uns eingesperrten Frauen des 20. Juli war eine Quelle der Kraft. Wir trugen im Grunde genommen das gleiche Schicksal. Wenn man glaubte, unter der eigenen Not zusammenbrechen zu müssen, dann richtete man sich schnell wieder auf im Gedanken an das Leid der anderen. Da war zum Beispiel Bärbel Haeften, die Witwe von Werners Bruder Hans-Bernd, der man das Neugeborene, das sie noch stillte, weggenommen hatte. Ihre nun von der Muttermilch schmerzenden Brüste machten ihr in der sommerlichen Hitze schwer zu schaffen. Wie alle anderen Mütter, deren Kinder verschleppt worden waren, wußte auch sie nicht, wo sich das Baby und seine fünf Geschwister jetzt befanden.

Erst nach dem Krieg fand man die Kinder der Verschwörer in einem Kinderheim in Bad Sachsa im Harz wieder. Sie wurden dort unter falschen Namen geführt. Des Nachts erinnerten die größeren Kinder die kleineren an ihre richtigen Namen.

Viele der Frauen hatten gehofft, ihre Männer seien noch am Leben, und die Beamten bestärkten sie während der Verhöre in ihrem Glauben, bis man ihnen plötzlich die Wahrheit brutal entgegenschleuderte. Manche bekam die Nachricht vom Tod ihres Mannes auf gleichem Wege wie ich meine Informationen: durch eine Meldung auf einem Zeitungsschnipsel, der als Klopapier in die Zelle gereicht wurde.

Es gab unter den inhaftierten Frauen nur wenige, die nicht ahnten, worauf sich ihre Männer eingelassen hatten. Wir, die wir eingeweiht waren, fühlten uns in solchen Momenten stolz, trugen wir doch die volle Verantwortung mit.

Im Laufe der Zeit zitierte man mich immer seltener zum Verhör. Die Gestapo merkte wohl, daß aus mir nicht mehr herauszuholen war. Am 16. Dezember 1944, um 13.50 Uhr, wurde ich ohne Angabe von Gründen aus dem Gefängnis entlassen. Als man mir mitteilte, daß meine Freilassung bevorstand, war ich sehr skeptisch, ob das auch wirklich stimmte. Ich hatte zu oft von Häftlingen gehört, die man zwar entließ, die aber dann jenseits des Tores von zwei Gestapoleuten in Empfang genommen und direkt in ein Konzentrationslager gebracht wurden.

Ich bekam in der Kleiderkammer meine Sachen zurück, die man mir bei meiner Einlieferung abgenommen hatte. Außerdem händigte man mir knapp fünfzehn Reichsmark Entlohnung für die im Gefängnis geleistete Arbeit aus. Wieder öffneten sich vor mir Türen und schlossen sich sogleich hinter mir – wie vor fünf Monaten, nur in umgekehrter Reihenfolge. Fast traumwandlerisch ging ich durch sie hindurch. Es war kein angenehmer Traum, denn die Ungewißheit über mein weiteres Schicksal ließ keine Erleichterung aufkommen. Ich war daher nicht überrascht, als mich am Tor ein Gestapomann in Empfang nahm. Doch der brachte mich nur in die Französische Straße, wo man mir eine Bescheinigung folgenden Inhalts überreichte: »Am 16.12.44 um 13.50 Uhr wurde Reinhild Gräfin Hardenberg aus der fünfmonatigen Haft entlassen.« Ich war frei.

Wie die Gestapo meine Antworten während der Verhöre beurteilte, erfuhr ich erst viele Jahre später. Fabian Schlabrendorff flog in den fünfziger Jahren nach Amerika und bekam dort, wie er uns erzählte, Gelegenheit, Protokolle über die Gestapoverhöre meines Vaters und von mir einzusehen. Als er nach seiner Rückkehr meine Eltern besuchte, berichtete er über das, was er in Amerika entdeckt und gelesen hatte. Ich war sehr neugierig, ob er etwas über mich gefunden hatte, wagte aber nicht, ihn danach zu fragen. Zum Ende des Abendessens hob Schlabrendorff plötzlich sein Glas und sagte zu mir: »Prost, Wonte, auf Ihre Vernehmung!« Dann erzählte er, er habe am Rande eines Protokolls eine handschriftliche Notiz über mich gelesen, die lautete: »Weiß mehr, als sie zugibt.« Ich hatte das Gefühl, daß alle es hören mußten, welcher Steinbrocken mir gerade vom Herzen fiel. Und nach all den Jahren konnte ich mich eines Gefühls der Erleichterung nicht erwehren. Ich hatte mich richtig verhalten. Übrigens ist es mir bisher trotz aller Versuche, die ich unternahm, nicht gelungen, diese von Schlabrendorff erwähnten Berichte ausfindig zu machen.

Wieder zu Hause

Meine Mutter holte mich mit dem Pferdewagen vom Bahnhof Trebnitz ab. Auf dem Weg nach Neuhardenberg besuchten wir in Ober Görlsdorf Tante Fairy Seidel. Ihr Sohn Axel, in der Erholung nach einem Kopfschuß, leistete uns Gesellschaft. Er erzählte mir später, wie schrecklich es für ihn gewesen war, einer Macht ausgeliefert zu sein, der man nichts entgegensetzen konnte. Seine und meine Mutter hatten sich seit Juli 1944 immer wieder im Wald zu kurzen Spazierfahrten getroffen und gegenseitig Mut zugesprochen.

An die ersten Wochen zu Hause kann ich mich so gut wie nicht erinnern. Trotz aller Erleichterung, frei, jedenfalls nicht mehr hinter Schloß und Riegel zu sein, fehlte mir, so erstaunlich das klingen mag, der »Schutzwall« der dicken

Wonte im Sommer 1944
in Neuhardenberg

Gefängnismauern. Ich war herausgerissen aus der Schicksalsgemeinschaft, die uns Frauen dort verbunden hatte. Nach meiner Entlassung vermißte ich nun draußen einen gewissen Halt. Außerdem hatte ich mir während der Zeit meiner Haft aus Selbsterhaltungstrieb verboten, über vieles nachzudenken und die damit verbundenen Gefühle zuzulassen. Nun brach alles um so heftiger über mich herein. Die Angst, welches Schicksal meinem Vater und den noch lebenden Freunden bevorstand, vermischte sich mit der Trauer um die ermordeten Freunde und dem Schmerz um Werner Haeften. Ich erlitt einen Nervenzusammenbruch, von dem ich mich nur langsam erholte. Es bereitete mir große Schwierigkeiten, mich wieder einzugewöhnen. Nun verhielt es sich ja keineswegs so, daß diejenigen, die nicht verhaftet worden waren, nicht auch gelitten hätten. Aber in dem, was wir im Einzelnen erlebt hatten, trennten uns Welten.

Aus Lallas Erzählungen erfuhr ich nach und nach, was sich während meiner Abwesenheit in Neuhardenberg zugetragen hatte. Während mein Vater und ich gefangen saßen, wohnte meine Mutter praktisch mittel- und rechtlos mit Lalla in unserem unter Zwangsverwaltung stehenden Neuhardenberg. Meiner Mutter wurden monatlich fünfhundert Reichsmark zugestanden. Ihr gehörte nichts mehr, und aus den Gütern durfte nichts an sie abgegeben werden. Unser Güterdirektor Bräuninger wurde von der Gestapo als Treuhänder eingesetzt. Mutig zweigte er heimlich Lebensmittel für meine Mutter ab. Er war sich voll darüber im Klaren, daß ihn das die Freiheit und letztlich auch das Leben hätte kosten können.

Über das, was geschah, nachdem Onkel Willy, Onkel Bolly und ich von der Gestapo abtransportiert worden waren, notierte mein Vater in seinem Silvester

Der Kommunist Paul Hofmann um 1990 vor dem KZ Sachsenhausen, wo er meinen Vater 1944 pflegte

Hitler stieß unter vielen anderen Männern des Widerstands auch meinen Vater aus der Wehrmacht aus.

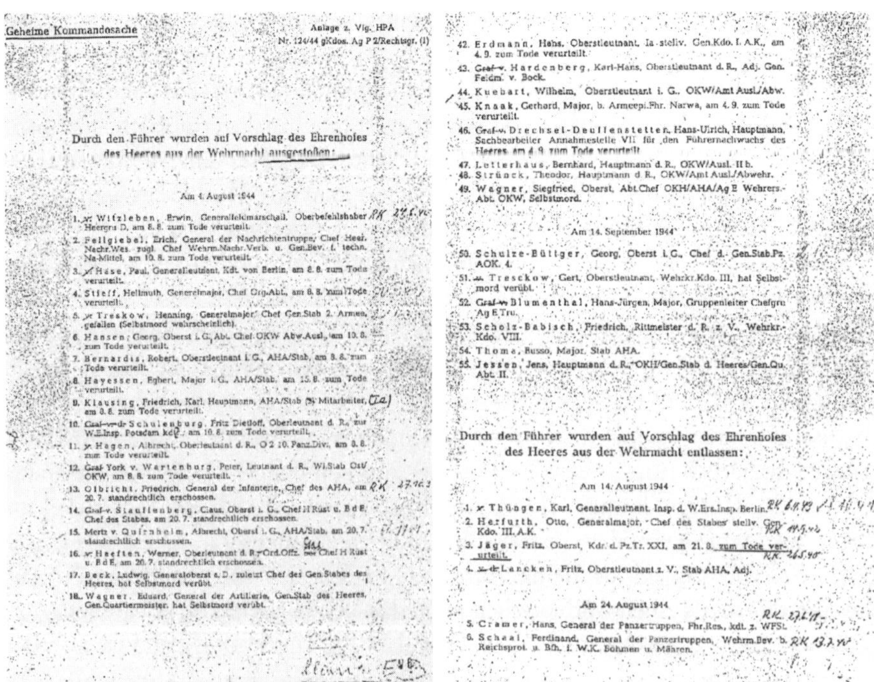

Geheime Kommandosache

Anlage z. Vlg. HPA
Nr. 124/44 gKdos. Ag P 2/Rechtsgr. (I)

Durch den Führer wurden auf Vorschlag des Ehrenhofes des Heeres aus der Wehrmacht ausgestoßen:

Am 4. August 1944

1. v. Witzleben, Erwin, Generalfeldmarschall, Oberbefehlshaber Heergru D, am 8. 8. zum Tode verurteilt.
2. Fellgiebel, Erich, General der Nachrichtentruppe, Chef Heer. Nachr.Wes. zugl. Chef Wehrm.Nachr.Verb. u. Gen.Bev. f. techn. Na-Mittel, am 10. 8. zum Tode verurteilt.
3. v. Hase, Paul, Generalleutnant, Kdt. von Berlin, am 8. 8. zum Tode verurteilt.
4. Stieff, Hellmuth, Generalmajor, Chef Org.Abt., am 8. 8. zum Tode verurteilt.
5. v. Treskow, Henning, Generalmajor, Chef Gen.Stab 2. Armee, gefallen (Selbstmord wahrscheinlich).
6. Hansen, Georg, Oberst i. G., Abt. Chef OKW Abw.Ausl., am 10. 8. zum Tode verurteilt.
7. Bernardis, Robert, Oberstleutnant i. G., AHA/Stab, am 8. 8. zum Tode verurteilt.
8. Hayessen, Egbert, Major i. G., AHA/Stab, am 15. 8. zum Tode verurteilt.
9. Klausing, Friedrich, Karl, Hauptmann, AHA/Stab (3) Mitarbeiter, am 8. 8. zum Tode verurteilt.
10. Graf v. d. Schulenburg, Fritz Dietloff, Oberleutnant d. R., zur W.E.Insp. Potsdam kdt., am 10. 8. zum Tode verurteilt.
11. v. Hagen, Albrecht, Oberleutnant d. R., O 2 10. Panz.Div., am 8. 8. zum Tode verurteilt.
12. Graf York v. Wartenburg, Peter, Leutnant d. R., Wi.Stab Ost/OKW, am 8. 8. zum Tode verurteilt.
13. Olbricht, Friedrich, General der Infanterie, Chef des AHA, am 20. 7. standrechtlich erschossen.
14. Graf v. Stauffenberg, Claus, Oberst i. G., Chef H Rüst u. B d E, Chef des Stabes, am 20. 7. standrechtlich erschossen.
15. Mertz v. Quirnheim, Albrecht, Oberst i. G., AHA/Stab, am 20. 7. standrechtlich erschossen.
16. v. Haeften, Werner, Oberleutnant d. R., Ord.Offz. Chef H Rüst u. B d E, am 20. 7. standrechtlich erschossen.
17. Beck, Ludwig, Generaloberst a. D., zuletzt Chef des Gen.Stabes des Heeres, hat Selbstmord verübt.
18. Wagner, Eduard, General der Artillerie, Gen.Stab des Heeres, Gen.Quartiermeister, hat Selbstmord verübt.

42. Erdmann, Hans, Oberstleutnant, Ia stellv. Gen.Kdo. I. A.K., am 4. 9. zum Tode verurteilt.
43. Graf v. Hardenberg, Karl-Hans, Oberstleutnant d. R., Adj. Gen. Feldm. v. Bock.
44. Kuebart, Wilhelm, Oberstleutnant i. G., OKW/Amt Ausl./Abw.
45. Knaak, Gerhard, Major, b. Armeepi.Fhr. Narwa, am 4. 9. zum Tode verurteilt.
46. Graf v. Drechsel-Deuffenstetten, Hans-Ulrich, Hauptmann, Sachbearbeiter Annahmestelle VII für den Führernachwuchs des Heeres am 4. 9. zum Tode verurteilt.
47. Letterhaus, Bernhard, Hauptmann d. R., OKW/Ausl. II b.
48. Strünck, Theodor, Hauptmann d. R., OKW/Amt Ausl./Abwehr.
49. Wagner, Siegfried, Oberst, Abt.Chef OKH/AHA/Ag E Wehrers.-Abt. OKW, Selbstmord.

Am 14. September 1944

50. Schulze-Büttger, Georg, Oberst i. G., Chef d. Gen.Stab.Pz. AOK. 4.
51. v. Tresckow, Gert, Oberstleutnant, Wehrkr.Kdo. III, hat Selbstmord verübt.
52. Graf v. Blumenthal, Hans-Jürgen, Major, Gruppenleiter Chefgru Ag E Tru.
53. Scholz-Babisch, Friedrich, Rittmeister d. R. z. V., Wehrkr.-Kdo. VIII.
54. Thoma, Busso, Major, Stab AHA.
55. Jessen, Jens, Hauptmann d. R., OKH/Gen.Stab d. Heeres/Gen.Qu. Abt. II.

Durch den Führer wurden auf Vorschlag des Ehrenhofes des Heeres aus der Wehrmacht entlassen:

Am 14. August 1944

1. v. Thüngen, Karl, Generalleutnant, Insp. d. W.Ers.Insp. Berlin.
2. Herfurth, Otto, Generalmajor, Chef des Stabes stellv. Gen.-Kdo. III. A.K.
3. Jäger, Fritz, Oberst, Kdr. d. Pz.Tr. XXI, am 21. 8. zum Tode verurteilt.
4. v. d. Lancken, Fritz, Oberstleutnant z. V., Stab AHA, Adj.

Am 24. August 1944

5. Cramer, Hans, General der Panzertruppen, Fhr.Res., kdt. z. WFSt.
6. Schaal, Ferdinand, General der Panzertruppen, Wehrm.Bev. b. Reichsprot. u. Bfh. i. W.K. Böhmen u. Mähren.

1945 verfaßten Bericht: »Der Bauer Buchholz, Neuhardenberg, war als Hilfspolizist, da die Beamten abgekämpft waren, vor die Stube gestellt. Lalla erzählte, daß ihm dauernd die dicken Tränen in seinen großen Schnurrbart gerollt wären. Dankbar gedenke ich auch des Gendarmen Blume in Neuhardenberg, der sich von den Beamten nicht einschüchtern ließ, sondern erst sorgfältig ihre Ausweise prüfte, und auch die ganze Zeit nach der Verhaftung sich als aufrechter Mann – er war Reservist und politisch links stehender Maurer – gezeigt hat. Er besaß die Zivilcourage, an der es vielen Höherstehenden mangelte«.

Mein Vater war nach seinem Selbstmordversuch auf die Krankenstation des KZ Sachsenhausen eingeliefert und im Herbst 1944 aus dem Heer ausgestoßen worden. Nach dem Krieg wurden er und viele andere nicht rehabilitiert. Ihn hat das nicht weiter bedrückt, aber andere haben unter dieser Tatsache gelitten.

Im KZ wurden aus früheren Gegnern Kampfgenossen. In Sachsenhausen traf mein Vater den Kommunisten Fritz Perlitz wieder, der in den zwanziger Jahren auf einem unserer Güter einen Arbeiteraufstand gegen den »Klassenfeind« Hardenberg zu organisieren versucht hatte. Jetzt gehörte er zu den erfahrenen langjährigen politischen Häftlingen und half meinem Vater mit Verhaltensratschlägen für die Gestapo-Verhöre. Buchstäblich das Leben gerettet hat meinem Vater ein anderer kommunistischer Häftling, der Pfleger Paul Hofmann, der die schwere Zuckerkrankheit meines Vaters erkannte und den Arzt alarmierte. Mein Vater hatte zunächst gehofft, die Zuckerkrankheit würde vollenden, was die Kugel nicht vermocht hatte; er wollte nach wie vor um jeden Preis verhindern, unter Folter zu Aussagen über seine Freunde gezwungen zu werden. Paul Hofmann erweckte wieder seine Lebensgeister, und mit den Ratschlägen der »alten Hasen« ging mein Vater immer wieder bei der Gestapo als vernehmungsunfähig durch. Der Kameradschaft von Kommunisten verdankte mein Vater noch vierzehn Lebensjahre.

Einige Tage nach der Verhaftung meines Vaters bat der im Hause beschäftigte französische Kriegsgefangene Taillout meine Mutter im Namen seiner anderen auf den Gütern eingesetzten Kameraden auf die Koppeln hinter dem Park. Dort hielt er eine kleine Ansprache, in der er ausführte, daß die Kameraden wüßten, daß mein Vater sein Leben eingesetzt habe, um die nationalsozialistische Schreckensherrschaft und damit das Morden in der Welt zu beenden. Er bat meine Mutter in ihrer aller Namen, dem »Monsieur le Comte«, wenn dies möglich sei, den Dank für seinen Einsatz im Kampf gegen Hitler auszurichten.

Das Leben in Neuhardenberg hatte sich vollkommen verändert. Da war zunächst die beklemmende Ungewißheit, unter der die Zurückgebliebenen litten. Keiner wußte in den ersten Tagen nach unserer Verhaftung, was aus meinem schwerverletzten Vater nach seinem Abtransport geworden war. Zu der quälenden Sorge um seine Gesundheit gesellte sich die Furcht vor den Folgen eines unweigerlich bevorstehenden Verfahrens gegen ihn, das nur mit seiner Hinrichtung enden konnte. Dazu kam die Angst über das eigene Schicksal. Noch war keineswegs klar, ob Hitler nicht auch die Familienmitglieder der in seinen Augen so verwerflichen Attentäter zu töten gedachte; von Sippenhaft hatte ich schon im Gefängnis gehört.

Die bedrückende Atmosphäre verstärkten noch die permanent anwesenden Gestapoleute in SS-Uniform mit ihren Pistolen am Gürtel. Um ihn zu schützen, erzählte meine Mutter, die Zeit ihres Lebens die Vorstellungen meines Vaters, vor allem auch auf politischem Gebiet, voll bejaht und mitgetragen hatte, nun überall, daß mein Vater nichts mit dem Attentat zu tun gehabt habe. Dafür war sie bereit, jeden Preis zu zahlen, sogar gegenüber ihrem eigenen Vater. In einem Brief an Onkel Fibs gleich nach dem Kriege erzählt sie, wie sie Silvester 1944 nach Lieberose gefahren sei, um ihrem Vater, wenn schon nicht die ganze Wahrheit, so doch in groben Zügen anzuvertrauen, daß sein Schwiegersohn am Attentat vom 20. Juli 1944 beteiligt war. Sie wußte genau, daß er diese Tatsache nicht nur gebilligt, sondern daß ihn das mit großer Befriedigung erfüllt hätte. Als sie aber ihren Vater sterbend vorfand, entschloß sie sich schweren Herzens, nicht darüber zu sprechen, obwohl der alte Herr sie in einem klaren Augenblick direkt danach fragte.

Die Angst, er könne im Todeskampf – vielleicht nicht mehr ganz Herr seiner Sinne – etwas verlauten lassen, das meinem Vater schaden könnte, verschloß ihr den Mund. »Es ist mir wirklich namenlos schwergefallen, dem sterbenden Vater die Wahrheit vorzuenthalten, wo doch das ganze Leben immer Ehrlichkeit zwischen uns geherrscht hat.«

Auch in Neuhardenberg wollte meine Mutter vor den Augen der anwesenden Gestapoleute alles vermeiden, was nach Aufregung und Hektik aussah. Das Leben sollte so unauffällig weiterlaufen wie bisher. Und vor allem wollte meine Mutter keine Unschuldigen mit hineinziehen. Erst nachdem die Gestapo Neuhardenberg verlassen hatte, kam einige Male Gisela von Arnimshain herüber, um nach ihr zu sehen. Unser Nachbar Bodo von der Marwitz fuhr zu Fritze, der in Sagan beim Militär war, und informierte ihn über den Stand der Dinge. Gleichzeitig gelang es ihm, für Fritze einen dreitägigen Urlaub durchzusetzen. Fritze beeindruckte es sehr, als ihn sein Vorgesetzter mit den Worten verabschiedete: »Grüßen Sie Ihren Vater«.

Meine Mutter, damals sechsundfünfzig Jahre alt, zeigte sich in dieser Zeit dankbar für jeden Zuspruch und jede Unterstützung, aber im Grunde genommen sann sie ausschließlich darüber nach, wie sie ihrem Mann helfen könnte. Seine Rettung hatte Vorrang vor allem anderen. Jedem, der es hören oder auch nicht hören wollte, erklärte sie mit Inbrunst, ihr Mann sei völlig unschuldig verhaftet worden. Ihre Selbsttarnung ging so weit, daß sie auch mir gegenüber von dieser Rolle nicht abwich. Das ganze Theater war mir unerträglich, und ich insistierte bald im abhörsicheren Park mit Nachdruck darauf, daß sie mit mir offen sprechen möge.

Meine Mutter durfte meinen Vater am 24. Dezember 1944 das erste Mal im KZ besuchen. Den Weihnachtsabend jedoch konnten wir vier Geschwister gemeinsam mit ihr in Neuhardenberg verbringen. Gisela beging das Fest mit ihrer Familie in Arnimshain. Anfang April 1945 bekam auch ich die Erlaubnis, meinen Vater zu besuchen. Während dieses Wiedersehens flüsterte er mir zu, ich dürfe mir aus dem Safe einen bestimmten Ring als Erinnerung an die Geschehnisse nehmen. Da wir unter Aufsicht standen, konnten wir ansonsten nur über Beiläufiges reden.

Arbeitssuche, Kriegsende, Flucht

Lalla und ich brauchten Arbeit, um nicht irgendwo in eine Fabrik »dienstverpflichtet« zu werden. Ich hatte schon einmal als Krankenschwester im Hindenburg-Lazarett in Berlin gearbeitet.

Wir beschlossen also, uns gemeinsam in einem Lazarett zu melden. Das war leichter gesagt als getan, denn wir galten als »politisch unzuverlässig«, weshalb sich niemand mit uns belasten wollte. Endlich stießen wir in Werder bei Potsdam auf Dr. Martin Damholtz, Chefarzt im Lazarett, der bereit war, uns einzustellen. Ab Januar 1945 arbeiteten wir nun als Krankenschwestern. Mitunter fuhren wir nach Dienstschluß von Werder aus nach Potsdam und feierten dort kleine Feste. Es wurde überall gefeiert, einmal galt es, von einem Soldaten Abschied zu nehmen, der wieder an die Front mußte, dann wieder freute man sich über ein Wiedersehen oder hatte einfach irgendwo etwas Gutes zum Essen aufgetrieben, das mit den Freunden geteilt wurde. Wir lebten heute, morgen war uns egal, und der Spruch: »Kinder, genießt den Krieg, denn der Frieden wird schrecklich« wurde zum Leitmotto.

In den Kriegsjahren fehlte es nicht an Zerstreuung. Und dazu gehörte natürlich die Musik. Voller Hingabe tanzten wir zunächst nach den Klängen von Barnabas von Geszy, bis etwa 1942 ganz neue Rhythmen aufkamen. Jazz und Swing eroberten im Fluge unsere Herzen und unsere Füße. Diese Art von Musik war in Deutschland eigentlich verboten. Doch der schlaue Goebbels erkannte rasch, daß das deutsche Volk mit diesen beschwingten Tönen motiviert werden konnte. Wie berauscht nutzten wir daher jede Gelegenheit, das Tanzbein zu schwingen.

Für die Generation meines Vaters, die mit Walzer und Hoftänzen wie Quadrille groß geworden war, erschien allerdings schon der in den zwanziger Jahren aufkommende Tango revolutionär, ja anstößig. Als mein Vater einmal in Neuhardenberg dem Tanz der Jugend zusah, wie die jungen Damen und Herren Hüften und Becken in Parallelschwünge versetzten, da hörte ich, wie er etwas vor sich hin murmelte, was sicher nicht für meine zwölfjährigen jungfräulichen Ohren gedacht war: »Solche Bewegungen machte man zu meiner Zeit nur im Bett!«

Meine Mutter hatte mir oft erzählt, wie schön die Bälle in ihrer Jugend vor 1914 gewesen seien und wie aufregend es war, als sie während eines solchen Balles bei Hofe vorgestellt wurde. Auch meine Schwester Gisela, die schon vor dem Zweiten Weltkrieg ausgegangen war, schwärmte in den höchsten Tönen von den schönen Veranstaltungen, die sie in der Nachbarschaft von Neuhardenberg und in Berlin erleben durfte. Es gab hervorragende Buffets, und viele schöne Blumen schmückten die Säle, in denen sich die in lange Kleider gehüllten jungen Mädchen mit ihren Tanzpartnern zu der Musik wiegten. Für mich klangen diese Beschreibungen wie ein Märchen, schön, aber so weit entfernt. Ich liebte unsere anspruchsloseren Tanzabende, bei denen wir uns sicher nicht weniger hingebungsvoll zu den Klängen eines Grammophons drehten.

Unsere kleinen Feste ließen sich am besten in Potsdam arrangieren, wenn es gelang, Onkel Willy und Tante Ella Schilling auf Reisen nach Neuhardenberg zu schicken. Vor allem mit Hilfe ihrer erfindungsreichen ältesten Tochter, meiner Cousine Mady, hatten wir damit immer Erfolg. Während der Onkel und die Tante manches Wochenende in Neuhardenberg weilten, trafen wir uns, so oft es uns möglich war, in ihrer Wohnung mit unseren Freunden zu meist improvisierten Tanzfesten.

Anfang 1944, also ein Jahr zuvor, hatte ich an einem dieser gemeinsamen Abende zwischen Fritzi Schulenburg und Victor Schweinitz auf dem Sofa gesessen und gespannt zugehört, wie Fritzi versuchte, Victor davon zu überzeugen, daß man die Pflicht habe, sich dem Regime zu widersetzen. Fritzi hatte sich richtig in Rage geredet, während Victor scheinbar völlig unbeteiligt an seiner Zigarre kaute. Ab und an spuckte er ein kleines Tabakstück aus, kaute weiter und ließ Fritzi reden. Victor, der auch im Sitzen über »Gardemaß« verfügte, schaute fast mitleidig auf den heftig auf ihn einredenden Fritzi herunter.

Als dieser erschöpft innehielt, ließ er uns seine Ansicht darüber wissen. Das Fazit: Er hielt die Idee eines Attentats von vornherein für zum Scheitern verurteilt. Mit Vehemenz wandte sich Fritzi an mich und bat mich, ihn bei seinem Überzeugungsversuch zu unterstützen. Ich lehnte das mit der Begründung ab, daß ich nicht jemanden zu einer Sache überreden könne, bei der ich nicht selbst den Kopf hinhalten müßte.

Victor blieb bei seinem Standpunkt, tat aber das Seinige, als das Attentat dann gescheitert war. Zu Jahresende 1944 forderte er die wieder aus der Haft entlassenen früheren Regimentskameraden Ewald-Heinrich Kleist und Brummel Oppen nach Italien an, wo er als Generalstabsoffizier bei der Heeresgruppe Südwest eingesetzt war. Damit riskierte er seinen eigenen Kopf, um sie dem erneuten Zugriff der Gestapo zu entziehen.

Eines der Lieblingsziele für unsere kleinen Feste war das Herrenhaus des Prinzen Oskar von Preußen, des zweitjüngsten Sohnes des letzten deutschen Kaisers, das in einem parkähnlichen Anwesen lag. Sein Sohn, Wilhelm Karl, und unser aus der Haft entlassener Freund Brummel Oppen kannten den Platz im Garten, an dem der Hausherr seinen Wein vergraben hatte. Jedesmal, wenn wir kamen, holten die beiden die nötigen Weinflaschen aus dem geheimen Versteck. Mit dabei war regelmäßig Bischi Bassewitz, eine ehemalige Schulfreundin. Lalla und ich waren für die Bratkartoffeln zuständig. So verbrachten wir gemeinsam manchen vergnüglichen Abend. Einmal blieben wir wegen eines Fliegeralarms über Nacht im Gästezimmer in Potsdam und fuhren erst am nächsten Morgen nach Werder zurück. Wir waren dankbar für jede Abwechslung und Zerstreuung.

An jenem Abend hatte ich einen gehörigen Schwips. Im Gästezimmer deutete ich auf ein Bild des Alten Fritz und meinte zu Lalla: »Ich weiß gar nicht, warum der Alte Fritz sich so um mich dreht!« Am nächsten Morgen erzählte ich Wilhelm Karl die Geschichte. »Das ist kein Wunder«, lachte er, »allein in diesem Zimmer hängen sechsunddreißig Bilder Friedrichs des Großen«.

Wenn wir dort übernachteten, mußten Lalla und ich sehr früh aufstehen, da unser Zug nach Werder um 5.30 Uhr abfuhr. So waren wir schon aus dem Hause, als Wilhelm Karl schreckensbleich zu Brummel kam, um ihn zu wecken. Er schüttelte ihn wach und raunte ihm zu, es sei etwas Schreckliches passiert. Noch ganz schlaftrunken murmelte Brummel: »Was denn? Sind die Russen da?« Wilhelm Karl aber stammelte entsetzt: »Viel schlimmer. Vati ist wieder da!«

Das hieß, daß wir wieder eine Zeitlang auf die fröhlichen Abende im Haus von Wilhelm Karls Eltern verzichten mußten. Oft hörten wir jetzt von Leuten, daß es an der Zeit sei, von zu Hause wegzugehen. Die Rote Armee kam jeden Tag näher, und uns war klar, daß das kein Vergnügen werden würde. Lange Trecks aus dem Osten zogen vorbei, und was die Leute erzählten, klang nach reinen Horrorgeschichten. Aber wir durften nichts unternehmen, was nach Flucht aussah, denn das hätte unserem Vater im KZ geschadet.

Da im Lazarett von Werder genug Schwestern Dienst taten, ließ sich Lalla im Februar 1945 von Werder aus beurlauben und arbeitete in Neuhardenberg bis zur Ankunft der Russen am 16. April 1945 in einem zum Lazarett umgewandelten Arbeitsdienstlager. Ich besuchte sie dort ab und zu. Meine Mutter war schon in den Westen gegangen, wo sie zunächst bei Freunden nahe Mücheln in der Provinz Sachsen untergekommen war. Dies hatte ihr mein Vater bei ihrem ersten Besuch im KZ dringend geraten, vor allem deshalb, um sie nach Kriegsende ohne Schwierigkeiten wiederfinden zu können. Im Januar 1945 befolgte sie diesen Rat. Meine Schwester Gisela war schon allein mit ihren vier kleinen Kindern im Treck in den Westen gezogen.

Bevor meine Mutter Neuhardenberg verließ, veräußerte sie den im Keller des Schlosses lagernden Wein an bei uns einquartierte Offiziere, was Lalla und mir gar nicht gefiel. Wir kauften einen Teil der Alkoholbestände einfach wieder zurück. Das hätten wir uns allerdings sparen können, denn wir kamen nicht mehr dazu, uns daran zu erfreuen.

Der Kontakt zu meinem Vater bestand in gelegentlichen Besuchen, unser Güterdirektor Bräuninger und ich erhielten die Erlaubnis dazu, und in vielen Briefen, die Lalla ihm schrieb. So wußte er in etwa, wie es bei uns aussah: »Alle Menschen fragen so viel nach Dir und meinen, wenn Du hier wärst, würde alles besser sein. Im Moment hört man gar nicht so viel schießen, bloß wenn die Tiefflieger kommen, dann schießt die Flak in der Umgebung aus allen Löchern.« Im Lazarett, einem Hauptverbandplatz, herrschten fürchterliche Zustände. Wieder Lalla: »Die armen Kerlchen haben manches mal so schreckliche Verwundungen, und es sind schon viele hier gestorben. Auf dem Feld hinter dem Dorffriedhof und dem Flugplatz ist der Heldenfriedhof. Ich kann den Menschen ja so wenig helfen, aber sie sind schon dankbar, wenn man sie mal kräftig wäscht.«

Lalla beruhigte meinen Vater in ihren Briefen, er brauche sich gar keine Sorgen zu machen, »daß mich die Russen vielleicht erobern könnten«, denn »unsere Einquartierung ist sehr nett und schmeißt uns rechtzeitig raus«. Als die Russen dann am 16. April, von der Oder kommend, auch unser Gebiet angriffen – der Kampf um die Seelower Höhen ist legendär –, floh Lalla mit den anderen Einwohnern von Neuhardenberg in den nahe gelegenen Wald. Dort suchten sie zunächst Schutz in sogenannten Ein-Mann-Löchern. Seitdem schwört Lalla auf diese sichere Art des Verstecks. Noch am Abend desselben Tages verließ sie jedoch diesen Unterschlupf und flüchtete gemeinsam mit Fräulein Reppin und Gertrud Otto, der Haushälterin von Onkel Bolly, in einem Lastwagen nach Potsdam. Reppinchen und Gertrud blieben dort, während Lalla einige Kilometer weiter bis nach Werder in das Lazarett fuhr, in dem ich noch arbeitete.

Als feststand, daß die russische Front nicht mehr aufzuhalten sein würde, hatte Dr. Damholtz, Chef des Lazaretts, damit begonnen, zwei Kohlenkähne zu Lazarettschiffen umzubauen. Jetzt wurden wir mit den Schwerstverwundeten nach Westen geschickt. Die Russen standen bereits vor Berlin, und der Kriegslärm war nicht mehr zu überhören.

Unser Kahn wurde mit Beckengipspatienten beladen. Um die bis zur Unbeweglichkeit eingegipsten Männer unter Deck zu bekommen, behandelte man ihre Tragen wie Särge und schleppte sie hochkant unter Deck. Fünfzehn bis zwanzig Männer wurden in einer Kajüte untergebracht, wo sie in Dreierbetten übereinander lagen. Noch heute ist es mir unbegreiflich, wieso keiner unserer so hilflosen Patienten verrückt geworden ist. In der drangvollen Enge versahen Lalla und ich mit den anderen Schwestern unseren Dienst. Leiter rauf, Leiter runter. Wir trugen damals Trainingshosen unter unseren Schwesternkleidern, um zu verhindern, daß die Verwundeten uns unter die Röcke schauen konnten.

Wir fuhren auf der Havel bis zur Elbe. Das Ufer war ganz flach, und man konnte weit in die Landschaft blicken, während wir gemächlich vorbeituckerten. Auf der Elbe schließlich trafen wir auf unzählige andere Schiffe mit Verwundeten und Flüchtlingen. Schon an der ersten Brücke – sie war gesprengt worden – entstand ein Stau. Nichts ging mehr.

Zwei oder drei Tage währte bereits unsere Reise, als das Trinkwasser zur Neige ging. Was konnten wir tun? Es wurde beschlossen, das Wasser aus der Elbe heraufzupumpen. Keine appetitliche Vorstellung, denn jeglicher Abfall der Schiffe landete im Fluß. Als die erste mit Elbwasser gekochte Suppe dampfend vor uns stand, weigerte sich das Pflegepersonal, davon zu essen. Lalla schloß sich diesem Protest an. Ich versuchte, sie zu überreden, sich ordentlich satt zu essen, so lange sich dafür überhaupt noch eine Gelegenheit bot. Ich war der Meinung, daß schon nach wenigen Tagen der Hunger alle Bedenken ausräumen würde, und dann nicht mehr genug für alle übrigbliebe. Überhaupt sah ich die Dinge im allgemeinen sehr nüchtern und versuchte in dieser Zeit, Lalla und mich über den Verlust der Heimat zu trösten. »Das hat ja auch sein Gutes«, erklärte ich ihr, »wir sind jetzt so arm, daß wir nur noch aus Liebe geheiratet werden.« Lalla fand das aber gar nicht komisch.

Nachdem die Hindernisse an der zerstörten Brücke beseitigt waren, konnten wir weiterfahren, zwei Tage gen Norden ging die Reise, bis wir uns plötzlich zwischen allen Fronten wiederfanden: Am linken Ufer stand schon die US-Armee, rechts der Elbe erschienen die ersten deutschen Soldaten, die von der Roten Armee dem Fluß zugetrieben wurden.

Nie werde ich das Bild der geschlagenen Soldaten, der ausgemergelten und halbverhungerten Gestalten vergessen können, die sich scharenweise in die eiskalte Elbe stürzten und schwimmend das gegenüberliegende Ufer zu erreichen suchten. In voller Montur, übermüdet, überanstrengt und rasch unterkühlt ertranken viele von ihnen. Ein Gefühl von Entsetzen und maßloser Trauer überfiel mich, und mir fehlen die Worte, diese Tragödie zu beschreiben, die wir ohne helfen zu dürfen, ohne helfen zu können von unseren hoffnungslos überladenen Schiffen aus mit eigenen Augen ansehen mußten.

Als dann die Russen am rechten Ufer anlangten, ergab sich für uns die bange Frage, was aus uns werden würde. Anfangs lagen wir auf der linken Seite des Flusses, die von den Amerikanern besetzt war. Wir glaubten, gerettet zu sein. Da kam der Befehl, wir hätten uns in die »neutrale« Mitte zu begeben. Nun wußten wir gar nicht mehr, wohin wir gehörten. Unsere Angst wuchs, als wir erfuhren, daß über unsere Zugehörigkeit verhandelt werden würde. Diese Stunden der Ungewißheit waren schrecklich und zehrten an unseren ohnedies zum Zerreißen gespannten Nerven.

Am Abend lud der amerikanische Kommandeur vom linken Flußufer den russischen Kommandeur vom rechten Flußufer zu sich ein, und sie zechten die ganze Nacht hindurch. Dabei erwarb der amerikanische Gastgeber die Erlaubnis, alle Schiffe auf der Elbe zu entladen und das ganze Strandgut des verlorenen Krieges, damit waren wir gemeint, auf seiner Seite aufnehmen zu dürfen. Unsere Erleichterung war einfach unbeschreiblich, als uns diese Nachricht erreichte.

Nun galt es, die Schiffe zu räumen. Uns Krankenschwestern fiel die Aufgabe zu, die Tragen mit den fest eingegipsten Männern über einen Steg an Land zu schleppen. Rechts und links von uns standen die GIs, die amerikanischen Soldaten, Schwarze und Weiße einträchtig nebeneinander, jeder einen Fotoapparat vor dem Gesicht, und bannten unseren Exodus auf Zelluloid.

Nachdem wir unsere Patienten von den Schiffen heruntergeholt hatten, teilten die Amerikaner uns einem Lazarett in Calbe an der Milde zu. Wir waren zunächst gerettet, doch dann verbreitete sich das Gerücht, die Amerikaner würden das Gebiet räumen. Die Russen sollten unser Lazarett übernehmen.

Wir entschlossen uns zur Flucht, denn von einem Wechsel der Besatzungsmacht war nichts Gutes zu erwarten. Während unseres Aufenthalts in Calbe hatten wir einige Gutsbesitzerfamilien kennengelernt. Eine dieser Familien bot an, uns Pferde und einen Wagen zu stellen, wenn wir ihre Tochter mitnehmen würden. Dazu erklärten wir uns bereit. Im Morgengrauen, noch zu nachtschlafender Zeit, fanden wir uns mit unserem Fluchtgepäck und ein paar anderen Krankenschwestern, die sich weiter in den Westen absetzen wollten, im Stall der Familie ein. Die Tochter wollte nun doch nicht mit, aber Wagen und Pferde standen dennoch für uns bereit. Wir waren nicht wenig erstaunt, als wir am Abend desselben Tages von der Polizei aufgehalten wurden. Die Beamten behaupteten, wir hätten das Gespann gestohlen und nahmen es uns wieder ab. Heute kann ich mir die Geschichte nur so erklären, daß der Gutshof wohl verpachtet gewesen war und die Familie uns die Pferde des Pächters überlassen hatte, der darüber verständlicherweise erbost war. Um ganz ehrlich zu sein, waren wir aber gar nicht traurig. Denn damit löste sich für uns das Problem, Futter und Unterkunft für die Tiere auftreiben zu müssen.

Lalla und ich führten zwei Fahrräder mit, die uns ein Unteroffizier organisiert hatte. Mit diesen Rädern fuhren wir nun weiter. Auf den Gepäckträgern hatten wir Bretter befestigt, an denen rechts und links je zwei Taschen hingen, und oben auf dem Brett standen jeweils unsere beiden kleinen Koffer. Die Reifen der Fahrräder waren entsetzlich schlecht.

Ich erinnere mich, daß wir alle paar Kilometer anhalten und sie flicken mußten. Heute weiß ich nicht mehr, womit wir sie eigentlich geflickt haben, aber wir kamen – wenn auch langsam – voran.

Wir fuhren an der Weser entlang nach Westerbrak, bis wir das Gut der Familie Grone erreichten. Dorthin war schon Prinz Oskar von Preußen mit seiner Frau Ina Maria geflohen. Beide waren gute Freunde meiner Eltern. Obwohl das Haus bis unters Dach voller Flüchtlinge war, und dort alles andere als Überfluß herrschte, fanden Lalla und ich freundliche Aufnahme. Als dann auch noch unser Bruder Fritze eintraf, bezog man auch ihn in die Gastfreundschaft mit ein.

Die Not war sehr groß. Es fehlte einfach an allem. Aber manches Mal konnte man ganz schnell helfen. Wenige Kilometer von Westerbrak entfernt lag Hehlen, ein wunderschönes Schloß, erbaut im Stile der Weser-Renaissance. Dort wohnte »Jonny« Schulenburg, ein entfernter Vetter meiner Mutter. Wir alle mochten den etwas skurrilen und unberechenbaren Jonny gern. Auch die Besuche bei ihm waren immer für eine Überraschung gut. Wenn er Gäste erwartete und nichts Vernünftiges zum Essen im Hause hatte, schnappte er sich eine Peitsche und ging auf den Dachboden. Dort saßen viele Tauben, die bei seinem Auftauchen wild herumflatterten. Jonny schlug nur einige Male kräftig mit seiner Peitsche um sich, und die Tiere, die zu Boden fielen, wanderten in den Kochtopf.

Wenn er in seinem Einspänner vorfuhr, dann nahm er den Berg zum Groneschen Hof immer im Galopp. Während eines solchen Besuches berichtete er uns triumphierend, er habe eine verwitwete Cousine, die mit ihren sechs Kindern zu ihm geflüchtet war, kurzerhand vor die Tür gesetzt, nachdem er herausgefunden hatte, daß sie eine furchtbare »Nazisse« gewesen sei. Ich bedeutete Jonny, daß seine Handlung nur dann eine wirkliche Heldentat sei, wenn er nun eine kinderreiche Witwe aus dem Widerstand aufnehmen würde. Als er mich fragend ansah, erinnerte ich ihn rasch an eine andere in Holstein lebende Cousine, die dort mit ebenfalls sechs Kindern in einem Flüchtlingslager lebte. Jonny aber erwiderte brummelnd, er könne Kinder nicht leiden. Mitleidlos drängelte ich weiter. In seinem großen Schloß würde er sie gar nicht bemerken, argumentierte ich. Jonny gab auf – er war ein grundgütiger Mensch –, und so kam Charlotte, die Witwe von Fritzi Schulenburg, mit ihren Kindern nach Hehlen.

Wir blieben einige Monate in Westerbrak, bis sich – noch 1945 – eine Möglichkeit zur Weiterfahrt nach Nörten-Hardenberg ergab, wo uns unsere Mutter bereits erwartete. Auch hier war das Schloß voller Flüchtlinge. Es sollte unser Zuhause für lange Zeit werden.

Am 23. April 1945 wurde das KZ Sachsenhausen von der Roten Armee befreit und damit auch mein Vater. Obwohl von sehr schwacher Konstitution, stellte er sich sofort dem Magistrat von Berlin in der sowjetisch besetzten Zone für den Wiederaufbau zur Verfügung. Schon ein Vierteljahr später mußte er allerdings erkennen, daß für ihn im kommunistisch werdenden Teil Deutschlands kein Platz war, zumal er im Rahmen der Bodenreform nun zum zweiten Mal nach den Maßnahmen der Nazis nach dem 20. Juli enteignet worden war. Er folgte meiner Mutter nach Nörten-Hardenberg. Mein Vater besaß hier nichts, und so

Onkel Carli Hardenberg in Nörten-Hardenberg

Tante Lo, Liselotte Hardenberg

lebten wir, wie viele andere in der gleichen Situation, als mittellose Flüchtlinge im Westen Deutschlands.

Vor 1946 hatten meine Eltern und die Besitzer von Nörten-Hardenberg, Onkel Carli und Tante Lo, sich kaum gekannt. Nun entwickelte sich zwischen den beiden Ehepaaren eine herzliche Freundschaft. Meine Eltern lebten zehn Jahre bei ihnen, bis sie 1956 mit der Hohenzollernschen Vermögensverwaltung nach Kronberg im Taunus umzogen.

Mein Vater sah sich zunächst nicht in der Lage, eine neue Aufgabe zu übernehmen. Die hinter ihm liegende Zeit im KZ forderte ihren Tribut, und er war sehr schwach und anfällig. Auf meine Mutter kam viel Neues zu. Ich erinnere mich gut an das Unbehagen, das meine Mutter erfüllte, als sie auf dem Hardenberg ihre eigene Küche erhielt und den kleinen Haushalt für sich und meinen Vater übernehmen mußte. Keine Hausfrau wird zunächst verstehen, warum meine Mutter sich damit so schwertat. Aber es besteht ein gewaltiger Unterschied zwischen der Aufgabe, einem großen Haushalt mit viel Personal vorzustehen, und der, einen kleinen ohne jede Hilfe zu führen. Wie oft haben wir Geschwister sie, wenn wir übers Wochenende nach Hause kamen, geneckt und ihr warnend zugerufen: »Mami, das Wasser kocht, paß auf, daß es nicht anbrennt!« Zu ihrer großen Erleichterung stellte mein Vater aber, kaum daß sie ihren eigenen Hausstand in Kronberg hatten, eine Haushaltshilfe ein.

Veränderte Zeiten

Wieviel sich durch die Flucht geändert hatte, wurde mir erst nach und nach wirklich bewußt. Das galt ebenso für die äußeren Verhältnisse wie für die innere Einstellung und zeigte sich schon in der unterschiedlichen Beurteilung der Vorgänge zwischen Eltern und Kindern.

So erzählte mein Vater, aus dem KZ zurückgekehrt, er habe sich in Potsdam extra ein Fahrrad »geklaut« – andere Verkehrsmittel gab es ja nicht mehr –, um Lalla und mich im Lazarett zu besuchen, wo er uns noch vermutete. Es stellte sich heraus, daß er von Potsdam aus den ganzen Weg nach Werder einzig und allein aus dem einen Grunde geradelt war, um seinen Töchtern zu sagen, sie hätten im Falle einer Vergewaltigung durch die Russen »darüber zu schweigen«. Frauen, die über so intime Dinge sprachen, waren für ihn keine Damen. Ich wurde das Gefühl nicht los, daß er nicht verstand, was diesen Frauen angetan worden war, was das wirklich für sie bedeutete. Er sah nicht in erster Linie die Greuel einer solchen Tat, sondern die Gefahr, sich »unschicklich« zu verhalten, die Etikette zu verletzen.

Lalla und ich waren damals viel unterwegs, und wir freuten uns immer, wenn wir, an einem Ziel angekommen, irgendwo einen Unterschlupf fanden. Per Anhalter fuhren wir beide einmal von der englischen, wo wir wohnten, in die amerikanische Zone nach Mannheim. Wir übernachteten in dem Zimmer eines amerikanischen Unteroffiziers, der gerade seinen Heimaturlaub in die USA angetreten hatte. In diesem Zimmer standen nun einige größere Kartons, die wir neugierig einer Prüfung unterzogen. Wir fanden lauter kleine Päckchen, in denen wir Rasierklingen vermuteten. Ich schlug Lalla vor, einen ordentlichen »Rollgriff« in die Schachteln zu tun und mit der Beute unsere vielen männlichen Freunde zu beglücken. Um sicherzugehen, daß es sich wirklich um Rasierklingen handelte, öffneten wir eines der Päckchen und mußten zu unserem Erstaunen feststellen, daß wir Kondome in der Hand hielten. Allein sie als solche erkennen zu können, hatte eigentlich nicht zur Erziehung eines jungen Mädchens gehört.

Immer häufiger prallten alte und neue Welten aufeinander. Das wurde besonders deutlich, als Lalla und ich auf einen Ball im Rheinland eingeladen waren. Von modernen Zeiten hatte unsere Gastgeberin wohl noch nichts gehört, denn sie bot an, uns zu Beginn des Festes in Empfang zu nehmen, um uns, wie man das nannte, zu »chaperonnieren«, also beaufsichtigend zu begleiten. Lalla und ich sahen uns etwas fassungslos an: Wo war diese rührende alte Dame wohl immer dann, wenn wir im Alltag frühmorgens auf den Bus warteten, der uns zur Arbeit brachte? Es fiel mir schwer, mich als »behütetes junges Mädchen« zu geben, das »am Beginn des Lebens stand«. Man hatte uns auch »gebeten«, in jedem Fall allein zu erscheinen – der Vorschlag, uns mit unseren Freunden, die ja auch eingeladen waren, zu verabreden und mit ihnen im Auto vorzufahren, wurde nicht akzeptiert. Für uns bedeutete das, von dem wenigen Geld, das wir verdienten, nun auch noch für die Taxikosten aufkommen zu müssen, nachdem wir schon die vorgeschriebenen langen weißen Glacéhandschuhe gekauft und einen Ballbeitrag bezahlt hatten.

Das Schicksal unserer Freunde

Nach und nach erfuhren wir, wie es den Freunden und Verwandten in der Zwischenzeit ergangen war. Da stand an erster Stelle die schreckliche Nachricht vom Tode unseres Freundes Kurt Plettenberg. Erst jetzt kam uns zu Ohren, was sich wirklich ereignet hatte. Durch die Geschwätzigkeit eines Bekannten wurde die Gestapo erst im März 1945 auf ihn aufmerksam. In seinem Buch *Offiziere gegen Hitler* berichtet Fabian Schlabrendorff davon: »Unter den Gefangenen in der Prinz Albrecht-Straße befand sich damals auch Kurt von Plettenberg. Als er gezwungen werden sollte, die ihm bekannten Mitglieder der Verschwörung zu nennen, weigerte er sich. Man gab ihm noch 24 Stunden Überlegungszeit. An dem Morgen hatte ich Gelegenheit, ihn noch einmal zu sprechen. Er schilderte mir seine Situation und sagte mit einem Lächeln auf den Lippen: ›Ich werde mir selbst das Leben nehmen, ehe ich einen Namen nenne.‹ Als er dann um die Mittagszeit in das im vierten Stock gelegene Vernehmungszimmer hinaufgeführt wurde, versetzte er dem ihn begleitenden Beamten einen Kinnhaken und sprang mit einem Satz aus dem Fenster hinaus, um ein paar Sekunden später auf dem Pflaster des Hofes zu zerschmettern«.

Keiner seiner Freunde konnte von Kurt Plettenberg Abschied nehmen, und die meisten erfuhren, so wie wir, erst nach dem Krieg von seinem erschütternden Ende. Denn es existierte eine strikte Weisung, daß sein Tod nur im engsten Kreise der Hohenzollernschen Vermögensverwaltung und keinesfalls darüber hinaus bekannt werden durfte. Auch für seine Beerdigung gab es eindeutige Direktiven. Der Gestapo mußte Zeit und Ort der Beerdigung mitgeteilt werden, ohne daß Außenstehende Kenntnis erhalten durften; selbst der Grabschmuck wurde genau bestimmt.

Onkel Bolly Schulenburg nahm sich kurz nach seiner Entlassung gegen Ende des Krieges das Leben. Er hatte wohl – nicht ganz zu Unrecht – Angst vor dem, was ihn von den Alliierten erwarten könnte. Denn er war im Krieg Inspekteur für Kriegsgefangene. Kurdel Plettenberg und Fritzi Schulenburg behandelten ihn deshalb bei ihren Besuchen in Schloß Neuhardenberg so schlecht, daß meine Mutter einschritt und sie darauf hinwies, der Onkel sei immerhin Gast in unserem Hause und habe daher das Anrecht, von anderen Gästen, wenn schon nicht gut, so doch wenigstens korrekt behandelt zu werden.

Ludwig von Hammerstein, Hans Fritzsche, Eugen Gerstenmaier (vorn), mein Vater, Ewald-Heinrich von Kleist Anfang der fünfziger Jahre. Sie alle waren am 20. Juli in der Bendlerstraße.

Die Freundschaft mit den »Verräterfreunden« meiner Jugend, soweit sie überlebt hatten, riß nicht ab, sondern begleitete uns auf allen Stationen unseres künftigen Lebens. Ludwig Hammerstein arbeitete zunächst als Korrespondent und Redakteur bei der Tageszeitung *Die Welt*, dann übernahm er den Posten des Pressereferenten im Bundesministerium für Gesamtdeutsche Fragen. 1958 wurde er Mitglied im Vorstand der gemeinnützigen Vereinigung Inter Nationes mit Sitz in Bonn, deren Hauptaufgabe es war, zwischenstaatliche Beziehungen zu fördern. 1961 ging er als stellvertretender Intendant zum Norddeutschen Rundfunk, wo er bis November 1973 blieb. Zum 1. Juni 1974 holte man ihn als Intendanten an den Berliner Sender RIAS, wo er zwei fünfjährige Amtsperioden lang wirkte. 1984 trat er in den Ruhestand; er starb im Februar 1996 in Berlin.

Ewald-Heinrich Kleist, der an sich Landwirtschaft in Pommern gelernt hatte, und Brummel Oppen studierten Rechtswissenschaften in München. Kleist wurde

Treffen mit Freunden aus dem Widerstand 1983. Von links: Wonte, Sigismund Oppen, Ewald-Heinrich Kleist, Hildur Zorn geb. Hammerstein, Clarita Trott, Juliane Hammerstein (Ludwigs Tochter).

Verleger in München und Berlin, wo er den Ewald-von-Kleist-Verlag gründete. Er interessierte sich sehr für die Sicherheitspolitik des westlichen Bündnisses und engagierte sich für den transatlantischen Dialog. Er gründete die Wehrkunde-Tagung, zu der er erstmals 1962 Minister, Parlamentarier, Militärs, Wissenschaftler und Journalisten zur »Konferenz für Sicherheitspolitik« einlud. In Fachkreisen machte er sich dadurch weltweit einen Namen.

Brummel Oppen war von 1952 bis 1971 bei dem Unternehmen Ferromar Argentina in Argentinien und von 1972 bis 1988 bei Intergrafica in München tätig. Heute lebt er meist in Argentinien.

In den sechziger Jahren besuchte ich gemeinsam mit meinem Bruder Fritze Brummel Oppen und dessen Frau Christa in Argentinien. Sie zeigten uns viele Schönheiten des Landes. Wir waren in Bariloche, wo die Witwe des ebenfalls im Zusammenhang mit dem Attentat vom 20. Juli 1944 hingerichteten Carl Langbehn ein kleines Anwesen besaß. Es lag zwischen Bergen an einem See und ließ das Herz eines jeden Jägers höher schlagen, so viel Wild gab es dort.

Auch meine Schulfreundin Isa von Bergen traf ich nach Kriegsende wieder. Nachdem ihr erster Mann bei einem Autounfall ums Leben gekommen war, hatte sie Arnhard Scheidt geheiratet und lebte nun in Kettwig bei Essen.

Kunst und Kultur erblühten wieder, was sich gerade im Hause Scheidt widerspiegelte. Arnd besaß eine Textilfabrik, und er und Isa waren zu einem wichtigen Teil der »Kunstszene« im Ruhrgebiet geworden. Sie führten mich dort ein, und so lernte ich viel über zeitgenössische Kunst und Künstler. Einmal im Jahr lud das Paar in seinen schönen Park an der Ruhr zum sogenannten Ochsenbraten ein. Die örtliche Feuerwehr drehte einen Ochsen am Spieß über einem riesigen Feuer. Daneben standen lange Tische, bedeckt mit Brot, Käse, Radieschen und Salaten. Die Gäste kamen von überall her und mischten sich an langen Tischen auf der Wiese, oder, wenn das Wetter schlecht war, in den

Arnd Scheidt und Frau Isa, geb. von Bergen

ausrangierten Gewächshäusern mit allem, was im Ruhrgebiet und auch darüber hinaus in Kunst und Kultur einen Namen hatte. Da saß man plötzlich neben dem Kunstkritiker Schulze Vellinghausen, Peter Weiss trug aus seinen Werken vor, oder man lernte zufällig einen jungen Menschen kennen, mit dem man ins Gespräch kam. Man verlor ihn für Jahre aus den Augen, um dann plötzlich eine begeisterte Kritik über eben diesen Künstler in einer der führenden Zeitungen zu lesen.

Welch interessante und belebende Gespräche haben im Laufe der Jahre in der gemütlichen und warmherzigen Atmosphäre des im reinsten Gründerzeitstil eingerichteten Eßzimmers bei guten Rotweinen unter den Ahnenbildern der Firmengründer und ihrer Nachfolger begonnen, die dann oben in den Wohnzimmern unter den modernen Bildern fortgeführt wurden.

In Düsseldorf traf ich auch Axel Seidel wieder, der zu Hause auf dem Nachbargut Ober Görlsdorf aufgewachsen und mit dessen Mutter, Fairy, meine Mutter befreundet war. Er hatte inzwischen geheiratet, und auch in seinem Hause durfte ich durch all die Jahre viele schöne und anregende Stunden mit

Meine Eltern in den fünziger Jahren

ihm und Pit, seiner Frau, verbringen. Ihre Leidenschaft gehörte übrigens auch der modernen Kunst.

Zu Rudolf Bräuninger, der inzwischen ein Gut im Hohenloher Land verwaltete, bestanden weiterhin gute und freundschaftliche Kontakte. Meine Eltern lebten nicht mehr, als Rudolf Bräuninger seinen siebzigsten Geburtstag feierte. Fritze und ich nahmen an dem Fest teil. Onkel Bodo Marwitz weilte ebenfalls unter den Gästen und hielt eine so liebevolle Rede, daß alle gerührt waren.

Er betonte das gute nachbarschaftliche Verhältnis und sprach über die lange gemeinsame Grenze, welche die Güter Friedersdorf und Lietzen miteinander verbunden hatte. Frau Bräuninger hatte sich noch nicht die letzte Träne der Rührung aus den Augen gewischt, als Herr Bräuninger mit zunächst leicht bebender, dann sich festigender Stimme zu seinem Dank ansetzte. Am Ende, fand er, müsse er doch eines richtigstellen. Herrn von der Marwitz sei die Grenze zu Neuhardenberg lang erschienen. »Für uns«, schloß Bräuninger, »war sie aber nur ganz kurz«.

Es tat immer gut, mit Menschen zusammenzusein, mit denen man Erinnerungen an die gemeinsame Heimat teilen konnte. Aber viel wesentlicher war doch, daß man nicht in der Vergangenheit versank, sondern daß man sich miteinander der Zukunft zuwandte und sie bejahte.

Neue und alte Freunde

Neue Freunde kamen hinzu, und ich setzte mich mit Dingen auseinander, die in meinem früheren Leben wenig Platz gefunden hatten. Moderne Kunst zum Beispiel spielte in Neuhardenberg nie eine Rolle. Jetzt wurde ich mit ihr konfrontiert, und als bester Lehrer in dieser Hinsicht erwies sich Pieter Sanders, Holländer von Geburt und Mitglied des Aufsichtsrates in der Thyssenschen Vermögensverwaltung. Er hatte die Skulptur eines Pferdes von Marino Marini gekauft und zeigte sie mir voller Stolz.

Ich war entsetzt. Dieses Pferd sollte schön sein? Niemals sah ein schönes Pferd so aus! Allerdings hatte meine Ablehnung dieser Skulptur nicht allein damit zu tun, daß ich damals mit moderner Kunst wenig anzufangen wußte. In diesem besonderen Falle galt meine Ablehnung sowohl dem »Heubauch« als auch dem Spagat des Pferdes. Mit so einem durchhängenden Bauch und so gespreizten Vorder- und Hinterbeinen konnte ein Pferd vor den Augen eines selbst mit nur wenig Pferdeverstand begabten Landkindes keine Gnade finden!

Aber Pieter Sanders ließ sich von diesem ersten Mißerfolg nicht abschrecken. Er versuchte weiter, mir einen Zugang zur modernen Kunst zu verschaffen. So fand ich – dank seiner geduldigen Bemühungen – langsam diese für mich neue Betrachtungsweise in der bildenden Kunst erst interessant und endlich auch aufregend, ja vieles dann sogar schön.

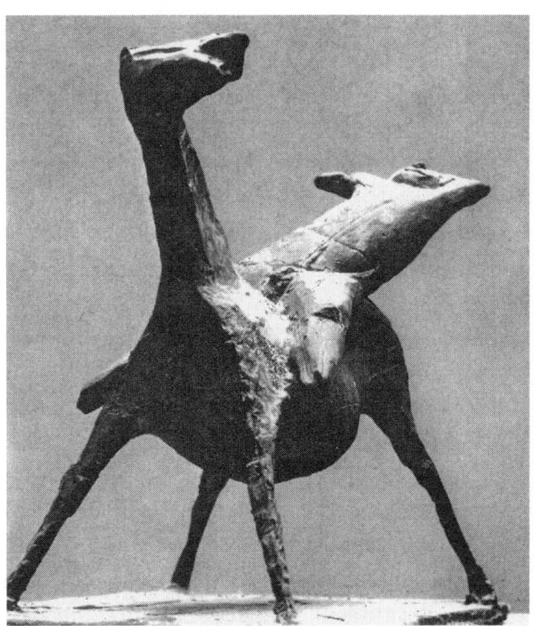

Marino Marinis »Heubauchpferd«, mein Damaskus-Erlebnis mit moderner Kunst

Während meiner Zeit bei Thyssen lernte ich Nikolaus (»Nicki«) Graf Strasoldo und seine Frau Maria kennen und schätzen. Nicki war Teilhaber der Oppenheim Bank in Köln und Mitglied des Aufsichtsrates der Thyssenschen Vermögensverwaltung. Von ihm lernte ich, ein Ziel, das man sich im Leben gesetzt hat, nicht unbedingt gleich erreichen zu wollen, sondern darauf warten zu können, bis die Zeit dafür reif wäre. Vor allem aber beeindruckte mich sein verantwortungsbewußtes Denken und Handeln, mit dem er sich allem und jedem stellte, was ihm im Leben begegnete. Mein Bruder Fritze ist ihm heute besonders dankbar, daß er ihn anfänglich bei der Entscheidung, Neuhardenberg zu verkaufen, und dann in der Zeit der Verkaufsverhandlungen begleitet hat, als wir auch manche negative Kritik einstecken mußten. Wir hatten Neuhardenberg nach der Wende zurückbekommen, weil wir nicht erst von den Kommunisten, sondern schon von den Nazis enteignet worden waren. Heute ist jedenfalls sicher, daß wir Schloß und Höfe niemals allein hätten halten können und alles ohne die dann begonnene Restaurierung in kurzer Frist verfallen wäre. Nicki starb im Januar 2001. Wir vermissen ihn sehr.

Margarethe Oven stellte die Verbindung zu Max und Heidi Spörri her. Sie besaßen in Zürich ein weit über die Grenzen der Schweiz hinaus bekanntes Tapeten- und Einrichtungsgeschäft. Max und Heidi galten als »deutschfreundlich«, und das brachte ihnen im eigenen Land manche Kritik ein. Flüchtlinge wie ich wurden ganz selbstverständlich und sehr liebevoll in ihrer Familie aufgenommen. Heidi Spörri wurde mir bald eine gute Freundin. Ich schätzte ihre taktvolle Art, mit mir umzugehen. Ich kann mich erinnern, wie angenehm ich es empfand, als sie mir, nachdem sie bemerkte, daß ich keine Wärmflasche hatte, spontan die ihre schenkte und sich eine neue kaufte. Unsere Freundschaft vertiefte sich, und ich besuchte von da an das Ehepaar Spörri fast jedes Jahr mindestens einmal.

Aber auch Kontakte zur nächsten Generation unserer großen Familie wurden hergestellt. Dies verdankte ich vor allem einer Aktion meines Vetters Brüdi Hardenberg, der jedes Jahr in der Osterwoche alle Hardenbergschen Neffen und Nichten zu einer Wanderung einlud, an der auch ich teilnehmen durfte. Wir erwanderten uns im Laufe der Jahre Schleswig-Holstein und die Gegend um Celle. Wir waren später in Rothenburg ob der Tauber, an den Osterseen bei Starnberg und an vielen anderen Orten. Brüdi stellte die jeweilige Route nicht nur zusammen, sondern suchte auch selbst vorher die Unterkünfte aus. Übernachtet wurde in einfachen Gasthäusern oder auf Strohlagern. Aber immer erinnerte sich Vetter Brüdi an das mir zu Anfang gemachte Versprechen, daß ich während dieser Tage in einem ordentlichen Bett schlafen dürfe. Brüdi, seine Frau Lottchen und ich waren die ältesten Teilnehmer.

Nach einem Tagespensum von ungefähr dreißig Kilometern lief man am Abend im wahrsten Sinne des Wortes »auf dem Zahnfleisch« im Quartier ein.

Da gab es am ganzen Körper keinen Knochen, den man nicht gespürt hätte. Aber das tat dem Spaß an der ganzen Sache keinen Abbruch. Am Abend eines solchen Wandertages schloß sich ein großes Trinkgelage an. Brüdi war in seinem Element. Nachdem er von uns allen am meisten Bier und den dazugehörigen Schnaps getrunken hatte, wankte er als letzter selig und reichlich blau ins Bett.

Zu Beginn der Touren waren unsere Mitwanderer noch Schüler, die kurz vor dem Abitur standen und gerade begannen, flügge zu werden. Dann kamen sie als Studenten und Studentinnen in Begleitung ihrer Freunde oder Freundinnen. Inzwischen sind die meisten der Nichten und Neffen selbst verheiratet, und ihre Kinder und deren Freunde nehmen an den Wanderungen teil. In den ersten Jahren finanzierte Brüdi die ganzen Unternehmungen – so lange, bis die Teilnehmer ihr eigenes Geld verdienten.

Ich lernte bei diesen Wanderungen manche Probleme meiner jungen Verwandten kennen. Ich bekam auch ihre Ansichten zu Zeitfragen und zur Politik mit. Daher bereitete es mir großes Vergnügen, über all die Jahre ihrer Entwicklung zusehen zu können. Und ich stellte in dieser Zeit zu meinem eigenen Erstaunen fest, daß die größten Chaoten oft besonders liebenswerte Menschen sind.

Mein Werdegang

Im Westen ging es natürlich auch darum, daß wir uns unseren Lebensunterhalt selbst verdienten. Mein Vater, in Neuhardenberg ein selbständiger »Unternehmer«, war nun seinerseits Angestellter und damit abhängig von anderen geworden. Kronprinz Wilhelm, der älteste Sohn des 1941 im Exil in Doorn, Holland, verstorbenen deutschen Kaisers, übertrug meinem Vater Ende 1946 die Hohenzollernsche Vermögensverwaltung, eine alles andere als leichte Aufgabe. Denn das Vermögen des Hauses war erheblich zusammengeschmolzen, andererseits mußten zahlreiche Pensionäre versorgt werden. In seiner Eigenschaft als Generalbevollmächtigter war mein Vater viel unterwegs. Auf diesen Reisen habe ich ihn oftmals begleitet und ihn chauffiert, einmal auch zum Kronprinzen nach Hechingen. Der Besuch verlief sehr anregend. Einige Zeit danach überreichte mir mein Vater, wie mir schien, ein wenig verlegen, im Auftrag des Kronprinzen eine kleine Schmuckschatulle. Als ich sie öffnete, lag darin ein besonders kleines und unscheinbares Bröschchen mit einem winzigen, matten Halbedelstein, den kaum sichtbare Diamantsplitterchen einfaßten. Bevor ich noch richtig überlegt hatte, entfuhr es mir empört: »Aber Papi, so etwas Winziges kann er doch nicht ausgerechnet deiner Tochter schenken«.

Ich konnte meinen Ausruf nicht mehr zurücknehmen und wartete nun entsetzt auf die Reaktion meines Vaters. Der gestand mir kleinlaut, er selbst sei an diesem

Geschenk schuld. Der Kronprinz hatte mir an sich ein dickes Goldarmband mit Diamanten und anderen Edelsteinen zugedacht, aber das habe er, mein Vater, entschieden abgelehnt. Da erst sei der Kronprinz auf die Idee mit dem Bröschchen gekommen. Ich habe mir oft den Kopf darüber zerbrochen, warum mein Vater das erste, noble Geschenk ablehnte, und bin auf zwei mögliche Lösungen gekommen: Für meinen Vater war es selbstverständlich, die vom Kronprinzen übernommene Aufgabe gewissenhaft zu erfüllen, ohne dafür eine weitere Anerkennung zu seinem Gehalt zu erwarten. Das Geschenk an mich könnte er allerdings aus einem ganz anderen Grund abgelehnt haben. Der Kronprinz war bekannt für seine Vorliebe für das »schöne Geschlecht«. Mein Vater wollte wohl verhindern, daß ein so wertvolles Geschenk des Kronprinzen an meinem Arm Anlaß zu Spekulationen gab.

Auch meine Mutter blieb nicht untätig und stand dem »Hilfswerk 20. Juli 1944« vom Jahre 1949 bis zu ihrem Tode am 21. Dezember 1959 vor. Dieses Hilfswerk hatte es sich zur Aufgabe gemacht, die Kinder und Witwen der Teilnehmer an der Verschwörung gegen Hitler finanziell zu unterstützen und zu betreuen.

Schon im Herbst 1945 hatte Fabian Schlabrendorff meinen Eltern eine von ihm zusammengestellte Liste übergeben. Sie enthielt die Namen der Opfer und der Überlebenden, die an der Planung und Durchführung des Attentats auf Hitler am 20. Juli 1944 teilgenommen hatten. Schlabrendorff bat meine Eltern, nach ihnen zu forschen und sich vor allem um deren Angehörige zu kümmern. Die Suche war alles andere als einfach. Die Wirren der letzten Kriegsmonate hatten auch hier Familien auseinandergerissen. Kaum einer lebte noch unter seiner alten Adresse. Doch die mühseligen Nachforschungen brachten den gewünschten Erfolg. Viele der gesuchten Personen konnten ausfindig gemacht werden.

Als die Stiftung ihre Arbeit aufnahm, gab es weder ein Wiedergutmachungsgesetz noch sonstige Regelungen irgendwelcher Art, um die Not unter den vom Nationalsozialismus Verfolgten und ihren Familien zu lindern. Da sprang Dr. Eugen Gerstenmaier, der damalige Leiter des Hilfswerks der Evangelischen Kirchen in Deutschland, in die Bresche und stellte die ersten Mittel zur Verfügung, die schnell durch Sammlungen ergänzt wurden. Er war ja selbst im Widerstand gewesen, hatte dem Kreisauer Kreis angehört und hatte sich am 20. Juli 1944 bei Stauffenberg in der Bendlerstraße aufgehalten, wo er verhaftet wurde. Im August 1949 lud Dr. Gerstenmaier zu einer Tagung nach Hindelang im Allgäu ein. Die Anwesenden beschlossen dort offiziell die Gründung der Stiftung »Hilfswerk 20. Juli 1944« und bestimmten ein Kuratorium. Bei diesem Treffen wurde meiner Mutter das Amt der Geschäftsführerin übertragen. Sitz der Geschäftsstelle war der jeweilige Wohnsitz meiner Eltern, zuerst Nörten-Hardenberg und dann Kronberg im Taunus.

Meine Schwester Gisela Arnim, die »Perlengräfin«, um 1960

Meine Mutter widmete sich ihrem neuen Amt mit viel persönlichem Engagement. Von Anfang an sah sie ihre Aufgabe nicht nur in der materiellen Betreuung der Hinterbliebenen, sondern nahm sich auch ihrer seelischen Nöte und Sorgen an, so daß manche feste Bindung entstand. Emil Henk, der Vorsitzende der Stiftung, fand bewegende Worte anläßlich der Trauerfeier zum Tode meiner Mutter am 24. Dezember 1959, indem er unter anderem sagte: »Sie war ein Mensch, der mit allen Kontakt hatte, und sie war der innere Motor des Hilfswerks. Sie war ein Mensch, der unablässig tätig sein mußte. Sie hat in Tausenden von Gesprächen den Witwen und Hinterbliebenen Trost und Mut zugesprochen. Sie hat hier unendlich viel Gutes getan, und sie hat es mit der Selbstlosigkeit eines guten Menschen getan. Sie war ein freundlicher und bezaubernder Mensch, heiter und gütig. Ja, man kann fast sagen, daß der liebe Gott, als er sie schuf, das Böse vergessen hat. Sie war ein sehr tapferer Mensch, der manchmal vom Leben überrascht wurde. Sie war voll Verständnis für alle, und sie hatte besonders für die Jugend ein großes Verständnis. Sie war ein Mensch, der vom Herzen her gedacht hat, und sie hat anschließend erst mit dem Verstand kontrolliert; sie besaß bis in ihre hohen Jahre hinein das Kindtum und die Unschuld des Lebens«.

Meine Schwester Gisela wollte selbst etwas auf die Beine stellen und suchte nach einem geeigneten Betätigungsfeld. Durch Zufall kam sie mit Perlen in Berührung und war sogleich fasziniert von ihnen. In der Folge erwarb sie sich profunde Kenntnisse über dieses Material und hatte Freude daran, ihre eigenen Kreationen zu entwerfen. Mit einem Startkapital von 5000 DM gründete sie ein Geschäft. Sie hatte Erfolg, und es dauerte nicht lange, bis der Laden florierte. Einmal im Jahr flog sie nach Japan und kaufte dort Perlen ein.

Ich war voller Bewunderung für sie, weil sie es geschafft hatte, ihre Familie zu ernähren und ihre drei Söhne großzuziehen. Sicher hat ihr neben ihrer hohen Fachkompetenz auch ihre Schönheit geholfen. Wenn die hochgewachsene, sich sehr aufrecht haltende Gisela einen Raum betrat, elegant und damenhaft gekleidet, geschmückt mit einigen bis zur Taille reichenden Perlenketten, dann war sie selbst die beste Werbung für ihre Produkte und war allgemein als »die Perlengräfin« bekannt. Irgendwie brachte sie es fertig, ihrem Gegenüber den Eindruck zu vermitteln, es bedürfe nur einer solchen Perlenschnur, um so auszusehen wie sie, die schöne Gräfin Arnim.

Das Geschäft wird heute von ihrem Sohn Bernd und der Schwiegertochter Uta geführt; mit dem gleichen Engagement, liebevoll und immer darum bemüht, den Kunden das zu verkaufen, was ihnen am besten steht und zu ihnen paßt. Gisela verlor einen ihrer Söhne durch einen Autounfall. Sie selbst starb am 29. April 1999.

Lalla arbeitete zunächst in Bonn in der Bibliothek des Bundestages und heiratete 1955 den Hydrobiologen Dr. Franz-Joseph Graf von Westphalen. Das Ehepaar, das drei Kinder bekam, lebt noch heute in Essen-Kettwig. Auch Lalla und Franz-Joseph verloren ihren Sohn, Thomas, am 19. April 1977 durch einen Verkehrsunfall. Ihre beiden Töchter sind verheiratet, Atti mit Max Graf von Galen und Clarita mit Donat von Müller, dem Enkel unseres alten Freundes und Nachbarn Bodo Marwitz.

Meine Schwester Atti wurde Krankenschwester bei den Amerikanern. Später ging sie nach Paris, wo Lalla und ich sie einmal für zehn Tage besuchten. Sie wohnte damals bei einem alten freundlichen Ehepaar zur Untermiete und schlief in einem großen französischen Bett, das sie während unseres Aufenthalts mit Lalla teilte. Ich machte es mir auf einer Matratze auf dem Fußboden bequem. Während Atti tagsüber arbeitete, eroberten Lalla und ich Paris zu Fuß. Wenn wir abends todmüde vom vielen Laufen zurückkamen, breiteten wir Zeitungspapier auf dem Boden aus, setzten uns drum herum und verspeisten Austern, tranken Wein dazu und waren sehr vergnügt.

Als die Europäische Gemeinschaft ihre Arbeit aufnahm, wechselte Atti nach Brüssel und übernahm dort eine verantwortliche Position im Protokoll. Dabei kam sowohl ihre große Sprachbegabung zur Entfaltung als auch ihre Fähigkeit, auf Menschen zuzugehen.

Fritze wurde Autoverkäufer, zunächst bei VW und dann bei Porsche. Er arbeitete in Singen und in Hannover, bis er in Düsseldorf in der Firma Nordrhein mithalf, die Grundlagen für das geplante Porschezentrum zu entwickeln. Wie mir später einer seiner Kollegen berichtete, galt er als äußerst qualifiziert und wurde von Firma und Kunden wegen seiner kontaktfreudigen und hilfsbereiten Art gleichermaßen geschätzt. So blieben auch die Verkaufserfolge nicht aus. Wenn es hin und wieder – wie es sich mitunter in Arbeitsverhältnissen nicht vermeiden läßt – zu Neid oder Intrigen kam, begegnete Fritze diesen unangenehmen Situationen mit der ihm eigenen souveränen Art, die mir aus unserem Zusammenleben gut bekannt war: Er nahm diese Vorgänge einfach nicht zur Kenntnis. Das brachte ihm auf Dauer die Anerkennung, und hin und wieder auch die Freundschaft seiner Kollegen ein.

Harte Zeiten

Auch ich mußte mich gänzlich umstellen. Ich war immer einer Tätigkeit nachgegangen, aber jeder von ihnen hatte etwas von einer gewissen Freiwilligkeit angehaftet. Das war nun nach dem Kriege ganz anders. Es ging wirklich ums Überleben, und das bedeutete, viele Kompromisse schließen zu müssen – und den Abschied von so mancher Illusion. Ich kann nicht behaupten, daß mir in der Rückschau die Zeit meines Berufslebens mit Ausnahme der zwölfjährigen Tätigkeit für die Deutsch-Mexikanische Gesellschaft viel Freude gemacht hat. Wie aber bin ich mit dieser Zeit fertig geworden?

Mein Vetter Hans Adolf Hardenberg, genannt Möppi, fragte mich einmal, ob es für mich nicht schrecklich gewesen sei, durch die Flucht plötzlich die Heimat verloren zu haben. Ich antwortete, für mich sei das nicht so plötzlich gekommen, denn unser Zuhause hätten wir ja schon Ende Juli 1944 verloren. Auch sei ich dankbar, daß unsere ganze Familie sich im Westen wiedergefunden habe, was ja in den damaligen Zeiten alles andere als selbstverständlich war.

Menschen und Umstände können mich seit meiner Zeit im Gefängnis nicht mehr so leicht aus der Fassung bringen, und manches, was ich durchaus als schrecklich empfinde, trifft mich nicht mehr bis ins Mark. Ich habe gezwungenermaßen eine Fähigkeit entwickelt, Unabänderliches hinzunehmen. Ich mußte mich den Tatsachen und den damit verbundenen ungewohnten Situationen stellen. Das war oftmals nicht leicht und löste, wie alles Neue, auch Ängste aus. Das ging uns allen so. Ich überlegte also, was ich tun könnte. Zunächst dachte ich an eine Ausbildung als Buchhändlerin. Schon mit vierzehn Jahren hatte ich diesen Wunsch meinen Eltern gegenüber geäußert. Natürlich sah ich mich damals in meinen Träumen als Selbstständige im eigenen Laden in Berlin – meine

Kunden in einem wunderschönen Geschäft bei ihren Einkäufen beratend. Und bezahlt hätte alles mein Vater ...

Aus und vorbei. Statt dessen ging ich nach München und besuchte dort eine Dolmetscherschule, die ich mit einem Diplom für Englisch wieder verließ. Meine erste Stellung vermittelte mir Robert Geisendörfer, der Mann unserer früheren Lehrerin Schaudine. Er leitete das evangelische Presseamt in München.

Anschließend war ich ein halbes Jahr lang Sekretärin bei Dragoco-Gerberding in Holzminden. Die Firma produzierte Aroma- und Geschmacksstoffe, die während des Herstellungsprozesses furchtbar stanken. Vor allem die Butteraromastoffe verbreiteten einen entsetzlichen Geruch, der den ganzen Ort verpestete.

Ich saß in einem Großraumbüro mit zwanzig anderen Sekretärinnen und begriff bald, daß ich, bei meinen bisherigen Kenntnissen, keine große Karriere erwarten durfte. Also verließ ich Holzminden wieder und zog nach Köln, wo ich bei der Knapsack-Griesheim AG, einer Hoechst-Tochter, für das Sekretariat des Vorstandsmitgliedes im technischen Bereich verantwortlich war.

Gleich zu Beginn erhielt ich eine mir unvergeßliche Lektion zum Thema Hierarchie. Anfang Februar wurden alle Vorstandsmitglieder von den »Rheinischen Kalkwerken« zum Karneval eingeladen, ein anscheinend großes gesellschaftliches Ereignis, denn es gab ab dem Moment kein anderes Gesprächsthema mehr.

Ungefähr drei Tage vor Rosenmontag rief unser alter Freund und ehemaliger Nachbar C. C. Pfuel an, den es auch in den Westen verschlagen hatte. Auch war er im Besitz von zwei Karten für die bewußte Karnevalsveranstaltung und bat mich, ihn zu begleiten. Ich sagte gerne zu.

Am Rosenmontag verkleidete ich mich, so gut es ging. Ich besorgte mir sogar eine Maske, um zu verhindern, daß die »Vorstandskameraden«, wie ich sie heimlich und respektlos nannte, mich erkannten. Das gelang mir auch – leider nur fast. Einer entdeckte mich, und zwar der Jurist der Firma, dessen Namen mir entfallen ist. Er war mir immer besonders gewogen und sichtlich erfreut über meine Anwesenheit.

Überschwenglich machte er alle anderen Vorstandsmitglieder auf mich aufmerksam. Die allerdings teilten seine Begeisterung keineswegs – mir als Tippse stand es eben nicht zu, in ihrem erlauchten Kreise mitzufeiern.

In meiner Tätigkeit war ich nicht besonders erfolgreich. Weder erreichte ich die geforderte Schnelligkeit auf der Schreibmaschine noch sah ich mich in der Lage, ein Diktat in angemessener Zeit in Stenographie aufzunehmen. Auch verstand ich nichts von Technik. Der ganze technische Bereich blieb für mich ein Buch mit sieben Siegeln.

Mein Chef war sehr gutmütig und sah mir meine Schwächen nach. Das änderte sich aber sofort, als er einen jungen und tüchtigen Assistenten bekam. Der zeigte sich überhaupt nicht mit meiner Arbeitsweise einverstanden. So wurde ich sehr bald zum Personalchef bestellt, der mir eröffnete, man habe beschlossen, mich wegen mangelnder Qualifikation herunterzustufen. Ich begriff sofort, daß ich, wenn ich nicht mein Gesicht verlieren wollte, dieses Angebot auf keinen Fall annehmen durfte. So schlug ich vor, meinerseits so schnell wie möglich eine andere Stellung zu suchen und dann die Firma zu verlassen.

Drei Wochen später begegnete ich einer alten Bekannten, Frau Michels-Faugner, die vor dem Krieg meine Eltern bei der Einrichtung des Neuhardenberger Schlosses beraten hatte. Sie führte damals ein eigenes Geschäft für Inneneinrichtungen, das sie dann aber aufgab, um nach Amerika auszuwandern, weil sie Jüdin war. Sie war gleich nach dem Krieg zurückgekehrt, und ich traf sie zufällig in Köln wieder. Sie erzählte mir, daß sie plane, hier ein neues Geschäft zu eröffnen. Sie bot mir spontan eine Mitarbeit an, und ich sagte hocherfreut zu. Bald mußte ich allerdings feststellen, daß irgend etwas mit der Frau nicht stimmte. An einem Tag war sie voller Optimismus und sprühte nur so vor Ideen, am nächsten Tag aber war sie niedergeschlagen und verzagt, hatte zu nichts Lust, und es fehlte ihr jeder Unternehmungsgeist. Ich konnte nie in Erfahrung bringen, was wirklich mit ihr los war, aber ihr schöner Plan zerplatzte wie eine Seifenblase.

Durch ihre Vermittlung lernte ich jedoch einen Rechtsanwalt kennen, der für Thyssen arbeitete. Es war damals die große Zeit von Kohle und Stahl. Das Ruhrgebiet war reich, und es gab bald wieder viele Veranstaltungen, bei denen der Luxus nicht zu kurz kam. Für mich bestätigte sich wieder einmal das Prinzip meines Vaters: »Wer nicht an einem Tag im Schloß leben kann ...«. Den einen Abend verbrachte ich elegant in mein bestes Gewand gehüllt bei einem phantastischen Abendessen. Alles schimmerte im Kerzenlicht, und der Duft der Blumenarrangements umschmeichelte mich. Köstliche Speisen wurden auf Silbertellern gereicht, und in den Kristallgläsern funkelte erlesener Wein. Am nächsten Abend saß ich in meiner kleinen Bude, in der ich mich ab dem 25. eines Monats von Bratheringen ernährte. Ich hatte mit diesem flotten Wechsel keinerlei Schwierigkeiten und genoß, was man mir bot.

Für den Vorstandsvorsitzenden von Thyssen wurde eine Sekretärin gesucht, und diesen Posten sollte ich übernehmen. Außerdem war ich als Gesellschafterin für Anita Gräfin Zichy-Thyssen vorgesehen. Sie war die einzige Tochter von Fritz und Amélie Thyssen, Enkelin des Firmengründers August Thyssen. Sie lebte seit dem Krieg in Argentinien und besuchte Deutschland seit Sommer 1954 immer mal wieder jeweils für einige Wochen. Wenn Anita in Argentinien weilte, hatte ich meinen Schreibtisch in Düsseldorf. Mein Anfangsgehalt sollte 450 DM betragen. Mir war das zu wenig, denn bei Knapsack verdiente ich durch Übersetzungen mehr. Wir einigten uns auf 500 DM, und ich konnte endlich kündigen.

Anita litt an Depressionen. Während der manischen Phasen ihrer Krankheit glaubte sie, in der Lage zu sein, einen ganzen Konzern leiten zu können. In den depressiven Phasen konnte sie nicht einmal entscheiden, welches Kleid sie

Besuch bei der August Thyssen AG, um 1960. Vorn: Fahrer, Anita Gräfin Zichy-Thyssen, Pflegerin Frau Simon, Dr. Hans-Günter Sohl. Hinten: Guillermo von Winterhalder, Dr. Kurt Birrenbach, Wonte.

am Morgen anziehen wollte. Diese Wechselbäder in ihrer Gemütsverfassung erschwerten es mir, mich in der erforderlichen Art auf die jeweilige Stimmung einzustellen. Sicher war ich auch durch meine Erziehung auf solche Situationen nicht gut vorbereitet. Zu Anita »Reiß dich zusammen!« zu sagen, wie ich es in meiner Jugend so oft gehört habe, schien hier völlig unangebracht.

Die erste Aufgabe, vor die sie mich stellte, kostete mich einige Mühe. Ich mußte zwei kaum leserliche mit der Hand geschriebene Seiten mit Namen entziffern. Das gelang mir. Dann aber hieß es herauszufinden, wo all diese Freunde und Freundinnen wohnten, denn Anita wollte ein Fest geben und dafür die Einladungen verschicken. An dieser Aufgabe wäre ich fast gescheitert – auf der Liste hatte ich es nämlich keineswegs mit normalen Vor- und Nachnamen zu tun, sondern nur mit Spitz- und Kosenamen. Ich nahm aber auch diese Hürde, und die Liste habe ich, solange ich für Anita arbeitete, nie wieder aus der Hand gegeben. Denn von nun an gab sie jedes Jahr ein großes Fest für alle Freunde und Bekannten in Deutschland. Später mußte sie aus steuerlichen Gründen die Hälfte des Jahres in Argentinien und die andere Hälfte in Deutschland verbringen. Als sie wegen ihrer angeschlagenen Gesundheit nicht mehr so weit reisen konnte, mietete ich für sie ein Haus an der Via Appia in Rom. Ich hatte das prachtvolle Anwesen, eine Villa mit Swimmingpool in einem wunderschönen Park, mit Hilfe von Fey Pirzio-Biroli gefunden, der Tochter des früheren deutschen Botschafters in Italien, Ulrich von Hassell, der nach dem 20. Juli 1944 als Verschwörer hingerichtet worden war.

In diesem traumhaften Teil von Rom hatten viele Prominente Häuser gemietet, so der australische Schriftsteller Morris West, der italienische Filmproduzent Franco Zefirelli, die persische Exkaiserin Soraya und viele andere mehr.

In der Zeit, als Anita noch halbjährig in Argentinien lebte, war ich zweimal jeweils ungefähr drei Wochen bei ihr zu Besuch. Bei einem dieser Aufenthalte in Südamerika machte ich mit meinen Freunden Pieter und Ida Sanders auch einen Abstecher nach Peru.

In einem der Hotels, in dem wir übernachteten, fehlte am Frühstückstisch der Eierbecher. Wie ich es von meiner Mutter gelernt hatte, zog ich meinen Ring vom Finger, legte ihn auf den Tisch und stellte das Ei in ihm auf. Es war der Saphirring, den mir mein Vater vor vielen Jahren bei meinem Besuch im KZ Sachsenhausen geschenkt hatte. Allein aus diesem Grunde bedeutete er mir sehr viel. Dennoch vergaß ich ihn an diesem Morgen, und als ich den Verlust bemerkte und zurück in den Speiseraum ging, war er verschwunden. Ich wollte nichts unversucht lassen, meinen Ring wiederzubekommen. So ließ ich mich bei dem Hoteldirektor, der Deutscher war, anmelden, um mit ihm über den Fall zu reden. Er fragte mich nach dem Wert des Schmuckstückes, eine Frage, die ich ihm nicht beantworten konnte, weil ich keine Ahnung hatte, was so ein Ring kostete. Er schlug mir vor, in Deutschland eine Kopie anfertigen zu lassen und ihm die Rechnung zuzuschicken. Wieder zu Hause folgte ich seinem Rat, und zu meinem großen Erstaunen beglich der Direktor wirklich die ihm anschließend übersandte Rechnung.

Vor allem sind mir die Reisen nach Südfrankreich in bester Erinnerung. Wie begeisterten mich unsere Fahrten durch die schöne Landschaft an der Côte d'Azur, und mit welcher Freude schaute ich mir in den Museen um Nizza die Bilder der klassischen Moderne an. Ich genoß damals sehr bewußt, was mir das Leben mit Anita an Schönem bot. Ich war sicher auch nicht unempfänglich für den großen Luxus, der mich umgab. Vielen wäre dieses Leben als sehr erstrebenswert erschienen. Ich aber habe die Erfahrung gemacht, daß Kaviar und Champagner nur dann wirklich gut schmecken, wenn man sie mit Freunden genießen kann. Ich versuchte daher, meine Aufenthalte bei Anita so kurz wie möglich zu halten.

Während meiner Zeit bei Thyssen schätzte ich besonders den Vorstandsvorsitzenden der Thyssen-Hütte, Hans-Günther Sohl. Mit ihm erlebte ich so manche heitere Situation. Während eines Abendessens kam die Unterhaltung auf das Problem der beiden christlichen Konfessionen. Unter den Gästen waren auch Sohl und ein hoher katholischer Würdenträger. Sohl, auf seine geschäftlichen

Erfahrungen bei Thyssen zurückgreifend, schlug eine Fusion der beiden Konfessionen vor. Bevor dieser Gedanke eine neue Debatte auslösen konnte, rief ich: »Hans Günther, von einer solchen Fusion möchte ich dir dringend abraten. Du als evangelischer Christ wärst damit auf der Seite des kleineren Partners, und damit hast du keine Erfahrung.« Und Hans Günther Sohl, der über eine gehörige Portion Humor und Selbstironie verfügte, lachte herzlich mit.

Ich besuchte auch gern die von ihm geleiteten Hauptversammlungen der Thyssen-Hütte. Nicht, daß ich viel vom geschäftlichen Teil des Ablaufs verstanden hätte. Aber ich genoß die souveräne Art, mit der Sohl während der ganzen Veranstaltung die Fäden in der Hand behielt, ohne daß sich jemand manipuliert fühlen mußte. Das war nicht immer einfach für ihn, denn es gab auch recht unangenehme Aktionärsvertreter. Meist kannte man sie schon und wußte auch, was und wer für sie ein rotes Tuch war. Besonders ein Herr Fiebig schoß sich jedes Mal auf meinen damaligen Chef ein, den Aufsichtsratsvorsitzenden Dr. Kurt Birrenbach. Bei einer dieser Hauptversammlungen – Fiebig saß ausgerechnet neben mir – meldete er sich zu Wort und beschimpfte Dr. Birrenbach ebenso heftig wie ausgiebig. Endlich setzte er sich etwas erschöpft und mit knallrotem Kopf wieder hin. Ich wandte mich an ihn und fragte ihn mit leiser Stimme, was er denn um Himmelswillen an Birrenbach auszusetzen habe. Wütend schnauzte Fiebig zurück: »Ich kann den Mann nicht leiden.« Um ihn ein bißchen zu besänftigen, raunte ich ihm zu: »Herr Fiebig, ich komme 365 Tage im Jahr mit diesem Mann aus. Da werden Sie es doch wohl einen Tag mit ihm aushalten«.

Nach 27jähriger Tätigkeit bei Thyssen wurde mir die Geschäftsführung der Deutsch-Mexikanischen Gesellschaft angeboten. Der endgültigen Wahl ging ein Gespräch mit dem Präsidenten der Gesellschaft und Vorstandsvorsitzenden der Ferrostaal AG in Essen, Dr. Hans Singer, voraus. Ich zweifelte sehr daran, ob ich der neuen Aufgabe gewachsen sein würde, und schilderte meinem zukünftigen Chef meine Bedenken. Weder war ich je in Mexiko gewesen, noch hatte ich bis dahin eine Ahnung von Kultur, Geschichte, Politik oder gar der Wirtschaft des Landes. Auch konnte ich kein Spanisch. Hans Singer hörte mich an, musterte mich kurz und meinte dann: »Packen Sie's an, Sie werden's schon schaffen!« Ich erinnere mich genau, daß mir auf meinem Heimweg der Gedanke durch den Kopf schoß: »Mein Gott, ist der Singer leichtsinnig! Mit dem sollte man keine Geschäfte machen«.

Damals flog ich erst einmal zu einem Spanisch-Crash-Kurs nach Malaga. Titi Schenk, eine meiner Freundinnen, begleitete mich. Wir mußten hart arbeiten, hatten aber auch viel Spaß miteinander. Unsere Mitschüler und Mitschülerinnen, Piloten, Stewards und Stewardessen verschiedener Fluggesellschaften, die den Sprachkurs im Rahmen ihrer Ausbildung absolvierten, waren alle viel jünger als wir. Mir brachte dieser Kurs und alle damit verbundene Büffelei im Endeffekt

Mit Dr. Hans Singer, Ferrostaal AG, Präsident der Deutsch-Mexikanischen Gesellschaft, 1985

wenig, da ich später viel zu selten Gelegenheit hatte, meine neuen Kenntnisse anzuwenden.

Am 1. Januar 1982 begann mit der Arbeit bei der Deutsch-Mexikanischen Gesellschaft die schönste Zeit meines ganzen Berufslebens. Ich genoß es in vollen Zügen, nun nicht mehr von den Launen irgendwelcher Chefs abhängig, sondern selbst für die Atmosphäre im Büro verantwortlich zu sein. Selbständigkeit, Kreativität und Organisationstalent waren ebenso gefordert wie Entscheidungsfreudigkeit. Hans Singer ließ mir in allem freie Hand, doch konnte ich ihn um Rat fragen, wenn ich das für notwendig hielt. Ich bewunderte an ihm besonders drei herausragende Eigenschaften, die man selten vereint in ein und derselben Person findet. Er war nicht nur intelligent und sehr großzügig, sondern bei Problemen auch immer bestrebt, die einfachste Lösung zu finden.

Wir feierten manchen schönen Erfolg. So starteten wir 1985 nach dem großen Erdbeben in Mexiko eine Spendenaktion, bei der mehr als 1,5 Millionen DM gesammelt wurden. Der Hauptanteil dieser Summe kam vom Bayerischen Lehrer- und Lehrerinnenverband, dessen Geschäftsführer mit einer Mexikanerin verheiratet war. Über anderthalb Jahre hinweg hatten fast alle bayerischen Schulkinder durch Theateraufführungen und Sammlungen unsere Aktion unterstützt. Ich habe damals ganz bewußt schon bei einem Betrag von zehn Mark eine Spen-

Während einer Mexiko-Reise der Deutsch-Mexikanischen Gesellschaft, 1983

denbescheinigung ausgestellt und dem Betreffenden zugesandt, um ihm zu zeigen, daß uns auch noch die geringste Summe eine Hilfe und damit wichtig war.

Den sorgfältigen und verantwortungsbewußten Umgang mit Spendengeldern lernte ich von Karin Engel, die Beamtin im Finanzministerium war und daneben in unserer Gesellschaft den Posten der Schatzmeisterin ubernommen hatte. Von ihr erhielt ich auch sonst jeden erwünschten Rat. Karin Engel hat mir sehr geholfen und mir so meine Arbeit erleichtert. Unsere Gesellschaft beteiligte sich auch an der Organisation eines Benefizkonzerts, bei dem Placido Domingo sang. Er hatte sich schon in der ersten Woche nach der Katastrophe zur Verfügung gestellt, um eigenhändig mit dem Spaten nach Verschütteten zu suchen. Der große und stattliche Domingo, dessen Gesicht ein dicker Backenbart bedeckte, war mir sehr sympathisch.

Im Laufe dieser Tätigkeit gewann ich viele neue Freunde sowohl in Deutschland als auch in Mexiko. Während meiner Aufenthalte dort traf ich mit alten Freunden von früher zusammen. 1983 zum Beispiel mit den Ehepaaren Otto und Annedore Scholz-Forni und Susi und Werner Stubbs. Ich habe Otto und Annedore danach hin und wieder in ihrem schönen Haus in Cuernavaca, einem subtropischen Ort in der Nähe von Mexiko-Stadt, besucht. Sie brachten mir das Land und seine Menschen auf gemeinsamen Reisen und durch ihre Erzählungen näher.

Während meiner zwölfjährigen Tätigkeit als Geschäftsführerin habe ich dann selbst zwei Reisen nach Mexiko organisiert. Das machte mir große Freude, und beide Male wurde es ein voller Erfolg. Für die erste Reise konnte ich viele meiner Freundinnen zur Teilnahme bewegen, so daß mich eigentlich fast nur gute Bekannte begleiteten. Das vereinfachte die Organisation der Fahrt und trug wesentlich dazu bei, daß die ganze Zeit über in der Gruppe eine gute Stimmung herrschte.

Wir blieben zunächst eine Woche in Mexiko-Stadt und sahen uns dort alle Sehenswürdigkeiten an. Dann ging es weiter über Oaxaca nach Yucatan. Eine reizende Mexikanerin namens Anna war unsere Führerin. Sie sprach perfekt Deutsch und hatte ihre Sprachkenntnisse an der deutschen Alexander von Humboldt-Schule erworben, der damals ein besonders guter Ruf vorauseilte. Sie war mir während der ganzen Reise eine große Hilfe, und die Gruppe schätzte sie sehr. Ich habe Anna einige Jahre später wiedergetroffen, als ich in Mexiko-Stadt eine Kirche besichtigte. Plötzlich hörte ich hinter mir ihre so wohlbekannte Stimme. Als ich mich umdrehte, und sie mich erkannte, fielen wir uns voller Freude in die Arme.

Während dieser beiden Gruppenreisen habe ich viel Schönes und Interessantes gesehen, doch die lebendigste Erinnerung an Mexiko ist mir von einer Reise geblieben, die ich mit Susi und Werner Stubbs gemacht habe. Wir fuhren nach Oaxaca, ein reizvoller Ort, ganz Kolonialstil. Wir besuchten die Pyramidenstätte Monte Alban und erlebten dort einen unbeschreiblich schönen Sonnenuntergang. Die langsam am Horizont versinkende Sonne tauchte die mystische Stätte in rotes Licht und ließ die Umrisse der Pyramiden hell aufleuchten, als stünden sie in Flammen. In diesem Moment hatte ich das Gefühl, diese herrliche, alte Kultur erhöbe sich noch einmal vor mir und würde lebendig.

1994 trat ich offiziell in den Ruhestand. Doch da warteten schon neue Aufgaben auf mich, die mir wieder viel Freude machen sollten.

Begegnungen mit Neuhardenberg/Marxwalde

Ich war immer wieder erstaunt, wie klar mein Vater unsere politische Situation beurteilte und wie realistisch er im Gegensatz zu vielen seiner Schicksalsgenossen unsere Chancen einschätzte, in die alte Heimat zurückkehren zu können. Das beweist ein Brief an Wolf Graf von Baudissin. Baudissin war seinerzeit einer der großen Verehrer von Gisela gewesen. Obwohl sie ihm einen Korb gegeben hatte, blieb er ein Freund der Familie und kam hin und wieder zu Besuch nach Neuhardenberg. Er war groß, blond, hatte blaue Augen und sah besonders gut aus. Intelligent und hochgebildet, wirkte er sehr sportlich und drahtig. Nach dem Krieg heiratete er Dagmar Gräfin zu Dohna, eine bekannte und begabte

Bildhauerin. 1907 geboren, diente er, wie viele unserer Freunde, seit 1926 (mit einer Unterbrechung von 1927 bis 1930) im Infanterie-Regiment 9 in Potsdam. 1941 kam er bis 1947 in britische Gefangenschaft, lange Zeit in Australien. Nach dem Krieg machte er sich einen Namen beim Aufbau der Bundeswehr und lehrte seit 1968/69 an der Universität Hamburg. 1971 war er Gründungsdirektor des Instituts für Friedensforschung und Sicherheitspolitik.

Noch vor seiner Entlassung aus der Kriegsgefangenschaft scheint er meinen Vater um Rat gefragt zu haben, wie er seine Zukunft gestalten könne. Dieser Brief existiert nicht mehr, nur das Antwortschreiben meines Vaters ist erhalten geblieben. Dort heißt es: »Die nächsten ein bis zwei Jahre werden noch sehr schwierig sein, dann, davon bin ich überzeugt, wird es wieder aufwärts gehen. Darum, so sehr ich Ihre Sehnsucht nach der Heimat verstehe, drängen Sie nicht zu sehr, zur Zeit können Sie hier leider gar nichts machen. Dazu müssen erst politisch geänderte Konstellationen eintreten und zwar nicht nur bei uns. Hiermit ist wohl auch zu rechnen – der eiserne Vorhang, der Mecklenburg, das alte Preußen und Sachsen abtrennt, wird nach den letzten Ereignissen ein Dauerzustand. ›Dauer‹ d.h. solange wie es tragbar sein wird, asiatischen Bolschewismus und westeuropäische Demokratie ohne Anbahnung einer Einigung aneinanderstoßen zu lassen. Von Europa kann man aber solange nicht sprechen. Unsere Welt ist endgültig zu Bruch gegangen, dadurch daß Christentum und wahres Preußentum verlorengingen. Wenn es jetzt Mode ist, alles Preußische mit Dreck zu bewerfen und es auf einen Grundnenner mit Nazitum zu bringen, so zeigt dies nur die mangelnde politische Begabung von uns. Im Konzentrationslager hinter dem elektrisch geladenen Draht war eine Einheitsfront unter allen politischen Häftlingen einschließlich der Kommunisten, jetzt aber herrscht schon wieder die alte Unduldsamkeit. Warum? In erster Linie ist es der Drang nach der Krippe«.

Fritze und ich fuhren oft nach Marxwalde, wie Neuhardenberg seit dem 1. Mai 1949 hieß. Wir fühlten uns dem Ort immer eng verbunden. Als uns der damalige Bürgermeister von Marxwalde einmal fragte: »Wann fahren Sie nach Hause?« antwortete Fritze spontan: »Herr Hanke, wir *sind hier* zu Hause.« 1946 sah ich unsere alte Heimat zum ersten Mal wieder. Diese Fahrt nach Neuhardenberg wird mir immer in Erinnerung bleiben.

Ich ging in Duderstadt »schwarz« über die »grüne« Grenze und kam einen Tag später in Berlin an. Von dort aus gab es keine Bahnverbindung nach Neuhardenberg. So fuhr ich per Anhalter auf einem Lastwagen in den Kreis Lebus.

Der Transporter sollte dort Gemüse und Obst für Berlin laden. Neuhardenberg machte einen traurigen Eindruck. Die Stimmung im Ort schien gedrückt. Ich erlebte nun Ähnliches wie meine Mutter und Lalla während der Zeit meiner und meines Vaters Verhaftung unter den Nazis: Manche Menschen grüßten mich sehr freundlich, aber andere wandten den Kopf ab oder wechselten sogar die Straßenseite, wenn sie meiner ansichtig wurden.

Ich übernachtete bei Reppinchen, der ehemaligen Wirtschafterin. Sie lebte im Kavalierhaus in einem Raum mit Kochgelegenheit. Das Schloß war im April 1945 geplündert worden, nachdem ein Granateneinschuß ein großes Loch in die linke Frontseite gerissen hatte.

Im Schloß lagerten noch etwa 250 Bücher aus der Bibliothek des Staatskanzlers. Das Service aus Sèvres-Porzellan fand ich in dem einen Raum des Kavalierhauses wieder, wohin wir es, in Kisten verpackt, noch im März 1945 gestellt hatten. Aber das ganze Porzellan lag zerbrochen auf dem Boden. Ich stocherte traurig in dem Scherbenhaufen herum und stieß dabei – welch unverhoffte Freude – auf vier heile Teller. In den Stallgebäuden der alten Oberförsterei fand ich außerdem einige Schränke, ein paar Kommoden ohne Schubladen, mehrere Bilder und das Klavier.

Auch unser Silberbesteck konnte ich wieder in Besitz nehmen. Mit Hilfe des Gärtners Heinrich Strauch hatten wir es vor der Flucht in den Hohlräumen an den aneinanderstoßenden Ecken der Bücherregale in der Bibliothek verborgen. Sobald die Lage in Neuhardenberg sich nach Kriegsende wieder etwas zu normalisieren begann, hatte Heinrich Strauch das Silber herausgenommen und es in Milchkannen versteckt – der Koffer, in dem ich die Bestecke transportierte, war zentnerschwer.

Als mich am nächsten Tag mein freundlicher Gemüsehändler in seinem mit Obst und Gemüse vollbepackten Lastwagen wieder abholte, überredete ich ihn, einige Tage später mit mir von Berlin aus wieder nach Neuhardenberg zurückzufahren und die restlichen Schätze abzuholen.

In Berlin angekommen, bemühte ich mich, ein Zwischenlager für meine Sachen zu finden. Inzwischen stand ich aber vor einem großen Problem: Alle meine Unternehmungen kosteten Geld, und ich hatte keines. Kurzerhand verkaufte ich eines der Bilder aus der Sammlung des Staatskanzlers. Ich erhielt 2000 Reichsmark dafür. Damit konnte ich den Gemüsehändler, das Zwischenlager und endlich auch den Transport der wiedergefundenen Dinge nach Westdeutschland bezahlen. Ich fand einen Waggon, der groß genug war, um alle Schätze aufzunehmen. Zu meinen Möbeln – auch das Klavier war dabei – kamen noch einige größere Gegenstände aus dem Besitz von Margarethe von Oven hinzu. Das wiedergewonnene Hab und Gut dann tatsächlich in den Westen zu schaffen, war nicht einfach. Ludwig Hammerstein erwies sich als sehr hilfreich und stellte den Kontakt zu einem freundlichen Deutsch-Amerikaner her, der in einer einschlägigen Dienststelle saß und den Transport ermöglichte. Mir blieb der schwere Koffer voll Silber, den ich ungern aus der Hand geben wollte. Wieder half Ludwig. Er veranlaßte einen befreundeten Engländer, sich meiner anzunehmen.

Jan Colvin, von Beruf Journalist, erklärte sich bereit, mich im Auto auf einer Dienstreise, die ihn von Berlin über Hannover und Göttingen nach Frankfurt am Main führen sollte, mitzunehmen. Mit uns fuhr sein Freund, Gunther Freiherr von Lepel. Im Gegensatz zu uns Deutschen brauchten die Alliierten keine Ein- und Ausreisegenehmigung, wenn sie von oder nach Berlin die russische Zone passierten. Der erste Kontrollpunkt lag hinter Potsdam. Colvin versteckte uns beide in seinem Auto, das nicht weiter kontrolliert wurde. In Helmstedt jedoch wäre die Sache beinahe schiefgegangen. Wir unterhielten uns auf der Fahrt so angeregt, daß wir die zweite Grenze einfach vergaßen. Erst im letzten Moment warf mir Jan eine Decke zu, die ich geistesgegenwärtig, nachdem ich vom hinteren Sitz auf den Boden gerutscht war, über mich breitete. Lepel zu verstecken gelang nicht mehr. Die Situation war mehr als brenzlig, und ich schwitzte vor Angst unter meiner Decke.

Doch Jan Colvin erklärte dem russischen Grenzposten, ohne mit der Wimper zu zucken, daß er wegen eines Motorschadens einen Monteur habe mitnehmen müssen. Da Gunther Lepel einen Overall trug, war die Geschichte durchaus glaubwürdig. Wir konnten die Grenze passieren. Jan gab tüchtig Gas, aber sobald wir außer Sichtweite waren, parkten wir das Auto und setzten uns im Straßenrand ins Gras, um uns bei einer dicken Zigarre von dem Schrecken zu erholen.

Der gesamte Inhalt des Waggons und ich mit meinem Silberkoffer trafen wohlbehalten bei den Eltern auf dem Hardenberg ein.

Meine erfolgreiche Reise brachte mir vor allem die Bewunderung meines Schwagers Wolfi Arnim ein. Er wollte nun, daß ich nach Arnimshain fahren und von dort die einst von ihm gesammelten Arnimschen Grabsteine in den Westen bringen sollte. Selbst auf die Gefahr hin, seine Hochachtung wieder zu verlieren, sah ich von diesem Unternehmen ab.

Da ich inzwischen wußte, daß ein Großteil der 8000 Bücher aus der Bibliothek des Staatskanzlers in der Stadtbibliothek in Potsdam gelandet war, meldete ich mich bei dem Leiter der Provinzialverwaltung in Potsdam an. Im Gespräch fanden wir heraus, daß er wie mein Vater im KZ Sachsenhausen interniert gewesen war. Ich sagte ihm unumwunden, was ich davon hielte, meinem Vater als ehemals politisch Verfolgten sein Eigentum zu entziehen. Er schien beeindruckt, aber seine Hilfsbereitschaft hatte natürlich Grenzen. Die Bücher konnte er mir nicht zurückgeben, doch er stellte mir am 19. September 1946 eine Bescheinigung auf dem Briefpapier der Provinzialverwaltung Mark Brandenburg, Abteilung Volksbildung, aus, in der es heißt: »Nach Auskunft der Abteilung III (Bodenreform) ist die Bücherei des Grafen von Hardenberg in Neuhardenberg nicht beschlagnahmt. Die Bücherei ist also Eigentum des Grafen von Hardenberg.

Eine Ausfuhr aus dem Bereich der Provinz ist verboten.

Über die Büchereibestände, die geschlossen zur besseren Sicherung und pfleglicheren Behandlung nach Potsdam überführt werden, übernimmt die Abteilung die treuhänderische Verwaltung.«

So sind diese 8000 Bücher auch während der ganzen DDR-Zeit unser Eigentum geblieben.

Heimkehr 1989

Dann kam das Jahr 1989 und mit ihm die Wende. Ich befand mich zu diesem Zeitpunkt auf Urlaub in Spanien. Als ich von den politischen Umwälzungen in der DDR erfuhr, fühlte ich mich, als hätte ich Champagner getrunken. Ich war wie berauscht. Die Ereignisse erschienen mir unglaublich. In meinen kühnsten Träumen hatte ich mir nicht vorstellen können, jetzt wieder ungehindert und so oft ich wollte nach Hause fahren zu können.

Ein beeindruckendes Wiedersehen gab es mit dem Kommunisten Paul Hofmann, den wir nun in den Westen einladen konnten. Er hatte meinen Vater im KZ Sachsenhausen aufopfernd gepflegt und war selbst elf Jahre lang von den Nazis eingesperrt worden, davon fünf Jahre im Zuchthaus und sechs Jahre im KZ.

Auf die Frage, wie ihm nun zumute sei, meinte er unbeirrt: »Die kommunistische Idee ist gut, aber die Menschen eignen sich nicht dafür«.

Für meinen Bruder Fritze begann eine bewegende Zeit. Da die Nationalsozialisten den Besitz Neuhardenberg wegen der Teilnahme meines Vaters am Attentat

Mit meinen Schwestern Atti, Lalla und meinem Bruder Fritze in Neuhardenberg, 1989

vom 20. Juli 1944 enteignet hatten, erhielt er als Haupterbe nach der Wende das Schloß Neuhardenberg und fast die Hälfte der dazugehörigen Güter wieder zurück. Der seit 1949 besiedelte Grund und Boden blieb selbstverständlich in der Hand der jetzigen Besitzer. Im Ganzen ist etwas weniger als die Hälfte des Besitzes zurückgegeben worden. Die Gemeinde Neuhardenberg hatte manches Opfer gebracht, um das Schloß einigermaßen zu erhalten. In einer liebevoll zusammengestellten Dokumentation gedachte man auch des Widerstands unseres Vaters im Nationalsozialismus.

Am 22. Juli 1990 enthüllten wir Geschwister feierlich eine Gedenktafel für unsere Eltern in der Vorhalle der Kirche von Neuhardenberg. Neben den Lebensdaten meiner Eltern trägt sie die Inschrift »Sie kämpften für Freiheit und Recht«.

Die Zelebrierung des feierlichen Gottesdienstes durch Pfarrer Martin von Essen und die anschließende denkwürdige Rede des damaligen Bürgermeisters Burkhard Lier werden uns unvergeßlich bleiben. Nach dieser Feier waren 150 Gäste aus Neuhardenberg und Umgebung sowie weitere 150 Verwandte und Freunde aus dem Westen in die Orangerie zu einem Imbiß geladen. Viele freiwillige Helfer und Helferinnen aus Neuhardenberg trugen dazu bei, daß diese Begegnung stattfinden konnte. Es war schon ein besonderer Anblick, den greisen Wolf Baudissin, der in der Bundesrepublik das Militär wesentlich mitaufgebaut hatte, nun in ein intensives Gespräch mit dem NVA-Hauptmann Bartel vom DDR-Militärflughafen »Marxwalde« vertieft zu sehen.

Als ich an diesem wunderschönen Sommertag die Menschenmenge vor und in der Orangerie beobachtete, wurde mir eines bewußt: Es gibt Wunder, man muß nur in der Lage sein, sie als solche zu erkennen.

Am hundertsten Geburtstag meines Vaters, am 22. Oktober 1991, konnten wir die Urnen meiner Eltern vom Hardenbergschen Familienfriedhof in Bühle bei Göttingen nach Neuhardenberg überführen. Mit diesem Tag hatte die traurige Geschichte zwischen Marxwalde und meinen Eltern ein versöhnliches Ende gefunden. Noch bevor mein Vater am 24. Oktober 1958 seinem schweren Leiden erlag, hatte meine Mutter auf ihre Bitte, wenn es denn soweit wäre, ihren Mann in Marxwalde auf dem Familienfriedhof an der Schinkel-Kirche beisetzen zu dürfen, im Auftrag des Rates der Gemeinde Marxwalde vom damaligen Bürgermeister Karl Linse die für sie sehr schmerzliche Antwort erhalten: »Wir haben auf dem Gebiete unserer Republik die Junker und Großgrundbesitzer von dannen gejagt und wollen weder sie noch ihre Asche wiedersehen«.

Fritze stand jetzt in der Pflicht, er mußte wichtige Überlegungen anstellen und grundlegende Entscheidungen treffen. Wir hielten uns oft in Neuhardenberg auf, weil viele Dinge zu regeln waren, und so war es nur natürlich, daß ich ihm auch in dieser Zeit so gut ich konnte zur Seite stand. Da wir meist zusammen auftraten, hielten uns die Leute nicht selten für ein Ehepaar. So auch wieder einmal bei einer Behörde, bei der wir vorsprachen. Ich stellte den Irrtum rasch klar: »Das ist nicht mein Mann, das ist mein Bruder. Der hätte mich nie geheiratet.« Die anwesenden Beamten, die uns zuerst sehr sachlich und eher zurückhaltend behandelt hatten, brachen in schallendes Gelächter aus und bearbeiteten unser Anliegen nun zügiger. Drei Jahre lang – von 1993 bis 1996 – versuchten Fritze und ich, unser Elternhaus zu halten. Zu dieser Zeit befand sich in einem Teil des Hauses ein Hotel, das wenig Aussicht auf eine wirkliche Zukunft hatte. Nur unter unsäglichen Mühen konnten die immer wieder auftauchenden finanziellen Engpässe überwunden werden. Wir versuchten, das Haus wenigstens in seiner Substanz zu erhalten, an Verbesserungen oder Restaurierungen war noch gar nicht zu denken. Die anfallenden Kosten überstiegen unsere Möglichkeiten bei weitem. Doch trotz der angespannten Lage und den wachsenden Sorgen war es auch eine schöne Zeit. Besonders harmonisch gestaltete sich die Zusammenarbeit mit unseren ehrenamtlichen Hilfskräften. Die freundschaftlichen Kontakte, die damals entstanden, verbinden uns noch heute.

Fritze sah auch die Dringlichkeit der Situation. Er erkannte von Anfang an, daß es ihm nicht möglich sein würde, das Schloß, die dazugehörigen Schinkel-Bauten und den Park so zu erhalten, wie es die kulturelle und historische Bedeutung unseres Elternhauses erfordert hätte. Man mußte eine Lösung für Neuhardenberg finden, die, wenn sie auch schmerzlich werden würde, für das Schloß und die Höfe einen Neuanfang bedeuten konnte. Fritze bemühte sich um entsprechende Kontakte; er dachte an die Errichtung einer Stiftung gemeinsam mit dem Land Brandenburg. Mit dem Hinweis auf die angespannte finanzielle Situation lehnte Ministerpräsident Stolpe jedoch ab.

Nach langen Verhandlungen gelang es meinem Bruder, den Deutschen Sparkassen- und Giroverband (DSGV) für Neuhardenberg zu interessieren. Die Verhandlungen mit dem DSGV ergaben bald, daß dieser weder an der Einrichtung einer Stiftung noch an einem Erbpachtvertrag interessiert war. Doch eines wußte Fritze: Wenn Neuhardenberg in den Besitz der Sparkassenorganisation gelangte, barg das für das Schloß, den Park und die sonstigen Schinkel-Gebäude eine große Chance.

Viele gute Freunde standen uns mit Rat zur Seite, ich denke da vor allem an Nicki Strasoldo. Natürlich gab es auch manche Kritik, vor allem bei dem Gedanken, daß die alte Heimat nun endgültig aus Familienhand gegeben würde.

Nachdem 1996 der DSGV Neuhardenberg übernommen hatte, begründete Fritze seinen Schritt in einem Brief an alle Freunde und Verwandten, den ich im Auszug hier wiedergebe. »Wie Ihr alle wißt, wird uns Neuhardenberg aufgrund der Tatsache, daß mein Vater im Widerstand gegen den Nationalsozialismus war, zurückgegeben. Natürlich bedeutet das nicht, daß man nun einfach dort anknüpfen kann, wo wir vor fünfzig Jahren aufgehört haben. Die Situation für

Komturei Lietzen

das Schloß, den Park und die dazugehörigen Schinkel-Bauten hat sich grundsätzlich geändert.

Früher wurde dieser Komplex von 7,492 Hektar Land- und Forstwirtschaft sowie vier Brennereien erhalten. Heute wird die Landwirtschaft von meinem Neffen Gebhard betrieben, dem ich sie übergeben habe. Der Wald bringt keinerlei Erträgnisse. Die vier Brennereien sind zerstört, das Brennrecht ist verlorengegangen. Dazu kommt, daß der zurückgegebene Besitz um die Hälfte verringert ist, da er heute zu fünfzig Prozent aus Siedlerland besteht. Hier wurden zwischen 1945 und 1949 Landwirte angesiedelt. Um neues Unrecht zu vermeiden, gibt die Bundesrepublik dieses Land und die Gebäude nicht zurück.«

Der DSGV ist mit 730 selbständigen Instituten, 396 000 Mitarbeitern und einem Geschäftsvolumen von 3,2 Billionen Euro weltweit eine der größten Kreditinstitutsgruppen und der größte Steuerzahler in der Bundesrepublik Deutschland. Sein Anliegen ist es, in Neuhardenberg eine Begegnungsstätte von nationaler und internationaler Bedeutung aufzubauen, unter besonderer Einbeziehung der osteuropäischen Staaten. Die Sparkassenorganisation weiß durchaus um die historische Bedeutung des Standortes. Hier wird ein Haus und die damit verbundene Tradition nicht nur erhalten, sondern eine neue Ausrichtung zum Wohle von vielen Menschen geschaffen. Nach gegenseitiger Absprache ist es möglich, zum Beispiel auch Familientage im Schloß zu organisieren. Museum und Schloß garantieren so eine Verbindung mit unserer Heimat, wie sie nicht vielen Familien geboten wird.

Da Fritze das Gut und das Herrenhaus in Lietzen mit den Gütern Tempelberg und Gölsdorf seinem Neffen Gebhard übertragen hat, wird es im Kreis Lebus weiter Hardenbergs geben. Fritze adoptierte 1993 Gebhard Hardenberg, den Enkelsohn desjenigen Hardenberg, der uns nach dem Krieg als Flüchtlinge aufgenommen hatte. Gebhard ist verheiratet mit Amelie Grone, bei deren Eltern Lalla und ich und später auch Fritze längere Zeit auf unserer Flucht in den Westen verbrachten. Fritzes Wahl wurde zusätzlich erleichtert, weil Gebhard Landwirt und in der Lage war, Lietzen das erforderliche Startkapital zuzuführen.

In dem Vertrag zwischen dem Sparkassen- und Giroverband und meinem Bruder ist festgehalten, daß eine ständige Ausstellung eingerichtet wird, die dem Andenken an den Staatskanzler sowie an unseren Vater gelten soll.

Am 8. Mai 2002 wurde die Einweihung von Schloß Neuhardenberg und den dazugehörigen Gebäuden feierlich begangen. An diesem strahlenden Tag wurde ersichtlich, was in diesen vier Jahren an Schloß und Park geleistet worden ist. Beide sind wirklich in altem Glanz wiedererstanden.

Für uns eine reine Freude.

Epilog

Vieles von dem, was mir in die Wiege gelegt wurde, hat mich geprägt, aber nicht alles, mit dem ich als Kind aufwuchs, habe ich ohne Hinterfragen einfach als Gewohnheit übernommen. Bei dieser Gratwanderung zwischen Tradition von Altbewährtem und Aufgeschlossenheit gegenüber der Moderne habe ich oft an Theodor Fontane gedacht, der das Thema mit seinem feinen Gespür für Nuancen in seinem Roman *Der Stechlin* aufgegriffen hat. Mir aus dem Herzen gesprochen, läßt er Melusine dort sagen: »Alles Alte, soweit es einen Anspruch hat, sollen wir lieben, aber für das Neue sollen wir recht eigentlich leben. Und vor allem sollen wir, wie der Stechlin uns lehrt, den großen Zusammenhang der Dinge nicht vergessen. Sich abschließen heißt sich einmauern, und sich einmauern ist der Tod.«

Sicher war die Welt, in die ich hineingeboren wurde, trotz aller politischen Umbrüche der Zeit in sich fest gefügt und auf alte Traditionen gegründet. Doch mein Leben sollte nach dem Untergang dieser Welt in ganz anderen Bahnen verlaufen. Der Umbruch in meinem Leben hatte 1944 mit dem Abschied von nahen Freunden begonnen, setzte sich über den jähen Abschied von zu Hause fort und sollte schließlich auch einen tiefen Wandel meiner Einstellungen mit sich bringen.

Erst mit der endgültigen Trennung vom Elternhaus und den Schwierigkeiten der unmittelbaren Nachkriegszeit ist mir richtig zu Bewußtsein gekommen, mit welchem Schatz an ideellen Werten ich von meinem Elternhaus beschenkt worden war. Als ich dieses Buch schrieb, ging es mir nicht nur darum, mir selbst noch einmal die Stationen meines Lebens zu vergegenwärtigen, sondern auch, Lebenserfahrungen an jüngere Generationen weiterzugeben. Natürlich sind die Zeiten und Lebensformen heute anders, und es bedarf eines gewissen historischen Hintergrundes, um die Episoden dieses Buches im Kontext zu verstehen.

Ich möchte die Jüngeren aber mit diesem Buch auch einladen, sich in Menschen und Ansichten aus einer vergangenen Zeit und Welt besser hineinzuversetzen, und wünsche mir insgeheim, daß sie daraus für ihre eigene Lebensgestaltung Einsichten gewinnen können. Denn, um noch einmal auf Theodor Fontane zurückzukommen: Genauso wenig, wie veraltete Formen mir im Leben überlieferungswürdig erschienen, genauso erinnerungswürdig erscheinen mir bestimmte charakterliche Beispiele aus meiner Kindheit und Jugend. Nichts bleibt so, wie es war, im Wandel der Zeiten, aber nicht alles, was in der Vergangenheit liegt, ist deswegen überholt.

Die Unerschrockenheit und Entschlossenheit der Frauen und Männer des Widerstands, alles zu wagen für die Wiederherstellung der Freiheit und des Rechts und eine möglichst rasche Beendigung von Morden, Krieg und Zerstörung angesichts unvorstellbarer Verbrechen in deutschem Namen, bleibt für alle Zeit ein leuchtendes Beispiel. Es wird heute von verschiedenen Historikern eifrig daran gearbeitet, diese Feststellung als künstlich produzierten Heldenmythos abzutun, dem konservativen Widerstand vorwiegend eigennützige Motive zu unterstellen, seine Mitglieder als frühe Steigbügelhalter und spätere Erfüllungsgehilfen des Nationalsozialismus zu »entlarven« und darauf zu verweisen, das Attentat habe zu spät stattgefunden, und die Morde der Nationalsozialisten an den Juden und anderen seien offenbar kein besonderer Auslöser für den Entschluß zum Widerstand gewesen.

Sie unterschlagen dabei geflissentlich, daß dem Attentat vom 20. Juli einige – weniger spektakuläre, aber ebenso erfolglose – Attentatsversuche vorausgegangen waren. Ich betrachte es nicht mehr als meine Lebensaufgabe, solchen Anfeindungen zu begegnen. Inzwischen sind fundierte Entgegnungen in Wort und Schrift dazu von berufeneren Personen vorgebracht worden. In diesem Zusammenhang sind auch die neuesten wissenschaftlichen Erkenntnisse erwähnenswert, wonach die militärischen und zivilen Menschenverluste auf deutscher Seite erst in der Endphase des Zweiten Weltkriegs den höchsten Stand erreichten. Ein erfolgreicher 20. Juli hätte Millionen Menschenleben und neben Dresden und Potsdam auch vieles andere Unwiederbringliche gerettet.

Wenn die Leser meines Buches sich fragen sollten, ob denn die Mitwirkung am Widerstand wirklich etwas Besonderes war, oder ob eine Art Kaffeekranzgesellschaft nicht später nur von den Nachkommen zu einem großen Heldenepos stilisiert wurde, dann möchte ich diese dazu einladen, doch einmal darüber nachzudenken, wo ihre eigenen Vorfahren 1944 gestanden haben. Oder, um es mit den Worten meines Vaters zu sagen: »Wenn der Widerstand so trivial war, warum haben dann nur so wenige daran mitgewirkt?« Der Entschluß zum aktiven Widerstand war eben nicht so einfach und selbstverständlich, wie das heute oft dargestellt wird. Den Frauen und Männern des Widerstands war das Wort des Dramatikers Reinhold Schneider zur Gewißheit geworden: »Über dem Gewissen ist keine Macht des Menschen, keine Pflicht; wird es nicht gehört, so erkrankt alles Leben und der Feind des Menschen erlangt Gewalt.« Das Dilemma des Gewissens – so Menschen ein solches hatten und auch darauf hörten – bestand zur Zeit des Dritten Reiches darin, daß man so oder so nur Schuld auf sich laden konnte: entweder die Schuld, durch stillschweigende Duldung die Verbrechen des Nationalsozialismus gewähren zu lassen, oder die Schuld, bei dem Versuch, dem Regime mit einem Attentat in den Arm zu fallen, auch den Tod Unbeteiligter in Kauf nehmen zu müssen. »Einen Mittelweg gab es nicht«, wie Margarethe Hardenberg geborene Oven einmal sagte.

In seinem Buch *Offiziere gegen Hitler* stellt Fabian Schlabrendorff fest, daß die weithin mangelnde Akzeptanz des Attentats in der deutschen Bevölkerung bis weit in die Nachkriegszeit offenbar auch stark mit dem Mißerfolg zusammenhing, während ein erfolgreicher Putsch wohl schließlich auch breite Anhängerschaft gefunden hätte. Wie Schlabrendorff bin ich der Meinung, daß dieses Kriterium ein vielleicht menschlich verständlicher, aber allzu kurzsichtiger Maßstab ist.

Ich hoffe, daß man aus meinen Aufzeichnungen ein Gefühl dafür bekommt, daß als Motiv für den Widerstand bei meinem Vater und unseren Freunden die christlich geprägte Gewissensentscheidung eine größere Rolle gespielt hat als der Gedanke an den Verlust irgendwelcher persönlicher Vorteile.

Bei dem Entschluß, das eigene Leben für den Widerstand zu wagen, ging es nicht um Opportunismus, sondern um Freiheit und Recht, auch um Ideale, die man mit dem heute verblaßten und deshalb beinahe bedeutungslos gewordenen Begriff »Ehre« umschrieb. »Aus Opportunismus stirbt man nicht!«, hat mein Freund Ewald-Heinrich Kleist einmal nüchtern zu solchen Unterstellungen bemerkt.

Das Wichtigste im Leben sind mir meine Freunde gewesen. Nichts hat mir mehr bedeutet als ihre Gesellschaft, oder bedeutet mir für die, die nicht mehr sind, die Erinnerung an sie. Ich empfinde tiefe Dankbarkeit für alle Freundschaften meines Lebens. Dieses Buch soll dazu beitragen, daß sie nicht vergessen und in der Geschichtsschreibung besser verstanden werden.

Wenn wir heute – einmal losgelöst vom historischen Kontext – ein Vorbild in der Haltung dieser Menschen erkennen wollen, dann ist es die Ermunterung, mit ganzer Kraft und Entschlossenheit die eigenen Probleme der Gegenwart anzugehen, anstatt den verpaßten Gelegenheiten der Vergangenheit nachzuhängen.

Wenn ich meinen Lesern auch nur etwas davon vermitteln kann, habe ich mein Ziel erreicht. Vor allem aber soll der Bericht über mein Leben jungen Menschen Mut machen. Das Leben geht weiter und ist in seinen vielseitigen Schattierungen das einzige, was wir haben, auch wenn es Schweres für uns bereithält.

Nicht zuletzt ist es hilfreich, in allen Situationen auch auf die in ihnen verborgene Komik zu achten und um keinen Preis der Welt das Lachen zu verlernen. Dann müßte sich eigentlich auch bei anderen das Gefühl einstellen, das mich während dieser Rückschau bewegt hat: Dankbarkeit für ein meiner Meinung nach erfülltes Leben.

Anhang

Das Neuhardenberg des Staatskanzlers Karl August Fürst von Hardenberg

Schon Theodor Fontane hat Neuhardenberg in seinen *Wanderungen* ausführlich gewürdigt. Das auf den Höhen des Oderbruchs gelegene Dorf Quilitz, wie Neuhardenberg bis 1814 hieß, sei bis 1763 allerdings »arm und dunkel« gewesen. In jenem Jahr ging der Siebenjährige Krieg glimpflich für Preußen zu Ende. Friedrich der Große verlieh das Gut dem Oberstleutnant von Prittwitz als Dotation in Anerkennung der Geistesgegenwart, mit der sich dieser den Österreichern in der Schlacht von Kunersdorf einer Schwadron Husaren entgegengeworfen und so seinen König vor einer drohenden Gefangennahme gerettet hatte.

Das Gut Quilitz sei schön, das alte Gutshaus jedoch unwohnlich gewesen. Der jungvermählte Prittwitz habe deshalb das schlichte Haus nach dem Geschmack seiner aus Schlesien stammenden, begüterten und wohl auch verwöhnten Frau verschönern wollen. »Der Bau wurde unverzüglich begonnen und war schon bis zu den ersten Steinen des Obergeschosses gediehen, als der König des Weges kam.« Mißbilligend soll Friedrich auf das prunkvolle Bauwerk geblickt und dann in Anspielung auf das dazu nicht erteilte königliche Privileg bemerkt haben: »Prittwitz, Er baut ja ein Schloß; Er will ja hoch hinaus.« Der Verweis soll dazu geführt haben, daß Prittwitz die Fassade nur eingeschossig ausführen ließ. Das Obergeschoß wurde unter einem Walmdach versteckt. Allein der prunkvolle Mittelrisalit auf der Zufahrtsseite zeugte noch von den architektonischen Ambitionen.

Die Prittwitze blieben nicht lange auf Quilitz. Schon 1810 mußte der Sohn das Gut wieder an die Krone zurückverkaufen. Man sagt, er habe sich beim Wiederaufbau des 1801 niedergebrannten Dorfes zu sehr verschuldet. Das Gut stand damit erneut als Dotation zur Verfügung, und nach dem Frieden von Paris 1814 verlieh es Friedrich Wilhelm III. dem damals 64jährigen preußischen Staatskanzler Karl August Graf von Hardenberg in Anerkennung für seine überragenden Dienste für den preußischen Staat während der französischen Besatzung. Der König benannte das Gut seinem Staatskanzler zu Ehren in Neuhardenberg um – eine Hommage an dessen früheren Besitz, den Hardenberg bei Göttingen, den der Wahlpreuße Karl August Hardenberg seiner Verwandtschaft überlassen hatte. Der König erhob den Staatskanzler kurz vor seiner Dotation in den erblichen Fürstenstand und erklärte Neuhardenberg mit den benachbarten Gütern Rosenthal, Gölsdorf, Bärwinkel, Dehmsee, Lichtenberg und Lietzen zu einer Standesherrschaft. Zusammen mit dem benachbarten Gut Tempelberg, das der Staatskanzler zuvor selbst erworben hatte, entstand ein für märkische Verhältnisse ansehnlicher Grundbesitz.

Der preußische Staatskanzler Karl August Fürst von Hardenberg

Der neue Herr auf Neuhardenberg hatte nur noch acht Jahre zu leben. Nur wenige davon hat er auf seinem Besitz verbracht.

Während politische Querelen das Leben des Staatskanzlers erschwerten, festigte Hardenberg seinen Ruf als Mäzen der Wissenschaften und der Künste – und als Frauenheld. Seine amourösen Abenteuer sind legendär. Er war dreimal verheiratet und wurde dreimal geschieden.

Um den Besitz nach seinen Vorstellungen zu gestalten, übertrug er alle Bauvorhaben dem Architekten Karl Friedrich Schinkel – vor allem die Restaurierung Neuhardenbergs, des Zentrums der Standesherrschaft. Nach Neuhardenberg ließ er auch seine umfangreiche Bibliothek samt Kupferstichen und Münzen vom bisherigen Wohnsitz Tempelberg bringen. Allerdings fehlten daraus inzwischen manche Preziosen, die der Kanzler in früheren Tagen besessen hatte, denn in Tempelberg hatten die Franzosen geplündert. Nach dem Sieg über Napoleon hatte Hardenberg jedoch auf Wiedergutmachungsansprüche verzichtet. Vielleicht wollte er als Staatsmann bei den Reparationsverhandlungen den Eindruck vermeiden, er vertrete dabei vor allem seine persönlichen Angelegenheiten.

Auch die Geschenke der Verbündeten aus den Freiheitskriegen wurden nach Neuhardenberg gebracht. Nur wenige haben dann die Plünderungen von 1945 überstanden. Die Umbauten, denen sich Schinkel ab 1817 widmete, nahmen mehrere Jahre in Anspruch, so daß Hardenberg nur noch kurze Zeit fand, die neue Pracht zu genießen. Als er sich 1822 zu einem Kongreß nach Mailand begab, ereilte ihn eine schwere Erkältung, und er starb am 26. Oktober desselben Jahres in Genua. Erst ein Jahr später überführte man die sterblichen Überreste über Berlin nach Neuhardenberg, wo sie an der Kirchenmauer ihre letzte Ruhe fanden. Sein Herz setzte man im Altar der Neuhardenberger Kirche ein.

Theodor Fontane zufolge war Hardenberg »ein Auserwählter, dem nach dem Willen Gottes die Aufgabe zufiel, den preußischen Staat zu retten [...] Selbst seine Schwächen leisteten dieser Aufgabe Vorschub. Ein bloßer sans peur und sans reproche – etwa wie Stein oder Marwitz, zu denen wir freilich freudiger und gehobener aufblicken – hätte es mutmaßlich nicht vermocht«. Für Fontane ist es gerade »diese Mischung von Edlem und minder Edlem, von Schlauheit und Offenheit, von Nachgiebigkeit und Festigkeit«, die genau das ergab, was die Situation verlangte. So schließt er seine Betrachtungen zu Hardenberg mit dem Satz: »Eigensinn und Prinzipienreiterei hätten uns verdorben. Sein Leben, Vorbild oder nicht, hat uns gerettet. Wie er selber in aller Bescheidenheit hinzusetzen würde ›durch die Gnade Gottes‹.«

Carl-Hans Graf von Hardenberg: Erlebnisbericht Sylvester 1945*

(Erklärende Zusätze in eckigen Klammern)

Sylvester 1945

Das dritte Reich trat im Jahre 1933 seinen Weg an von der Gruft der großen Preußenkönige, Friedrich Wilhelms I. und Friedrichs des Großen. Hiermit sollte dem deutschen Volk und dem Ausland vor Augen geführt werden die gradlinige Fortsetzung des preußisch-deutschen Weges im Gewande des zwanzigsten Jahrhunderts. Das Programm sah vor die Einschaltung von pflichtbewußten, dem Vaterlande dienenden Menschen, die Überbrückung der leidigen Klassenkämpfe, die Zerschlagung des undeutschen Kommunismus, die Beseitigung der Arbeitslosigkeit (6 Millionen Arbeitslose) und die Wiederherstellung des deutschen Ansehens im Rahmen europäischer Zusammenarbeit. Nicht eine *einzelne* Partei oder ein *einzelner* Berufsstand ging freudig an die Mitarbeit, die Deutschland und damit Mitteleuropa aus der Not emporführen sollte, sondern alle Parteien und alle Stände. Auch aus dem Ausland (z.B. England) wurden Stimmen laut, die ehrliches Verständnis zeigten. Aber noch niemals in der Geschichte der Völker ist ein so großes Kapital an Vertrauen ruchloser verwirtschaftet worden. Ein Führungsanspruch, berechtigt bei der unseligen Neigung der deutschen Menschen zur Zersplitterung, artete mehr und mehr in einen Terror ohne Grenzen aus.

Am 30. Juni [19]34 wurde neben einzelnen Schuldigen eine große Zahl ehrenwerter Menschen, nur weil sie politisch unbequem waren, ermordet. Unter ihnen der bisherige Reichskanzler und Reichskriegsminister von Schleicher. Ein Gerichtsverfahren, auch hinterher, fand nicht statt. Die Armee hat dieses ebenso stillschweigend geschluckt wie einige Jahre später die Diffamierung ihres Chefs der Heeresleitung [richtig: Oberbefehlshabers des Heeres], des in Krieg und Frieden hervorragend bewährten Generaloberst Freiherrn von Fritsch. Ein von diesem daraufhin angestrengtes Ehrengerichtsverfahren stellte die für 400 Mark! erkaufte meineidige Aussage eines Polizeispitzels fest. Eine Rehabilitierung erfolgte nicht. Hiermit war dem Heere das Rückgrat gebrochen. Seine unerreichte Tapferkeit, seine vorbildliche Pflichterfüllung, auf die die

* Eine kommentierte Fassung dieses Berichts findet sich in den Vierteljahrsheften für Zeitgeschichte, 41. Jahrgang, Heft 3, Juli 1993, S. 419–477, wissenschaftlich eingeleitet und erläutert von Horst Mühleisen.

Die erste Seite des Berichts

ganze Welt anerkennend blickte, haben es nicht davor bewahrt, daß ihm fortlaufend in verstärktem Maße zugemutet wurde, Handlungen gutzuheißen, die mit der Ehrauffassung früherer Zeiten unvereinbar war[en]. (Erschießung der gefangenen russischen Kommissare, Raub von Privateigentum, Massenmorde an Juden, Polen und Civilrussen durch S.S. im Operations- und rückwärtigen Heeresgebiet.) Das überlieferte Eintreten des Offiziers für seine Untergebenen wurde systematisch herausgezüchtet. Der Kadavergehorsam, früher nur ein Schlagwort antimilitärischer Kreise, wurde zur Mode. Ruhm, aber nicht Ehre, wurde gepriesen.

Gleich nach der Machtübernahme hatte Adolf Hitler die Kommandierenden Generale um sich versammelt und ihnen gesagt, daß er nur in einem erneuten Waffengange die Möglichkeit sähe, die Not zu bannen, und er – im Gegensatz zu dem, was er öffentlich sagen müsse – so stark und so schnell aufrüsten werde, daß kein Staat in Europa Deutschland widerstehen könne. Er würde einen »Blitzkrieg« in noch niemals dagewesenem Ausmaße führen. Er brach 1939 den Krieg mit Polen vom Zaun und war überzeugt, daß die Großmächte ebensowenig wie beim Einmarsch in Österreich und der Tschechei einschreiten würden. Doch nachdem er das Wort, das er den andern Staaten im Namen des deutschen Volkes gegeben hatte, in immer wiederholtem Maße gebrochen hatte, trat[en] England und Frankreich zum Kampfe an. Mit Rußland schloß er einen Bündnisvertrag, den er dann zu gegebener Stunde brechen wird.

Die überlieferte Tapferkeit der Truppen, insonderheit der Infanterie und Panzerwaffe, beendete die Feldzüge in Polen und Frankreich in kürzester Zeit. Nach dem Waffenstillstand in Compiègne wurden bereits Abordnungen aller Regimenter nach Paris zur großen Siegesparade zusammengezogen. Doch England versagte sich trotz weitgehender Angebote, da es an das deutsche Wort nicht mehr glauben wollte.

Daraufhin beschloß Adolf Hitler, im September des Jahres 1940 Rußland im nächsten Frühjahr zu überfallen; die Linie Leningrad (einschl.), Moscau (einschl.), Stalingrad (einschl.) zu gewinnen und mit Panzerraids bis über den Ural vorzustoßen, um die östlich davon erstandene neue russische Industrie zu zerschlagen. Das Antreten im Frühjahr [1941] verzögerte sich durch den Balkanfeldzug, so daß der Vormarsch erst Ende Juni angetreten werden konnte, an demselben Tage, an dem 1812 Napoléon I. den Njemen überschritt. Die großen Kesselschlachten, ein Erfolg ebenso der genialen Führung wie der beispiellos tapferen Truppe, gehören der Geschichte an. Aber die Hunderttausende von kriegsgefangenen russischen Soldaten wurden nicht versorgt, sondern kamen zu 40–50 % um angesichts der eigenen Bevölkerung. Marschkolonnen von mehreren Kilometern Länge wurden bewacht von 10–20 Landesschützen, die am Ende marschierten und jeden mit der Maschinenpistole niederschossen, der nicht mitkam. Die Rollbahnen lagen voll von toten Russen, die nicht beerdigt wurden, sondern über deren Körper die deutschen Panzer nach Osten rollten. Nicht die Härte des Krieges zwang hierzu, sondern die von oberster Stelle vorliegenden Befehle, entsprungen aus einem Geiste religionsloser Überheblichkeit.

Trotz vollkommen mangelnder Winterausrüstung wurde der Vormarsch in dem Schnee und Eis des russischen Winters bis Weihnachten 1941 fortgesetzt. Die Verluste an Erfrierungen überschritten bei weitem die blutigen Verluste und gingen in die Hunderttausende. Hier ging der Nimbus der Unbesieglichkeit des deutschen Soldaten verlustig und wurde – von dem russischen Gegner sich angeeignet. Seit der Jahreswende [19]41/42 wurde es weiteren militärischen Kreisen klar, daß der Krieg verloren sei. Die Verluste überstiegen um ein Vielfaches die Neueinstellungen des heimatlichen Mannschaftsersatzes. Ganz abgesehen von wesentlich höheren Blutopfern des Offizierkorps. Wie in personeller Hinsicht war es auch in materieller. Der Ersatz, besonders an Flugzeugen und Panzern, konnte mit den Verlusten nicht Schritt halten, auch wurde das Material, da es an allen Rohstoffen fehlte, zusehends schlechter. Wer warnend seine Stimme erhob, wurde als Volksschädling gebrandmarkt, wurde »liquidiert«, wie der neue Ausdruck für Ermordung lautete, oder verschwand in einem der furchtbaren Konzentrationslager, aus denen es nur selten ein Freikommen gab.

Im Frühjahr 1942 mußten die deutschen Armeen erneut im Osten zu einer Offensive größten Ausmaßes antreten. Gleichzeitig sollte auf Befehl des »Führers«, der damals propagandistisch als »größter Feldherr aller Zeiten« herausgestellt wurde, sowohl der Kaukasus genommen wie die Wolga bei Stalingrad erreicht werden. Um eine Offensive solchen Ausmaßes starten zu können, war es notwendig, die Flanken mit verbündeten Truppen, Italienern, Rumänen und Ungarn, zu besetzen. Diese Schwäche nutzte der Russe geschickt aus, durchbrach, als die deutsche Offensive sich Stalingrad näherte, die gefährdeten langen Flanken und schloß die gesamte 6te Armee ein. Wiederholte Anträge des Oberfehlshabers der Armee mit Zustimmung sämtlicher Kommandierender Generale, die Umzingelung nach rückwärts zu durchbrechen, solange die Durchbruchsstelle nur 20 km Tiefe betrüge, wurden von Hitler schroff abgelehnt. Göring versicherte im Führerhauptquartier großsprecherisch, die Luftwaffe *garantiere* die Versorgung der eingeschlossenen Armee. Neben schwersten blutigen Verlusten blieben 90 000 Gefangene in der Hand des Feindes. Die allmählich eintreffende Post der gefangengenommenen deutschen Soldaten durfte auf persönlichen Befehl Hitlers den Frauen und Eltern nicht zugestellt werden. Sie wurde verbrannt, damit das Volk weiter betrogen werden konnte. Wenige Monate später erfolgte der Zusammenbruch der deutschen Afrikaarmee. Dieser wurde dem deutschen Volke von Goebbels und seinem Propagandaministerium in seiner Bedeutung fast völlig verschwiegen. Von nun an sollte die Schilderung einzelner unerhörter Heldentaten, wie sie der deutsche Soldat bis zum bitteren Ende immer wieder vollbrachte, hinweg täuschen über die verzweifelte strategische Lage.

Wie sah es demgegenüber in der Heimat aus? Jegliche Opposition war von der Naziregierung schon gleich nach der Machtübernahme restlos ausgeschaltet worden. Presse und Rundfunk wurden einheitlich gesteuert. »Recht ist, was dem Volke nützt« war die neue, sehr gefährliche Parole. Dem »Volke nützen« aber tat nur die kritiklose, hörige Einfügung in die Parteityrannis. Dabei ging es allen Ständen und Berufen des Volkes, rein materiell gesehen, recht gut. Die wirtschaftliche Not, so schien es dem Einzelnen, der keinen tieferen Einblick in die Zusammenhänge hatte, war durch das »*Genie* des *Führers*« gebannt! Stärker, immer stärker wurde dies dem Hirn des Bürgers und Arbeiters von einer skrupellosen, aber sehr geschickten Propaganda eingehämmert. Der Deutsche, unpolitisch von Natur, und in seiner Vergangenheit gewohnt, von Fürsten und Kirche bevormundet zu werden, gab seine großen Organisations- und Arbeitskräfte leider zu willig der neuen Führung hin. Er ahnte nicht das verbrecherische Treiben der Parteibonzen hinter den Kulissen, und wenn gelegentlich einzelne Nachrichten zu ihm vordrangen, so ließ sein überlieferter Autoritätsglauben ernste Sorgen nicht aufkommen.

Der Oberbürgermeister Goerdeler und die Generalobersten Beck und Freiherr von Hammerstein, kluge und verantwortungsbewußte Persönlichkeiten, hatten schon vor Beginn des Krieges klar erkannt, daß der Weg, den Hitler sich zu gehen anschickte, das deutsche Volk ins Verderben führen würde. Mit Goerdeler, der sich mit seltenem Mute zu seiner Auffassung bekannte, verband mich langjährige Bekanntschaft. Beck und Hammerstein waren viel in meinem Hause gewesen; wir hatten oft in ernsten, sorgenvollen Gesprächen unsere Ansichten ausgetauscht. Gelegentlich eines Scharfschießens der Fahnenjunkerabteilung auf dem Truppenübungsplatz Döberitz im September [19]39 fragte mich der damalige stellvertretende Kommandierende General des III. [Armee-]Korps, General Freiherr von Dalwigk, um meine Auffassung zur politischen Lage. Ich habe ihm auf Grund meiner Kenntnisse in offenen Worten gesagt, daß auch, wenn wir voraussichtlich noch große Siege in der nächsten Zeit erringen würden, der Krieg für uns nicht gewonnen werden könne. Unsere Unterhaltung schloß mit dem Hinweis meinerseits, daß er als Befehlshaber von Berlin und Brandenburg sich in Zukunft seiner großen Verantwortung bewußt sein müsse, und es alles darauf ankäme, daß seine Dienststelle in den kommenden Schicksalsstunden sich härter zeige als im Jahre 1918.

Während des stürmischen Vormarsches in Frankreich im Jahre 1940 waren es nur wenige, die sich nicht täuschen ließen. An ihre Spitze schob sich mehr und mehr der damalige Oberstleutnant Henning von Tresckow, gleich stark an Geist und Charakter. Er nahm sich später am 21. Juli [19]44, nach Mißglücken des Attentats vom Tage vorher, als General und Chef einer Armee in vorderer Front das Leben, um den nun unaufhaltsamen Untergang unseres Volkes nicht zu überleben.

Es war ein warmer Sommerabend des Jahres [19]41, als Tresckow mit mir eine lange Besprechung hatte an den Ufern der Beresina, jener Stelle, wo noch die Pfeiler herausragten von der Brücke, die einst den Untergang der stolzen französischen Armee im Jahre 1812 gesehen hatte. Es hatte sich gezeigt, daß der bisher beschrittene Weg des Versuches der Einflußnahme auf die zur Führung berufenen Persönlichkeiten zu keinem Erfolge führte. War es die stark ausgeprägte suggestive Kraft Adolf Hitlers, war es die bei aller Tapferkeit gegenüber dem äußeren Feinde schon von Bismarck festgestellte vollkommene mangelnde Civilcourage, niemand fand sich, der kraft seiner Stellung versuchte, sich gegen befohlene Verbrechen und militärischen Wahnsinn aufzulehnen. Je mehr Hitler dieses merkte, um so hemmungsloser wurde er in seinen Zumutungen, um so mehr umkleidete er sich mit seiner »Gottähnlichkeit«.

Die Schwierigkeit der Aufgabe war uns voll bewußt. Es galt, zu aktiven revolutionären Taten zu schreiten, d.h. mit allem zu brechen, was uns von den Vätern gelehrt und was mit der Ehre eines preußisch-deutschen Soldaten verbunden war. Besitz, Familie, eigene und Standesehre mußte in die Waagschale geworfen werden, wenn dieser Weg beschritten werden sollte. War es notwendig? War es richtig? War es zu vereinbaren mit den ethischen und christlichen Gesetzen, denen wir unterstanden? Wir schieden, als bereits der Sternenhimmel die russische Weite überdeckte, mit dem Versprechen, mit uns selber über diese Frage ins reine zu kommen.

Wer heute mit sicherem Urteil feststellen zu müssen glaubt, daß Ehrgeiz, Ruhmsucht oder der Wunsch, sich der kommenden Katastrophe zu entziehen, die Männer damals geleitet hat, der weiß nichts von den Gewissensbissen und seelischen Qualen, mit denen jeder für sich allein fertig werden mußte. Und was war, wenn uns der Erfolg nicht beschieden sein sollte? War dann nicht der ganze Einsatz vergeblich und nur ein Verbrechen? Es dauerte Tage und Wochen, in denen diese Gedankengänge immer wieder abgesprochen wurden, bis im neuen Quartier in Smolensk der Entschluß gefaßt wurde: Wir müssen handeln. Das Wohl des Volkes verlangt den vollen Einsatz von uns. Auch im Falle des Mißglückens muß der Welt gezeigt werden, daß es in dieser Zeit Männer gegeben hat, die, wie der Grabstein von Marwitz in Friedersdorf sagt, Ungnade wählten, wo Gehorsam nicht Ehre einbrachte [richtig: Ehre brachte].

Zunächst galt es, Verbindung aufzunehmen mit dem civilen Kreis um Goerdeler und mit der Abteilung Abwehr im O.K.W. unter Admiral Canaris und Oberst Oster. Zwei besonders mutige und kluge Männer standen hierfür zur Verfügung, der Oberleutnant d.R. Friedrich Graf von der Schulenburg, ein Sohn des Chefs der Heeresgruppe Kronprinz im Weltkriege, und der Rechtsanwalt und Oberleutnant d.R. Fabian von Schlabrendorff. Schulenburg war in jugendlicher Begeisterung zur Partei gegangen, war Landrat in Ostpreußen, Vicepräsident des Polizeipräsidiums in Berlin gewesen und war Viceoberpräsident von Schlesien.

Trotz seiner hohen Civilstellung führte er, selber zu Fuß, seinen Infanterie-Zug 1000de von Kilometern durch die russischen Steppen. Sein auf Grund seiner großen Begabung erfolgter schneller Aufstieg machte ihn nicht blind für die Fehler des dritten Reiches. Er wurde aus einem Saulus ein Paulus und hat sich in fanatischem Einsatz zur Verfügung gestellt. Schlabrendorff, der Ordonnanzoffizier beim Oberstleutnant von Tresckow war, gewann mehr und mehr Einfluß. Von kristallklarem Verstande und unbedingter Verschwiegenheit, – dabei ein guter Kamerad und Gesellschafter – war er für seine vielseitigen Aufgaben als Kurier und selbstständiger Verhandler besonders geeignet. Ferner galt es, Fühlung zu nehmen mit allen führenden Militärs beim O.K.W. und O.K.H. sowie den Oberbefehlshabern der Heeresgruppen und Armeen.

Allgemein wurde von den höchsten militärischen Vorgesetzten geschimpft in Gegenwart von jüngeren Offizieren und Mannschaften. Dies war auch in der alten Armee der Fall, jedoch mit dem sehr großen Unterschied, daß damals kein Vorgesetzter geduldet hätte, ihm offen Gedanken des Umsturzes zuzumuten. Schon die ersten Besprechungen, die wir mit den einzelnen Feldmarschällen und Generalobersten hatten, zeigten, daß kein einzigster von ihnen gegen einen von uns gewillt war, einzuschreiten. Fast alle haben sie mit dem Gedanken gespielt, seine Notwendigkeit anerkannt, ihre Bereitwilligkeit geäußert mitzumachen, wenn – ein anderer die Verantwortung übernehme.

So flog ich im Januar [19]42 zu einem benachbarten Heeresgruppen-Oberbefehlshaber [Generalfeldmarschall Günther von Kluge], aß mit ihm und seinem Chef des Stabes allein zu Abend und hatte anschließend eine lange Besprechung der Lage. Beide Herren waren in allen Punkten mit mir einig: stetig zunehmender Mangel an personellem und materiellem Ersatz, Nachlassen der Schlagkraft der Divisionen, dagegen immer stärkere Zumutungen des Führerhauptquartiers, einwandfreie Verbrechen nicht nur zu dulden, sondern sogar selber auszuführen. Als ich hieraus die Schlußfolgerung zog: Das Heer muß unter seinen militärischen Führern zur revolutionären Tat schreiten, bemerkte der Feldmarschall unter Zustimmung seines Chefs: »Für solche Worte müßte ich Sie verhaften lassen.« Ein plötzlicher Entschluß ließ mich unbemerkt die auf dem Tisch liegende Klingel benutzen und auf die bei Eintreten der Ordonnanz gestellte Frage, was dies zu bedeuten, erwiderte ich: »Herr Feldmarschall wollten einen Befehl erteilen.« Mit einem verlegenen Lächeln wurde über die Sache hinweggegangen. Der Zweck war nur, wie wir öfters feststellen mußten, im Falle, daß etwas herauskäme, sagen zu können: »Ich habe damals gesagt, ich würde ihn verhaften lassen.« Dies galt [es] zu verhindern. Ein anderer Oberbefehlshaber schrie Tresckow und mich an: »Wenn Sie den Führer ermorden wollen, so nur über meine Leiche« und – verhandelte nach 10 Tagen wieder weiter.

Erfolgreiche militärische Operationen warfen unsere Arbeit um Wochen zurück. Politische Zusammenhänge wurden nicht gesehen und, wenn sie ungünstig waren, als »Schwarzseherei« gebrandmarkt. Bedingungsloser Optimismus, eine hocheinzuschätzende Eigenschaft des Frontsoldaten, wurde zum Rüstzeug der oberen Führung. Der schwere Schlag, den die völlige Vernichtung der 6. Armee bei Stalingrad bedeutete, öffnete vielen Soldaten, aber auch Civilisten, die Augen. Der Arbeiter, politisch klar fühlend und unverbildet denkend, glaubte seit diesen Tagen der Jahreswende [19]42/43 nicht mehr an einen Endsieg. Er mußte schweigen und sich ducken unter Arbeiterführern, die sein Vertrauen niemals besessen hatten.

Im Sommer [19]42 hatte der Feldmarschall [Fedor von Bock], dessen persönlicher Adjutant ich war, die Heeresgruppe abgegeben und war nach Berlin gegangen, wo er »zur Verfügung des Führers« blieb. Ich konnte von dieser Zeit ab in Neuhardenberg wohnen und zu dem sehr wenigen Dienst im Auto nach Berlin hereinfahren. In dieser Zeit wurde mir mitgeteilt, daß ich wählen könnte, ob ich nach der Machtübernahme das Staatssekretariat der Landwirtschaft oder das Oberpräsidium der Provinz Brandenburg und der Stadt Berlin übernehmen wollte. Ich entschied mich für die letztere Aufgabe, um meiner Heimatprovinz, die ich durch jahrelange Arbeit genau kannte, dienen zu können. Doch auch dieses wollte ich nur vorübergehend machen, da Menschen, denen das Schicksal eine solche revolutionäre Aufgabe übergeben hatte, m. E. nach dem Gelingen Platz machen mußten, um dem Volke die Entscheidung zurückzugeben, bei wem die Führung liegen solle. Auch gibt es auf dieser Welt nichts Schöneres wie die Verwaltung des eigenen von den Vätern überkommenen Besitzes.

Meine Tätigkeit in der Heimat erlaubte mir, mich in weitgehendem Maße mit der in Aussicht genommenen Aufgabe vertraut zu machen und die erforderlichen Vorbereitungen zu treffen. In enger Zusammenarbeit mit Fritz Schulenburg, der unter Leuschner als Innenminister zum Staatssekretär des Inneren vorgesehen war, fanden Sitzungen und Besprechungen im Polizeipräsidium Berlin mit dem Polizeipräsidenten [Wolf Heinrich Graf von Helldorff] und dessen Stellvertreter, mit dem Chef des stellvertretenden Kommandierenden General[s], mit den Regierungspräsidenten und Landräten statt. Die beiden letzteren Behördenvertreter waren, um den Kreis nicht unnötig zu erweitern und die Persönlichkeiten nicht unnötig zu belasten, nicht eingeweiht. Mit ihnen wurde alles nur »theoretisch« durchgesprochen. Besonders dankbar gedenke ich der vielen klugen Ratschläge des hervorragenden Landrates von Lebus: Kreutzberger. Als juristischer Berater für die notwendigen Sofortmaßnahmen gegen die Schuldigen des Naziregimes wurde mir der Vorsitzende der Berliner Anwaltskammer [richtig: Präsident der Reichsrechtsanwaltskammer], Herr Rechtsanwalt Neubert, zugewiesen. In einer stundenlangen Besprechung wurden die Richtlinien auf diesem Gebiet festgelegt. Später, als ich im Konzentrationslager saß und meine Frau endlich Sprecherlaubnis erhalten hatte, teilte sie mir in Gegenwart des beaufsichtigenden Gestapobeamten mit, daß sie als Offizialverteidiger für den in Aussicht stehenden

Prozeß des Volksgerichtshofes Herrn Rechtsanwalt Neubert gewonnen hätte. Dieser habe ihr gesagt, daß er mich kenne und grüßen ließe. Erst nachts in der Baracke wurde mir klar, woher die Bekanntschaft stamme. Ich hoffe, daß er an meiner Verschwiegenheit nicht gezweifelt hat.

Eine große Schwierigkeit stellte die Festsetzung der richtigen Zeit des Attentates dar. Einerseits mußte das deutsche Volk reif sein, d.h. durch die militärischen Mißerfolge in seinem Naziwahn erschüttert sein, andererseits durfte der Termin nicht zu spät gewählt werden, wenn überhaupt noch etwas gerettet werden sollte. Der sehr kluge Generaloberst Freiherr von Hammerstein, der trotz seiner schweren Erkrankung – er starb noch vor dem 20. Juli [19]44 – eng mit Generaloberst Beck zusammenarbeitete, vertrat die Auffassung, daß unbedingt von einem Attentat abgesehen werden müßte, da der Deutsche politisch derart wenig begabt sei, daß er die Notwendigkeit *nie* einsehen werde, wenn er nicht den bitteren Kelch bis zur Neige tränke. Er würde vielmehr immer behaupten, daß der Ehrgeiz das Genie Hitler umgebracht hätte. Wir haben diese Auffassung ernst erwogen und ihre Richtigkeit nicht leugnen können. Wenn wir ihr schließlich doch nicht gefolgt sind, so aus der Überlegung heraus, daß es Pflicht derer sei, die klar sahen, die deutsche Jugend nicht weiter sinnlos sterben zu lassen und der Vernichtung an deutschen Städten und Kunstbauten Einhalt zu bieten. Was wiegt hiergegen die Frage, ob die wenigen Menschen, die zum Opfergang bereit waren, später Anerkennung fanden.

Seit Stalingrad haben immer wieder Attentatsversuche stattgefunden. Sie scheiterten jedesmal an irgendwelchen »Zufälligkeiten«. Seit dem Zusammenbruch des Hitlerstaates kann man immer wieder die Auffassung vertreten finden, es habe den Beteiligten an Opferbereitschaft gefehlt, sich selbst bei einem Attentat zusammen mit Hitler zu opfern, um das Gelingen zu gewährleisten. Daß dieses nicht geschah, lag nicht nur daran, daß diese Herrn Kritiker sich damals leider nicht zur Verfügung stellten, sondern daß es in keiner Weise genügte, Hitler zu töten, wenn nicht gleichzeitig alles militärisch so weit vorbereitet war, daß die Macht im Staate in die Hand genommen wurde. Im anderen Falle hätten Himmler und Goebbels das verbrecherische Erbe angetreten. Im übrigen hatten *alle* mir bekannten Mitglieder des engeren Kreises sich zu einer solchen Tat angeboten. Auch darf nicht vergessen werden, daß die Angst vor der »Liebe« des Volkes, das ja nach dem letzten Wahlergebnis zu über 99% hinter Hitler stand, immer weniger Menschen erlaubte, in seine Nähe zu kommen. Ein dreifacher Sicherheitsgürtel umgab das Führerhauptquartier, das er selber nur selten und dann ganz überraschend verließ [es waren zwei Sperrkreise, I und II].

Im Frühjahr [19]43, einem der letzten Male, als Hitler zur Front flog, hatten Tresckow und Schlabrendorff beschlossen, eine hochbrisante Sprengbombe beim Abflug von der Heeresgruppe in das Flugzeug Hitlers zu legen. Immer wieder war die Bombe auf den Dnjeprwiesen bei Smolensk ausprobiert worden, und jedesmal hatte die Zündung auf die Sekunde genau gearbeitet. Tresckow [richtig: Schlabrendorff] reichte die Aktentasche mit der Bombe kurz nach dem Einsteigen Hitlers und seiner Begleiter, ehe die Türe des startbereiten Flugzeuges geschlossen wurde, herein. Dann startete die »Condor«. Alles war bereit, die Macht, sobald die Maschine als überfällig gemeldet wurde, zu ergreifen. Doch zur festgesetzten Zeit landete die Maschine im Hauptquartier. Schlabrendorff flog sofort mit einer Ju hinterher und holte die Aktentasche in der Arbeitsstube des Offiziers, an den sie gesandt war, ab. Dieser hatte infolge großer Arbeitslast bis dahin nicht Zeit gehabt, sie zu öffnen.

Im Sommer [19]43 ließ sich Tresckow zur Vertretung des Chefs des Stabes des Befehlshabers des Ersatzheeres kommandieren, um an dieser wichtigsten Stelle die Arbeit vorwärts zu treiben [richtig: er wurde im Juli 1943 zur »Führerreserve« versetzt und übernahm im Oktober ein Regiment]. Er erreichte, daß nach 3 Monaten in diese Stelle der Oberst Graf Stauffenberg versetzt wurde [Stauffenberg wurde am 1. Oktober 1943 zunächst Chef des Stabes beim Chef des Allgemeinen Heeresamtes, General Olbricht, und am 1. Juli 1944 Chef des Stabes beim Befehlshaber des Ersatzheeres]. Stauffenberg war in Afrika schwer verwundet worden, hatte ein Auge und einen Arm verloren sowie mehrere Finger der anderen Hand. Er war das Vorbild eines klugen und tapferen deutschen Offiziers, der stets die Sache über die Person stellte. Dabei war er ein gläubiger katholischer Christ, der wochenlang mit sich gekämpft hatte, ob er es vor Gott und seinem Gewissen verantworten könnte, einen solchen Schritt zu tun.

Der Befehlshaber des Ersatzheeres, Generaloberst Fromm, war undurchsichtig und zu keiner klaren Stellungnahme zu bekommen. So mußte Stauffenberg alles auf eigene Schultern nehmen. Ich habe in dem letzten Dreivierteljahr in Berlin und Neuhardenberg mit ihm zusammengearbeitet und wurde immer wieder beeindruckt von seiner »antiken Größe«, mit der er alle Sorgen und Bedenken an seiner Person beiseite schob und in vollem Bewußtsein den Opfergang ging. Männer wie Stauffenberg und Tresckow und all die anderen, die ihr Leben zur Befreiung ihres Volkes geopfert haben, haben ihre Namen unauslöschlich in die deutsche Geschichte eingemeißelt. Ob von rechts oder links kommend, verband sie eine geradezu religiöse Begeisterung, alles Trennende zu überbrücken und sich die Hände zu reichen im Dienste am Volk und Vaterland. Es wird und muß die Stunde kommen, wo den deutschen Parteien sich die Augen öffnen und sie ablassen von der jetzt wieder aufkommenden Selbstzerfleischung und sie erkennen, daß der Aufbau des Vaterlandes nur möglich ist, wenn wir alle zusammenstehen. Den Nationalsocialismus bekämpfen und – seine Methoden der Vergewaltigung Andersdenkender und des Terrors anwenden, ist nicht der Weg, der in die Zukunft führt.

Die fortschreitende Arbeit ergab, daß zwar die militärischen Führer nicht gewillt waren, gegen uns einzuschreiten, daß aber auch nur wenige, wie Witzleben, Beck, Hoepner, Rommel und Stülpnagel bereit waren, sich persönlich einzusetzen. Immer wieder, seit Herbst [19]43, wurden Pläne ausgearbeitet und Termine angesetzt, doch die Tyrannis wurde so rigoros ausgeübt, daß es lange nicht gelang, zum Handeln zu kommen. Stauffenberg war der einzigste, der auf Grund seiner Stellung Zutritt zum Bunker Hitlers hatte. Er mußte daher selber zur Tat schreiten, andererseits war er nach geglücktem Attentat unentbehrlich, um den Apparat anlaufen zu lassen, da die Stellungnahme Fromms unklar blieb.

Aufregende Wochen und Monate vergingen, in denen wir uns immer wieder in der Bendlerstraße in Berlin versammelten, da der Tag zur Ausführung des Attentats bestimmt war. Entweder fiel jedoch der Vortrag, bei dem gehandelt werden sollte, in letzter Stunde aus, oder Himmler, der gleichzeitig miterledigt werden sollte, war nicht erschienen. Später wurde auf diese letztere Bedingung verzichtet, da die Zeit immer weiter vorwärtsschritt, und der Kreis der Eingeweihten immer größer wurde. Die Notwendigkeit, einen nur möglichst kleinen Kreis einzuweihen, fand ihre Grenze in den letzten Wochen vor der Tat. Es mußte mindestens *eine* Persönlichkeit bei jeder Dienststelle gewonnen werden, die die Gewähr bot, daß ohne Zögern gehandelt würde. Je mehr aber der Kreis über die engeren Mitarbeiter hinauswuchs, um so gefährlicher wurde die Gefahr des Verrates, weniger aus schlechter Gesinnung als vielmehr wegen der unseligen Schwatzhaftigkeit und Eitelkeit. Wenn trotzdem die Gestapo nicht einschreiten konnte, so nur deswegen, daß jeder die Sorge hatte, sich selbst die Schlinge um den Hals zu legen. Nachdem ein Termin am 15ten Juli [19]44 wieder erfolglos verlaufen war, schieden wir aus Berlin mit dem Entschluß, in den allernächsten Tagen zum Handeln zu kommen, da sonst auf ein Gelingen nicht mehr zu rechnen sei.

Die wenigen Überlebenden werden die Wochen des Wartens, wo die Nerven bis zum Zerreißen gespannt waren, nicht vergessen. Jeder einzelne erlebte Momente, wo er glaubte, es wäre verraten. So gingen Tresckow, Stauffenberg und die tapfere Margarethe von Oven, die die Aufrufe an das Volk und Heer auf der Schreibmaschine geschrieben hatte, eines Tages in Berlin auf der Straße, die Aufrufe in einer Aktentasche bei sich, als ein Überfallkommando von rückwärts heranjagte, dicht vor ihnen rechts heranfuhr und abstoppte. Die Beamten sprangen herunter, als die drei das Haus gerade erreicht hatten, und – sperrten das Haus ab, ohne sich um sie kümmern. Da hat auch diesen 3 tapferen Menschen, wie sie hinterher berichteten, das Herz fast stillgestanden. Ein anderes Mal sandte mir Stauffenberg einen Offizier mit dem Entwurf der ersten Befehle zur Stellungnahme. Durch ein Versehen waren die Schriftstücke, als wir am Nachmittage des Tages im Auto weggefahren waren, offen auf dem Tisch liegen geblieben. Meine Frau hatte sie gefunden und verschlossen, da sie, wie sie uns sagte, sie nicht für eine geeignete allgemeine Lektüre hielt.

Am 19ten Juli erhielt ich durch einen Geheimkode mittags die Mitteilung, daß der nächste Tag für das Attentat festgesetzt sei. Meine Tochter Wonte [Reinhild], die als Sekretärin von mir, außer meiner Frau, seit Monaten eingeweiht sein mußte, brachte mir die Nachricht in den Garten. Hoffentlich ist es diesmal nicht wieder vergeblich, war der Gedanke, der uns bewegte. Zu oft war ich nach Berlin geeilt und abends ohne Ergebnis zurückgekehrt. Aber ich wußte, daß dieses Mal das Attentat zur Ausführung kommen mußte, wenn es anders nicht verraten werden würde. Es hat sich dann auch herausgestellt, daß an diesem Tage schon der Haftbefehl gegen Dr. Goerdeler unterschrieben war.

Ein Weg in den alten Park ließ mich noch einmal den Schritt, der vor uns lag, durchdenken. Hier war ich so oft mit Stauffenberg gegangen, um die Klärung der Probleme zu suchen. Wir waren Offiziere und hatten den Fahneneid geschworen. Ich selber war in der strengen Potsdamer Schule aufgewachsen, die ein Vorbild war für die ganze preußisch-deutsche Armee. Nur wer selber getragen wurde von diesem Gedankengut, kann ermessen, was es bedeutete, den Schritt, der vor uns lag, zu tun. Hinzu kam, daß bei der Ausführung des Attentats, wie es nunmehr beabsichtigt war, auch Unschuldige ihr Leben lassen mußten. Ich erinnerte mich einer eingehenden Aussprache über diesen Punkt mit meinem alten Freunde Kurt Plettenberg, der eine Weile stumm neben mir gegangen war und dann stehen blieb und sagte: »Nein, es hilft nichts, auch wenn Du selber dabei mitsterben müßtest, ich würde es tun, der Dienst am Volke muß uns mehr gelten wie unsere Freundschaft.«

Auch die Frage, ob eine solche Tat vom Standpunkt eines Christen zu vertreten sei, hat uns immer wieder beschäftigt. Die Mehrzahl von uns stand auf dem Standpunkt des positiven Christentums evangelischer oder katholischer Konfession. Wir konnten nicht leugnen, daß sowohl vom militärischen wie vom religiösen Standpunkt der Schritt nicht zu verteidigen sei, und daß wir *doch* zur Ausführung schreiten mußten. Daß wir vor irdischen Richtern verurteilt werden *mußten*, auch bei Gelingen der Tat, wußten wir, und nahmen wir in Kauf. Am Stuhle Gottes hofften wir auf einen milden Richter, der in das Herz der Menschen sehen konnte.

Doch eines war uns unumstößlich klar, niemals durfte ein Handeln, zu dem wir uns durchrangen, Gemeingut werden des Volkes. Wehe der Jugend, die glaubt, das Recht zu solchen Schritten sich nehmen zu dürfen. Gehorsam ist der Grundpfeiler, auf dem das Staatswesen aufgebaut sein muß. Aber das eine möge unser Volk aus dieser Vergangenheit lernen, daß es nicht damit getan ist, in einer Tapferkeit, die ihresgleichen in der Welt kaum findet, dem äußeren Feind entgegenzutreten, sondern daß wir uns zu einer »Civilcourage« erziehen müssen, die bei allem Gehorsam uns nichts tun läßt gegen das Gewissen im Inneren.

Jeder Baum und jeder Strauch im Park erinnerte mich an das Ringen und Suchen der letzten Monate. Nun war die Stunde des Handelns gekommen. Alle Zweifel waren abgeschüttelt. Ich fühlte mich als Soldat, der nach langem Warten endlich das Signal zum Sturmangriff ertönen hörte. Als ich nach Hause zurückkehrte, war der Oberst Jäger vom Infanterie [-]Regiment 8 in Frankfurt a.O., Ritterkreuzträger, von Berlin gekommen, um letzte Dinge abzusprechen. Er blieb zum Abend; wir schieden mit dem Versprechen, uns am nächsten Morgen um 8 Uhr in der Bendlerstraße in Berlin zu treffen. Jäger war das Muster eines Offiziers von größter Tapferkeit und unbeirrt in der Verfolgung des als richtig erkannten Weges.

Am Morgen des 20. Juli fuhr ich mit meinem Kraftwagen um 7 Uhr nach Berlin. Der Abschied von zu Hause unterschied sich in nichts von all den früheren. Meine Familie, seit Monaten an die Spannungen und Aufregungen gewöhnt, zeigte eine Haltung, deren ich immer dankbar gedenken werde und die mich mit großer Kraft erfüllte. In Berlin war der engere Stab versammelt. Da ich für eine civile Tätigkeit vorgesehen war, hatte ich in den ersten Stunden keine Aufgabe. Ich wollte nur mit den Freunden in dieser Schicksalsstunde vereint sein. In der Bendlerstraße traf ich zunächst die prachtvollen Jungens vom [Potsdamer Infanterie-] Regiment 9, Georg Sigismund von Oppen, Sohn eines alten Freundes und Regimentskameraden, Ewald Heinrich von Kleist, den Sohn des aufrechten Kleist[-]Schmenzin, Friedrich Karl Klausing, einen der besten Potsdamer Offiziere, und den Sohn [Ludwig] des verstorbenen Generaloberst Freiherrn von Hammerstein. Sie alle hatten sich als Ordonnanz-Offiziere und Kuriere zur Verfügung gestellt. Stauffenberg war mit seinem Mitarbeiter, dem Oberleutnant [Werner] von Haeften, ins Führerhauptquartier geflogen; mit ihrer Rückkehr war erst gegen 1 Uhr mittags zu rechnen.

Ich fuhr nochmals zur Erledigung laufender Adjutantengeschäfte auf das Büro des Generalfeldmarschalls von Bock in die Kaiserallee. Der Feldmarschall selber war seit einigen Wochen in Ostpreußen auf dem Besitz seiner Frau. 10 Tage vorher war ich zu ihm gefahren und hatte ihm mitgeteilt, daß in allernächster Zeit gegen dieses System gehandelt werden würde. Er kenne meine Auffassung, ich müsse ihm mitteilen, daß ich beteiligt sein würde; seine, des Feldmarschalls Person, sei natürlich in keiner Weise belastet. Dieses Bekenntnis war ich ihm schuldig, hatte er mir doch, obwohl politisch in keiner Weise meiner Auffassung, stets gestattet, meine Auffassung unumwunden zu äußern. Ja, oft hatte ich das Gefühl, daß er eine gegnerische Auffassung direkt suchte, ohne – sich allerdings selber dazu durchringen zu können.

Gegen 12 Uhr mittags fuhr ich erneut zur Bendlerstraße. Hier hatte sich noch nichts geändert, immer noch wartete alles auf einen Fernspruch aus dem Hauptquartier oder auf das Eintreffen der Flugmaschine mit Graf Stauffenberg. Um nicht unnötig Zeit durch Warten zu verlieren, erledigte ich noch einige andere Arbeiten in der Stadt. Als ich nach 1 Uhr mich wieder einfand, begrüßte mich Fritzi Schulenburg mit der Mitteilung, daß das Attentat zur Ausführung gekommen sei und man eine starke Explosion gehört habe. Näheres sei noch nicht bekannt. Stauffenberg, der soeben eingetroffen sei, wäre mit Haeften beim Generaloberst Fromm [tatsächlich trafen Stauffenberg und Haeften erst gegen 16.30 Uhr in der Bendlerstraße ein]. Dieser war, wie oben schon gesagt, in der letzten Zeit vollkommen undurchsichtig gewesen. Ich selber hatte ihn vor einem halben Jahr das letzte Mal gesehen und ihm damals gesagt, daß die gutgesinnten Menschen aller Stände ihre Blicke auf ihn richteten in der Hoffnung, daß er, wenn die Stunde reif sei, handeln würde. Er sei einer der wenigen, die kraft ihrer Stellung die Lage übersehen und handeln könne. Fromm hatte nicht zugestimmt, aber auch nicht ganz abgelehnt. Seit jener Besprechung hatte ich mich anderen Aufgaben zu widmen und ihn nicht wiedergesehen.

Wie verlief nun die Unterredung Stauffenberg – Fromm? Stauffenberg meldete dem Generaloberst, daß er soeben aus dem Führerhauptquartier käme. Er habe dort nach seinem Vortrag eine Bombe zur Explosion gebracht. Diese habe sofort nach seinem Verlassen der Baracke gezündet. Er sei ohne Aufenthalt dort abgeflogen und nur noch mit großen Schwierigkeiten aus dem 3fach[en] Sperrgebiet herausgekommen. Er nähme an, daß Hitler tot sei; aber auch, wenn dies nicht der Fall sei, müsse sofort die Macht ergriffen werden. Alle Befehle seien vorbereitet. Eine neue Reichsregierung unter Dr. Goerdeler sei gebildet, der Generaloberst Beck – dieser hatte vor Jahren sein Amt als Chef der Operationsabteilung (Generalstab) zur Verfügung gestellt und auf Stellung und Ehren verzichtet, weil er den Krieg, auf den Hitler lossteuerte, für ein nationales Verbrechen ansah – sei bereit, sich an die Spitze der Freiheitsbewegung zu stellen. Fromm, der in den Tagen vorher seine Zustimmung zu gewissen vorbereitenden Maßnahmen erteilt hatte, verweigerte seine Mitarbeit und griff nach der Pistole, um Stauffenberg niederzuschießen. Haeften sprang vor seinen Chef, richtete seine Pistole auf Fromm und erklärte, sofort zu schießen, falls der Generaloberst die Waffe zöge. Fromm fügte sich. Stauffenberg wies ihn an, sein Arbeitszimmer nicht zu verlassen und stellte vor die beiden Türen je einen Offizierposten. Ebenso geschah es mit dem General von Kortzfleisch, der als stellvertretender Kommandierender General des III. [Armee-]Korps fernmündlich in die Bendlerstraße gerufen war und sich gleichfalls versagte. Später, am Nachmittag, bat er, freigelassen zu werden, mit der in dieser Schicksalsstunde des Vaterlandes für eine aktiven General eigenartigen Begründung: Er wolle militärisch und politisch nichts tun, sondern *nur* seinen Garten bebauen.

Unterdessen trafen der Generalfeldmarschall von Witzleben aus Seese im Kreise Calau, wo er bei seinem Adjutanten, dem Major Graf zu Lynar, wohnte, mit diesem sowie der Generaloberst Hoepner ein. Langsam sickerte das Gerücht durch, daß Hitler nicht tot, sondern nur verwundet sei; doch die führenden

Männer, Witzleben, Beck, Olbricht und Stauffenberg erkannten, daß es ein Zurück nicht mehr gäbe, sondern daß der einmal beschrittene Weg weiter verfolgt werden müsse.

Mir wurde ein Dienstwagen zur Verfügung gestellt, um mich in Verfolg der mir erteilten Aufgabe davon zu überzeugen, ob beim Generalkommando für Berlin und Brandenburg alles vorschriftsmäßig verliefe. Der Ausnahmezustand war erklärt, der Kommandierende General – an Stelle des General[s] von Kortzfleisch war der Befehlshaber der Wehrersatzinspektion Berlin, General von Thüngen, getreten – hatte die vollziehende Gewalt.

Unser Vertrauensmann war der prachtvolle Major von Oertzen. Er war von einer Heeresgruppe des Ostens dem Generalkommando in Berlin zugeteilt, um dort die für den Umsturz besonders wichtige generalstabsmäßige Arbeit zu erledigen. Die Verhältnisse waren besonders schwierig, da auch der Chef des Generalstabes eben gewechselt hatte (an Stelle des Generals von Rost war der General Herfurth getreten), so daß niemand da war, der Oertzen aus eigener Erfahrung heraus unterstützen konnte. Als ich beim Generalkommando eintraf, wurde dort mit beispielhafter Ruhe gearbeitet. Oertzen hatte in seiner vorbildlichen Pflichttreue sich still eingeschaltet und versicherte mir, daß keine Hilfe notwendig sei, und ich Stauffenberg versichern könnte, daß man seine Pflicht täte. Er bat nur, daß ich ihn abends nochmal unterrichten möchte über den weiteren Fortgang in der Bendlerstraße.

Als ich dorthin zurückkam, war der »Bendlerblock«, d.h. die zum Oberkommando der Wehrmacht und Oberkommando des Heeres gehörenden Gebäude, durch eine starke Wache abgesperrt. Zutritt erhielten nur diejenigen von uns, die im Besitz einer von Stauffenberg vorher ausgestellten Einlaßkarte waren.

Im Zimmer des General Olbricht fand gerade eine militärische Lagebesprechung statt, so daß ich mich nur bei Schulenburg und Klausing unterrichten konnte. Es waren gewisse Schwierigkeiten eingetreten, deren man aber glaubte, Herr zu werden. Die Tatsache, daß Hitler nicht tot sei, drang langsam weiter durch. Die Meinungen gingen auseinander, ob dies den Tatsachen entspräche, oder ob es von Goebbels aus Propagandagründen in die Welt gesetzt sei. Die zur Absperrung des Regierungsviertels beorderten Truppen waren eingetroffen und hatten mit ihren Panzern nach eingelaufenen Meldungen den Ring geschlossen. Es kam, darüber war sich alles einig, darauf an, daß unbedingt alle Maßnahmen weiterliefen.

Von einem großen Teil der Wehrkreiskommandos liefen die Meldungen ein über planmäßigen Verlauf, allerdings kamen auch jetzt bereits Nachrichten durch, die von Schwierigkeiten sprachen, da Hitler nicht tot sei und sich uneingeweihte Offiziere an ihren Fahneneid gebunden hielten. Wir haben denen gegenüber, die ohne Kenntnis des politischen Geschehens vom soldatischen Standpunkt aus treu zu ihrem Fahneneid standen, immer hohe Achtung gezollt. Das Ausland wird niemals verstehen, daß der soldatische Mensch, wie er in der preußisch-deutschen Geschichte gewachsen war, deswegen vollkommen unpolitisch war und sein konnte, weil sich die obersten Kriegsherren seiner Vergangenheit stets leiten ließen von der Fürsorge und heißen Liebe zu ihrem Volk und von großem Verantwortungsbewußtsein der gesamten Menschheit gegenüber. Verbrechen, wie sie Hitler zur Erreichung seiner imperialistischen Ziele für notwendig und berechtigt hielt, waren bisher unbekannt.

Auch Hitler verstand es meisterhaft, als geborener Schauspieler, all sein Tun den Soldaten gegenüber zu umkleiden mit dem Mantel militärischer Notwendigkeiten und in scheinbaren Einklang mit militärischer Ehrauffassung zu bringen. Die deutsche Jugend, die bereit war, genau wie die anderer Länder, ihre Pflicht zu erfüllen und ihr Leben für ihr Vaterland hinzugeben, war politisch sicher kritiklos, aber in keiner Weise verseucht von nationalsocialistischem Verbrechertum. Unsere Ablehnung galt nur den ewig Halben, die nach beiden Seiten »richtig liegen« wollten.

Trotz der langsam kritischer werdenden Lage war im Ministerium keinerlei Schwäche festzustellen. Im Gegenteil, ich wurde gebeten, sofort wieder das Generalkommando mündlich zu unterrichten und Sorge zu tragen, daß dort der beschrittene Weg weiter verfolgt würde. Also zurück zur Hohenzollernallee, wo Oertzen, ganz allein auf sich gestellt, keinerlei Stützung bedurfte. Ruhig und klar sah er den Schwierigkeiten, die kommen würden, ins Auge und versicherte, daß er seinen Posten nicht lebend verlassen würde. Er hat zu seinem Wort gestanden und sich, als in der Nacht es klar wurde, daß der Umsturz mißglückt sei, mit einer Handgranate das Leben genommen [richtig: mit zwei Gewehrsprenggranaten]. Eine starke Persönlichkeit, die noch jung an Jahren die Erfüllung des Lebens in diesem Opfergange gefunden hatte.

Ich verließ das Generalkommando um 9 Uhr abends mit der Verabredung, in der Frühe des nächsten Morgen zurück zu sein. Der Dienstwagen brachte mich in meine Wohnung am Pariser Platz. Als ich im daneben gelegenen Hotel Adlon zu Abend aß, erhielt ich ein Extrablatt der Deutschen Allgemeinen Zeitung mit dem Bericht über das Attentat. Dieses Blatt war, vermutlich aus Zufall, mit einem schwarzen Rand umgeben. Die Leute von den Nachbartischen stürzten von ihren Plätzen und baten einsehen zu dürfen, in der Vermutung und unverkennbaren Hoffnung, daß Hitler tot sei.

Was ereignete sich nun in diesen Nachtstunden? Das Wachbataillon war befehlsgemäß am Rande des Tiergartens und in den anderen Straßen um das Regierungsviertel aufmarschiert. Nachdem die Befehle ausgeführt, trat eine kurze Ruhepause ein, in der der Kommandeur des Wachbataillons, Major Remer, mit seinen Offizieren des Stabes sich in der Nähe des Brandenburger Tores unterhielt. Es wurde festgestellt, daß Hitler gar nicht tot sein solle und die ganze Unternehmung daher nicht zu verantworten sei. Ein Offizier des Stabes sagte daraufhin, er wäre ja im Propagandaministerium tätig und wüßte, daß Goebbels dort drüben in seiner Wohnung sei; er schlüge vor, daß der Kommandeur mit ihm dort hinginge, um sich über die Lage zu unterrichten. Dieser ging darauf ein. Goebbels, gewandter Propagandist und persönlich wie immer tapfer – das bescheinigten später im K.Z. auch alle Kommunisten –, verlor in keiner Weise den Kopf, rief das Führerhauptquartier an und verlangte, daß Hitler selber zu dem Kommandeur spräche. Dies wurde auch erreicht. Hitler fragte, ob Remer seine Stimme erkenne, erklärte die Tat als die verbrecherische Handlung einer kleinen, ehrgeizigen Generalstabsclique und befahl, getreu dem Fahneneid sofort abzurücken. Dies geschah.

Remer war, was bei seiner wichtigen Stellung ein Fehler war, nicht voll eingeweiht. Seine Zuverlässigkeit war umstritten, und es war nicht gelungen, da uns das Personalamt nicht zur Verfügung stand, den Posten anders zu besetzen. Goebbels hat am nächsten Tage diesen Vorfall propagandistisch stark ausgenutzt und erreicht, daß Remer, der ein persönlich tapferer Mann war, sofort zum Oberst befördert wurde.

Noch in der Nacht war der Kommandant von Berlin, General von Hase, zu Goebbels gefahren, um dessen Aufmerksamkeit abzulenken und ihm zu versichern, daß nichts Unrechtes geschähe. Goebbels hielt ihn auf und ließ ihn festnehmen [diese Mitteilung läßt sich nicht bestätigen]. Hase war eine vornehme, gerade Persönlichkeit, ihm fehlte jedoch ein Tropfen revolutionäres Blut. Anstatt sich einen Stoßtrupp zu nehmen, Goebbels niederzuschießen oder mindestens verhaften zu lassen, um damit auch endlich die unbedingt notwendige Einflußnahme auf die großen Sender von Berlin zu erhalten, glaubte er auch so, zum Ziele zu kommen.

Es ist später oft gesagt worden und nicht mit Unrecht, Offiziere eigneten sich nicht zu rücksichtslosem revolutionären Vorgehen. Ihre Erziehung und die jahrhundert alte Überlieferung wiesen sie allerdings andere Wege. Wir haben es aber abgelehnt nach reiflicher Überlegung, uns »gedingter Täter« zu bedienen und selber im Hintergrunde zu bleiben. Die Tat, die zu begehen uns bestimmt war, um unser Volk von seiner Mitschuld zu befreien, die Tat, die Männer aller Stände zum ersten Male vereinigt hatte: diese Tat mußte als Opfer von uns selber getragen werden.

Kehren wir zurück zur Bendlerstraße. Auch hier hatte die Tatsache, daß Hitler lebte, die durch das Radio bekannt geworden war, bei der großen Zahl vorher nicht eingeweihter Generalstabsoffiziere Bedenken hervorgerufen. Diese taten sich zusammen, was bei dem großen Gebäudekomplex nicht schwierig war, bewaffneten sich in der Tasche mit ihren Dienstpistolen und drängten unauffällig auf den Korridoren gegen das Allgemeine Heeresamt vor, wo die Leitung in den Räumen des General Olbricht ihr Hauptquartier aufgeschlagen hatte. Es gelang ihnen, die dort arbeitenden Offiziere in ihren Stuben zu vereinzeln und den Generaloberst Fromm zu befreien.

Nachdem sie die Gewalt an sich gerissen hatten, versuchte der Generaloberst Beck sich zu erschießen, verletzte sich aber nur schwer und wurde von Fromm [richtig: von einem Feldwebel] niedergeschossen. Dieser gab dann Befehl, Olbricht, Stauffenberg, seinen Mitarbeiter Oberst Mertz von Quirnheim sowie seinen treuen Adjutanten Haeften sofort im Hofe der Bendlerstraße zu erschießen. Diese Männer sind gestorben, wie sie gelebt haben; für sie bedeutete der Tod auf dem Sandhaufen nichts Ehrloses, sondern Erfüllung einer vaterländischen Pflicht. Ihr Tod wird Beispiel sein kommenden Geschlechtern! Sie rechneten nicht auf Dank, nicht auf Anerkennung; sie hatten das Liebste und Höchste geopfert, das sie besaßen. Sie waren durchdrungen, berufen zu sein zum Werkzeug Gottes gegen die Herrschaft des Antichristen.

Die schwüle Nacht hatte mich kaum schlafen lassen. Die Gedanken jagten im Kopf. Die Untätigkeit, zu der ich durch meine erst später einsetzende civile Tätigkeit verurteilt war, lastete schwer auf mir. Sehr früh erhob ich mich und ging schon bald nach 7 Uhr zu Fuß in die Bendlerstraße. Im Tiergarten sah man überall die Spuren der am Tage vorher aufgefahrenen Panzer. Doch die Panzer selber waren fort. In die Bendlerstraße ergoß sich ein Strom von S.S.[-]Autos, Mannschaftswagen und Fahrzeuge hoher S.S.[-]Offiziere. Der Zutritt zum Gebäude war gesperrt. Der letzte Zweifel wich: der Umsturz war mißglückt.

Meinen Handkoffer, den ich am Tage vorher beim Portier des Hauses abgegeben hatte, und der mit Namen und voller Anschrift versehen war, holte ich ab. Mochten sie den Namen feststellen, mir war alles gleich. Ein Nichtgelingen, das wußten wir seit Monaten, bedeutete den Tod für uns alle. Das konnte uns nicht schrecken, damit hatten wir in der Zeit der Vorbereitung immer rechnen müssen. Wir waren gewillt, in diesem Falle freiwillig aus dem Leben zu scheiden, trotzdem wir uns bewußt waren, daß dies vom Standpunkt eines Christen zu verurteilen war. Doch die Ethik der Standesehre verlangte es gebieterisch. Die Methoden mittelalterlicher Folterung, die die Gestapo schon bei einer größeren Zahl von unsern Freunden, die vor dem 20.VII. verhaftet [worden] waren, angewandt hatte, ließen die Gefahr offen, daß einem doch aus körperlicher Schwäche ein Name erpreßt würde. Dieses Verrates wollte keiner schuldig werden.

Ich ging zu Fuß zu meinem Büro in der Kaiserallee und schrieb einen letzten Brief an meine Frau. Sie hatte starken Herzens Monate und jahrelang alle Gefahren und Aufregungen unseres revolutionären Lebens geteilt, hatte mich nie gehemmt, obwohl sie vom ersten Tage fühlte, daß auch unser so glückliches Familienleben geopfert werden mußte in dieser furchtbaren vaterländischen Not. Sie war stets bereit, alles zu opfern, im Interesse der Wiedergewinnung preußischer Ehre. *Sie* hatte uns verstanden, dessen konnte ich gewiß sein. Ich legte die Feder hin, und während ich den Brief schloß, bewegte mich die Frage, wohl zum ersten Mal, was werden die Menschen sagen. Werden sie meine Frau und Kinder nun kränken. Im Angesicht des Todes verlor selbst diese Frage ihre Bedeutung. Nur das Urteil 2er Menschen war mir nicht gleichgültig: Was sagt dein alter Kriegskommandeur aus dem Weltkriege [Siegfried Graf zu Eulenburg-Wicken], dem ich neben dem Elternhause alles zu verdanken hatte, und was wird einst dein eigener Junge sagen?

Da kommt der Stabsfeldwebel herein und meldet, daß der Major Graf Lynar, der Adjutant des Generalfeldmarschalls von Witzleben, am Fernsprecher sei. Ich gehe an den Apparat und erfahre, daß Witzleben und er im Kreise Calau sind, wohin sie gestern nacht gefahren seien. Also hatten sie die Bendlerstraße kurz vor dem Umsturz verlassen. Das Gespräch hatte mir gezeigt, daß die Gestapo bisher keine Schritte unternommen hatte; ich beschloß daher, nach Neuhardenberg zu fahren und das Weitere abzuwarten. Gleich darauf rief der Generalfeldmarschall von Bock aus Ostpreußen an und beschwerte sich bei mir in den kräftigsten Ausdrücken, daß ihm durch den Wehrkreiskommandeur in Ostpreußen auf Befehl Keitels verboten worden sei, seinen Wohnsitz dort zu verlassen. Das Gespräch ist bestimmt abgehört worden, und darauf war es auch berechnet. Mittags fuhr ich gänzlich unangefochten nach Neuhardenberg. Auf dem Bahnhof holten mich Lalla und Wonte ab. Meine Frau war, so schwer es ihr wurde, zu Hause geblieben, um nicht Aufmerksamkeit zu erregen. Trotz der Nachrichten, die das Radio in der Nacht und am Morgen durchgegeben hatte, hoffte meine Familie noch immer, daß nicht alles verloren sei. Ich mußte ihr diese letzte Hoffnung rauben. Meine Verhaftung stand sicher bevor; es war nur die Frage wann.

[In der überarbeiteten Fassung (Typoskript, S. 15) folgt an dieser Stelle ein Zusatz; dieser lautet: »Unserer armen Wonte mußte ich die traurige Nachricht bestätigten, daß Werner Haeften, mit dem sie verlobt war, auf dem Hof der Bendlerstraße erschossen worden war. Tapfer ertrug sie den schweren Schmerz. Werner Haeften war weit über sein Alter reif und besaß einen kristallklaren Verstand, der aber, wie ich es nur selten gefunden habe, in vollem Gleichgewicht stand mit einem unerhört anständigen Charakter. Er hatte, obwohl er militärisch Stauffenbergs Untergebener war, einen sehr großen und guten Einfluß auf seinen prachtvollen Chef ausgeübt. Wonte kann mit Recht sehr stolz auf sein Wirken im Sinne von Deutschlands Schicksalsgestaltung sein.«]

Es war Freitag, bis Montag war mir noch Frist gegeben. Tage und Stunden, die ich in vollen Zügen ausgekostet habe auf Ritten und Spaziergängen zu allen liebgewordenen Plätzen im Revier und auf den Gütern.

Am Sonntag kam Margarethe von Oven im Auto und teilte mir mit, daß Henning Tresckow als Armeechef am Tage nach dem Attentat »gefallen« sei. Wir wußten beide ohne viel Worte Bescheid. Mit ihm war einer der Besten, der Tapfersten, aber auch der Begabtesten von uns geschieden. Sein Andenken wird unauslöschlich in der Seele aller derer weiterleben, die mit ihm zusammengearbeitet haben. Im Weltkriege war er Fahnenjunker unter mir gewesen, jetzt erkannte ich ihn freudig als Führerpersönlichkeit an. Die Beerdigung sollte nach Rückführung der Leiche durch Flugzeug am Mittwoch, dem 26ten Juli in Wartenberg, Kreis Königsberg, Neumark, stattfinden. Ich wollte selbstverständlich, falls ich noch frei war, hinfahren. Die Mehrzahl unserer Freunde war tot oder verhaftet.

Der einzigste aus unserem engeren Kreis, von dem ich wußte, daß er am Tage des Attentats unbeteiligt war, weil er dienstlich in Bückeburg zu tun hatte, war Kurt Freiherr von Plettenberg! Er kehrte übrigens erst nach meiner Verhaftung am Abend des 24. Juli nach Berlin zurück und fand offen auf seinem Schreibtisch die Bestellung eines Fernsprechanrufes: »Oberst Graf Stauffenberg bittet Baron Plettenberg am 19. Juli 14 Uhr nachmittags mit ihm nach Neuhardenberg zu fahren.« Die Gestapo hat dies niemals erfahren. Plettenberg wurde abgöttisch von seinen Mitarbeitern verehrt. Vor Verrat war er sicher. Ich habe später im Konzentrationslager bei den stundenlangen Vernehmungen durch die Beamten der Gestapo immer wieder mit stiller Freude festgestellt, daß Plettenberg noch frei war und mußte dann doch, als ich in Potsdam nach meiner Befreiung ankam, erfahren, daß er infolge der Geschwätzigkeit eines Bekannten Anfang März [19]45 noch verhaftet worden sei. Am 9. März wurde ihm eröffnet, daß er am folgenden Tage zur Erzwingung von Aussagen gefoltert werden sollte. Er wäre niemals zum Verräter geworfen. Als ihn am nächsten Tage der Beamte in der Prinz[-]Albrecht[-]Straße 4 Treppen hoch in das Vernehmungszimmer geführt hatte, gab er ihm einen Kinnhaken, daß dieser lang hinschlug, öffnete das Fenster und sprang heraus. In seiner Zelle fand man einen Zettel, auf dem die Worte standen: »Ich hoffe auf einen milden Richter.« Der war ihm gewiß. Es hat kaum einen edleren Menschen gegeben als Kurtel Plettenberg. Ich habe unendlich viel mit ihm verloren.

Montag, der 24te Juli abends. Am Tage war ich nochmal im Auto in Berlin gewesen. Meine Mitarbeiter auf dem Büro des Feldmarschalls hatte ich, um sie nicht zu gefährden, niemals eingeweiht; um sie brauchte ich mich nicht sorgen. Aber das Schicksal von Fräulein von Oven, die im Nebenzimmer beim Nachkommando der Heeresgruppe arbeitete, lastete schwer auf mir. Noch war jedoch alles in Ordnung. Zurück nach Neuhardenberg begleitete mich mein Schwager und alter Regimentskamerad Schilling von Canstatt, der nur wenige Tage bei uns bleiben wollte.

Wir hatten Abendbrot gegessen und wollten aufstehen, als meine Tochter Lalla durch die aufgehende Tür im Steinflur 3 Männer stehen sah und fragte, was diese wohl wollten. Jetzt war die Stunde gekommen. Ich hatte meiner Frau vorher auf einsamem Spaziergang im heimatlichen Walde gesagt, daß ich mich der Verantwortung nicht feige entziehen wollte, daß ich mich von der Gestapo aber nicht verhaften lassen würde, um nicht Gefahr zu laufen, unter ihren Folterungen zum Verräter an meinen besten Freunden zu werden. Ich stand auf und ging heraus.

»Sind Sie Graf Hardenberg[-]Neuhardenberg?« – »Ja.« »Dann sind wir gezwungen, Sie zu verhaften.« Ich erwiderte, daß ich zu ihrer Verfügung stände und mich nur von meiner Frau verabschieden wollte. Sie sollten einen Augenblick in die Bibliothek gehen. Dann ging ich in den Gartensaal zurück, umarmte meine auch in dieser für sie so schweren Stunde vorbildliche tapfere Frau und betrat, gefolgt von einem Beamten, die Bibliothek. Meinen Revolver hatte ich seit Jahren immer schußbereit bei mir. Ich wußte, daß alles darauf ankam, schnell zu handeln. Ich schoß mich zweimal hintereinander in die Brust. Einer der Beamten, der außen herum in die Bibliothek gegangen war, eröffnete darauf in großer Sorge, daß ihm meine Schüsse gelten, aus der kleinen Bibliothek nebenan das Feuer auf mich und sprang dabei nach jedem Schuß in Deckung hinter die Tür. So entbehrte auch diese Schicksalsstunde nicht großer Komik. Er hatte nur den Erfolg, seinen Kollegen hinter mir ins Knie geschossen zu haben. Ich sank auf einen Stuhl, der Beamte setzte sich daneben, und bevor ich die Besinnung verlor, fragte ich ihn: »Was machen Sie eigentlich?« Und: »Überlassen Sie das doch mir.« Er sagte voll äußerster Erregung: »Sie sind ja ein furchtbarer Mensch.«

Als ich wieder zu mir kam, war ich auf die Erde gelegt worden, und der junge Neuhardenberger Arzt untersuchte und verband mich. Währenddessen waren nebenan meine Tochter Wonte, mein Schwager und mein Vetter Bolly [Winfried von der] Schulenburg, der bei uns wohnte, verhaftet worden. Sie wurden noch um 23 Uhr abends nach Berlin ins Gefängnis Lehrterstraße befördert. [In der überarbeiteten Fassung (Typoskript, S. 16) folgen an dieser Stelle zwei Sätze; diese lauten: »Wonte kam die letzten 6 Wochen ihrer Haft ins Frauen-Justiz-Gefängnis in der Kantstraße 79. Die beiden anderen blieben im Gefängnis Lehrterstraße.«] »Schlimm waren dort nur die Wanzen«, sagte Wonte später. Schilling wurde nach 6 Wochen, während deren seine angegriffene Gesundheit schwer gelitten hatte, entlassen. Seine Aussagen waren klug und vornehm. Bolly Schulenburg, der ebenso unschuldig war, kam erst kurz vor dem Russeneinmarsch frei. Wonte wurde stundenlangen Verhören ausgesetzt. [In der überarbeiteten Fassung (Typoskript, S. 16) folgen an dieser Stelle drei Sätze; diese lauten: »Wonte war als meine Sekretärin seit Jahren in alles eingeweiht. Sie wurde stundenlangen Verhören ausgesetzt. Unglücklicherweise hatte die Gestapo einen Brief von ihr an Werner Haeften abgefangen und man hoffte, durch sie mehr über ihn zu erfahren.«] Sie war mit W[erner] Haeften verlobt, wenn es auch noch nicht öffentlich war; seine starke, wehrhafte, heldische Seele hatte sie in ihren Bann geschlagen. Über ihre Lippen ist kein Wort gekommen, was Werner H[aeften] oder mich belastet hätte, obwohl sie seit Jahren in alles eingeweiht war. Selbst die abgehärteten Gestapobeamten ließen mir gegenüber durchblicken, daß sie von ihrer Haltung tief beeindruckt wären. Kurz vor Weihnachten wurde sie endlich entlassen, da man bis dahin in der Untersuchung gegen mich keine Fortschritte gemacht hatte. Am Tage nach ihrer Entlassung fuhr sie im Auto von Neuhardenberg nach Berlin und brachte einen Weihnachtsbaum und einige Geschenke ihren Mitgefangenen. Eine menschlich empfindende Anstaltsleiterin erlaubte ihr, eine christliche Andacht abzuhalten. Sie war mit vielen der Witwen der Männer zusammen, die das dritte Reich gerichtet hatte, und hat Freundschaften fürs Leben geschlossen.

In der Nacht [24./25. Juli] pflegten mich meine Frau und meine Tochter Lalla abwechselnd. Der Bauer Buchholz, Neuhardenberg, war als Hilfspolizist, da die Beamten abgekämpft waren, vor die Stube gestellt. Lalla erzählte, daß ihm dauernd die dicken Tränen in seinen großen Schnurrbart gerollt wären. Dankbar gedenke ich auch des Gendarmen Blume in Neuhardenberg, der sich von den Beamten nicht imponieren ließ, sondern erst sorgfältig ihre Ausweise prüfte, und auch die ganze Zeit nach der Verhaftung sich als aufrechter Mann – er war Reservist und politisch links stehender Maurer – gezeigt hat. Er besaß die Civilcourage, die vielen Höherstehenden ermangelte.

Am Morgen des 25ten hatte meine Frau auf Verlangen des Neuhardenberger Arztes das Auto nach Berlin gesandt und den Professor Landois vom Elisabeth[-]Krankenhaus kommen lassen. Dieser stellte fest, daß die beiden Schüsse, die schräg von oben nach unten geführt waren, zwischen den Rippen hindurch gegangen und den Herzbeutel nur gestreift hätten. Landois war ein guter, alter Bekannter, der mich schon mehrfach an meinen Kriegsverletzungen operiert hatte. Nach der Untersuchung sagte er mir, es wäre ein S.S.[-]Auto da, das mich in ein Lazarett abtransportieren solle. Ich weigerte mich energisch und bat ihn um eine große Papierschere vom Schreibtisch mit den Worten: »Sie durfen mich nicht hindern; ich weiß, was ich tun muß.« Den schweren, inneren Kampf konnte man ihm ansehen, dann siegte der Mensch, der Freund, über den Arzt. »Helfer der Menschheit« zu sein hatte er beschworen. Diesem Schwur blieb er getreu. Ich bat ihn, meiner Frau beizustehen und mich allein zu lassen. Dann bohrte ich die Schere tief in jeden Schußkanal und begann die Pulsadern zu öffnen. Bei meiner Schwäche und der Stumpfheit der Papierschere ein schweres Beginnen. Da kamen die Beamten mit der Bahre, sahen, was geschehen, und ließen die Verletzungen verbinden. Das einzigste, was der junge Arzt noch tun konnte, war, eine doppelte Dosis Morphium zu geben und zu seiner Entlastung eine leere Ampulle Tetanusserum hinzustellen.

Die Fahrt dauerte zwei bis 3 Stunden. Ein kurzer Halt und Öffnen der Türen ließ mich ein Schild erkennen: Bernau. Jetzt war bestätigt, was ich erwartet: Unser Ziel war das berüchtigte Konzentrationslager Oranienburg – Sachsenhausen. Als der Wagen hielt, umstanden uns mehrere S.S.[-]Leute und eine große Zahl an Männern in blauweiß gestreiften Anzügen, der später allzu bekannten Sträflingskleidung. Man brachte mich in einen gut ausgestatteten Operationsraum. Einer der Männer flüsterte mir zu: »Nicht reden, *immer* schweigen, überall Spitzel.« Dann drückte in einem unbewachten Augenblick mir einer einen Kuß auf die Stirn mit den Worten: »Ich weiß nicht, was war, aber wir danken alle.« Ich war glücklich – bis ich nach einigen Tagen erfuhr, daß der Betreffende wegen § 175 [Reichsstrafgesetzbuch] seit Jahren im Lager!

Die beiden Kugeln wurden unter der Haut herausgeschnitten und alles sorgfältig verbunden. Behandelnder Arzt war ein Häftling und sehr geschickter Chirurg aus Paris, Condère. Bestimmt kein Deutschenfreund, aber ein Mann, der Unterschiede machte in der Beurteilung. Er hat in den Monaten, wo ich im Krankenbau war, vielen Menschen das Leben gerettet, besonders später bei den schweren Luftangriffen, wo er Nächte hindurch am Operationstisch stand. Dann kam ich in einen Raum, wo 22 Kranke, meist Operierte, lagen, in ein Bett, in dem kurz vorher der Oberst Wagner, früherer Kanzler des »Stahlhelm«, gestorben war. Er hatte sich bei seiner Verhaftung aus dem Fenster gestürzt.

Auf Grund einer neuen Morphiumspritze schlief ich bis um 5 Uhr morgens, wo das gleichförmige, tägliche Leben im K.Z. begann. Ich lag zusammen mit Franzosen, Belgiern, Holländern, Dänen, Polen, Russen und Italienern. Eine bunte Schar aus aller Welt: Professoren, Ministerpräsidenten, katholische Universitätslehrer, Husarenoffiziere, Landwirte, Forstleute, Generäle, Handwerker, Seeleute; alles war vertreten. Dann viele deutsche politische Häftlinge sowie Berufsverbrecher. Die politischen trugen einen roten Winkel auf der Brust, die Berufsverbrecher einen grünen, der aber durch vieles Schrubben allmählich weiß und dann mit rot bescheiden aufgefrischt wurde. Die Berufsverbrecher waren zunächst nette, hilfsbereite Menschen, die aber zu weich und zu schlapp für ein ordentliches Leben waren. Hinter dem Stacheldraht des Lagers konnten sie ihren Fehlern nicht frönen; ich bin aber überzeugt, daß sie in der Mehrzahl nach der Befreiung rückfällig werden. Sie gehören ebenso wie die Asocialen wieder in ein Lager.

Die deutschen politischen Häftlinge gehörten in der Mehrzahl den Linksparteien an. Ich habe sehr viele hervorragende Charaktere kennengelernt, mit denen mich zeit meines Lebens Freundschaft verbinden wird. Ihnen verdanke ich auch eingehende Belehrungen, wie ich auszusagen hätte. Schon am nächsten Tag [27. Juli] wurde ich im Krankenwagen ins »Behandlungszimmer«, wie es zweideutig hieß, gefahren. Meine kommunistischen Bettnachbarn instruirten mich: »Reg Dich gar nicht auf, Carl, sondern nur die anderen; rede so wenig wie möglich bei heiklen Fragen, dagegen um so länger bei harmlosen. Verdächtige keinen Freund. Bekenne alles worauf nicht Todesstrafe steht. Es ist egal, ob du lebenslängliches Zuchthaus oder ein halbes Jahr Gefängnis erhältst. Beides dauert genau so lange, wie das dritte Reich besteht. Nach 12–15 Minuten zeig Atembeschwerden, antworte immer langsamer und schließ die Augen.«

Ihre Ratschläge waren gut und erprobt. Nach der Vernehmung saßen sie wieder auf meinem Bett und hörten mich ab. Mit fortschreitender Gesundung mußte ich mich immer längeren Vernehmungen gewachsen zeigen. Allmählich war man auch gefeit gegen Schmeicheleien und Drohungen in schnellem Wechsel. Das erste Verhör hatte begonnen mit der Bemerkung: »Ihr Haus steht auf einem christlichen Standpunkt. Sie haben in einem der besten Regimenter der alten Armee gestanden, Sie werden sich doch also nicht der Lüge bedienen, sondern als Ehrenmann alles aussagen. Der Kurfürst von Brandenburg hat in Ostpreußen einst einen Kalckstein hinrichten lassen und trotzdem hat dessen Name heute noch dort einen guten Klang.« In den weiteren Vernehmungen wurden mir immer wieder Protokollunterschriften von Freunden gezeigt und dann behauptet, sie hätten mich schwer belastet. Was wußten diese Leute von der Tiefe der Freundschaft, die uns verband.

Allmählich lernte ich, aus den Fragen mir ein Bild zu machen über das, was sich draußen ereignete. Heini Lehndorff, dieser hervorragende Sohn der ostpreußischen Scholle, mit dem mich von der gemeinsamen Arbeit bei der Heeresgruppe her aufrichtige Freundschaft verband, war ihnen scheinbar erst entsprungen, nachher aber leider wieder eingebracht worden. Er war in den Jahren des Krieges in seltener Weise gereift, war aus dem sorglosen Offizier zu höchstem Verantwortungsbewußtsein herangewachsen. Er war ein ganzer Mann und starb als Held.

Fabian Schlabrendorff wurde besonders gehaßt, ein Zeichen, daß ihnen dieser kluge und zielbewußte Mann schwer zu schaffen machte. Er ist auf das schwerste gefoltert worden und hat nichts, aber auch gar nichts, ausgesagt. Er mußte vom Volksgerichtshof, allerdings nachdem Herr Freisler, der »öffentliche Ankläger«, bei einem Bombenangriff ums Leben gekommen war, wegen »erwiesener Unschuld« freigesprochen werden. Bei dem Verlassen des Gerichtssaales wurde er im Auftrage Himmlers von der S.S. verhaftet mit der Begründung: dies sei ein Fehlurteil, er werde von der S.S. »liquidiert« werden. Ein Fehlurteil war es allerdings. Schlabrendorff gehörte zu den Treuesten und Tapfersten. Ich hätte niemals geglaubt, ihn wiederzusehen.

Als ich in das Konzentrationslager eingeliefert wurde, hatte ich nur ein zerschnittenes Nachthemd an und einen Schwamm sowie Kamm und Bürste mit. Alles andere wie Pantoffeln, Strümpfe, Taschentücher, Spiegel, Rasierzeug u.s.w. habe ich mir von hilfsbereiten Kameraden geborgt oder allmählich geschenkt erhalten. Mein Pfleger Paul Hofmann, Kommunist aus Burgstedt in Sachsen, war unübertrefflich. Er übte eine tadellose Disciplin im Saale aus und war Tag und Nacht auf den Beinen, um seinen Pflegebefohlenen zu helfen. Auch die S.S., die täglich kam, konnte ihn nicht aus der Ruhe bringen. Er veranlaßte die Ausländer, von ihren Lebensmittelpaketen, die sie bekamen, abzugeben und hat verstanden, denen, die hungerten, noch einen halben »Schlag« zuzuteilen.

Auch eine »Kute« Brot hatte er immer in Reserve. Sonntags besuchten ihn seine Kumpels aus den anderen Blöcken des Lagers. Alles sehr brauchbare deutsche Männer, die ihr Vaterland liebten und mit denen man im K.Z. offen und in Ruhe politische Ansichten austauschen konnte.

Nach einigen Tagen wurde ich derartig schlapp, daß die Aufsicht führenden S.S.[-]Ärzte Sorge bekamen, meine streng befohlene Wiederherstellung nicht zu erreichen. Ich wurde zunächst punktiert, um das geronnene Blut zu entfernen und dann wurde eine Bluttransfusion gemacht, bei der man mir 1000 g. Blut von einem Berufsverbrecher einpumpte. Er fühlte sich seitdem als mein »Adoptivvater« und hoffte, seine Auslagen auch von mir zurückerstattet zu erhalten. Im übrigen erhielt er für das »Blutspenden« 14 Tage doppelte Verpflegung. Später habe ich ihn aus den Augen verloren.

Ende Oktober [1944] erhielt ich endlich einen Handkoffer mit Kleidern und Wäsche. Das Wetter war nicht mehr dazu angetan, in zerschlissenen Pantoffeln herumzulaufen. Da ein Teil der jungen Beamten der Gestapo, sehr gegen ihren Wunsch, an die Front geschickt wurde, kam bei den Vernehmungen ab Oktober als Stenotypistin ein Mädchen mit. Für diese war das Betreten des Lagers verboten; daher mußten die Vernehmungen im Vorlager, wo die S.S.[-]Baracken standen, stattfinden. Wir tagten im Luftschutzkeller des S.S.[-] Offizierkasinos, der als »Klosterkeller« ausgebaut war: Überall an den Wänden große Malereien von Mönchen mit nackten Mädchen auf dem Schoß. Im allgemeinen wurde ich von dem S.S.[-]Hauptsturmführer Bartoll vernommen. Nur einmal, ziemlich im Anfang, erschien der Abteilungsleiter Bock, brüllte aber vom Fleck weg so stark, daß ich Ohnmacht nicht heucheln brauchte. Als er keinen Erfolg hatte, verließ er bald verärgert den Raum. Bartoll war im allgemeinen sachlich. Einige Male drohte er, »andere Methoden des Verhörs« anwenden zu müssen. Ich bin jedoch nicht gefoltert worden im Gegensatz zu vielen Kameraden in Berlin in der Prinz[-]Albrechtstraße. Dies wagte man entschieden nicht, solange ich im Krankenbau des Konzentrationslagers liegen mußte, wo ein Zusammenkommen mit anderen Häftlingen nicht zu verhindern war.

Bartoll zeigte sich allmählich sehr unzufrieden, daß er bei den Vernehmungen keine Erfolge habe und ließ deutlich durchblicken, daß ihm von seinen Vorgesetzten persönlich darüber Vorwürfe gemacht würden. Im Anfang kam er im dicken Auto, dann im kleinen Wagen, zusammen mit anderen Gestapobeamten, die in Sachsenhausen zu tun hatten, und schließlich ohne Auto mit der S.Bahn. Dies waren deutliche Anzeichen für fortschreitende Erschwernisse. Bis 1944 waren die SS und die Gestapo von allen Einschränkungen verschont geblieben.

Hauptpunkte meiner Vernehmung waren:

1. »Warum haben Sie versucht, sich das Leben zu nehmen?« Dies war besonders belastend.

2. »Ein Zeuge hat ausgesagt, daß Stauffenberg alle wichtigen Fragen mit ihnen besprochen habe.«

3. »Eine vorgefundene Liste bezeichnet Sie als zukünftigen Oberpräsident von Berlin und Brandenburg. Davon hatten Sie Kenntnis.«

4. »Warum waren Sie am 20. Juli 3mal in der Bendlerstraße?«

5. »Das Fremdenbuch von Neuhardenberg weist aus, daß der engere Kreis der Attentäter bei Ihnen ein[-] und ausgegangen ist.«

Ferner wurde ich eingehend nach allen führenden Persönlichkeiten des Heeres, der Verwaltung und der Wirtschaft ausgefragt. Besonderes Interesse fand, wer im »Gotha« stand. Hier wurde nach den intimsten Einzelheiten gefragt.

Zu der ersten Frage hatte ich in der Nacht nach meiner Verwundung meiner Frau noch zuflüstern können, es wäre geschehen, da ich infolge Zuckerkrankheit hochgradig erregbar sei und eine Verhaftung für untragbar hielte. Um durch den in Wirklichkeit nur in ganz geringen Mengen vorhandenen Zucker im Konzentrationslager nicht Lügen gestraft zu werden, mußte ich dort vor jeder Untersuchung heimlich Zucker essen, um wenigstens etwas stärkere Erkrankung vorzutäuschen.

Zu Punkt 2 sagte ich aus, daß Stauffenberg durch seinen Adjutanten Haeften mir deswegen nach Neuhardenberg gebracht worden wäre, damit er sich von seiner großen Arbeitslast in der Natur etwas erholen könne. In Berlin sei ich nur mehrfach bei ihm gewesen in Fragen von Burschen- und Pferdegestellungen für meinen Feldmarschall. Auf letzteren Einwand erwiderte Bartoll einmal: »Sie müssen ja eine sehr unbedeutende Persönlichkeit gewesen sein.« Ich konnte ihm dies nicht bestreiten.

Zu Punkt 3 habe ich ausgesagt, ich könnte nicht hindern, wenn mich andere auf eine Liste gesetzt hätten ohne meine Kenntnis. Im übrigen könne ich beweisen, daß ich mehrfach Abgeordnetenmandate und Staatsämter seit 1918 ausgeschlagen hätte, da ich in meiner Arbeit voll befriedigt sei. Hierauf wurde ich gefragt, ob ich ein Amt aber nicht angenommen hätte, wenn es mir angeboten worden wäre. Instinktiv antwortete ich, dies könnte ich nicht beantworten. Mir war damals noch nicht bewußt, daß die Nazi den »Annahmeparagraphen« eingeführt hatten, d.h. daß auch der verurteilt wurde, von dem »angenommen« werden könne, daß er etwas getan haben würde. Den Grafen Heini Dohna[-]Tolksdorf, der zum Oberpräsidenten von Ostpreußen vorgesehen war, hat man zum Strang verurteilt, weil er aus seiner vornehmen Einstellung heraus auf diese Frage geantwortet hatte: »Ich hätte das getan, was im Interesse meines Vaterlandes gelegen hätte.«

Punkt 4 war leicht zu beantworten; ich wollte Stauffenberg dienstlich sprechen und konnte ihn wegen der Vorkommnisse nicht erreichen.

Sehr viel schwieriger war Punkt 5. Alle jüngeren Besucher von Neuhardenberg tat ich als Courmacher meiner Töchter ab. Meine Bemerkung: »Ich hasse jeden

Schwiegersohn, ehe ich ihn kenne« lenkte die Aufmerksamkeit glücklicherweise auf längere Zeit ab.

Bartoll war ein Gemütsmensch. Eines Tages sagte er mitten in der Vernehmung, die gerade vollkommen friedlich verlief, er hätte zwar keinen schlechten Eindruck von mir, er müsse mir aber sagen, daß die Gestapo bis jetzt wegen 4 Paragraphen des Strafgesetzbuches, auf denen allen die Todesstrafe stehe, Anklage beim Volksgerichtshofe erheben würde. Er war erstaunt, daß mich diese Tatsache nicht erschütterte. Da ich vollkommen überzeugt war, daß mich die Nazi und zwar von ihrem Standpunkt mit Recht verurteilen würden, konnte mich immer nur wieder in Erstaunen setzen, daß es ihnen nicht gelang, mich zu überführen.

Am 20. Juli [1944] hatte ich allein 4[-] oder 5mal im Fahrtenbuch der Fahrbereitschaft des O.K.W. meine Kraftwagenfahrten zwischen Bendlerstraße und Generalkommando quittiert. Anscheinend müssen diese Unterlagen von dem Fahrbereitschaftsleiter rechtzeitig vernichtet [worden] sein. Klausing hatte mir die von Stauffenberg ausgestellte Ausweiskarte No 1 zum Betreten des Bendlerblocks ausgehändigt. Die Karte selber konnte ich am 21. Juli »auf dem Wege der Wasserspülung« vernichten. Aber die Liste war in die Hände der Gestapo gefallen, und Brummel Oppen hatte – meinen Namen *nicht* eingetragen. Das Wichtigste war aber, daß alle Freunde unseres engeren Kreises, getreu der Abmachung, nicht einen Namen verraten haben, trotzdem sie, wie zum Beispiel Fabian Schlabrendorff, aufs schwerste gefoltert worden waren. Der Herrgott hat das Gelingen der Tat nicht gewollt; er wollte, daß unser Volk den Kelch zur Neige austrank; an der Opferbereitschaft der Märtyrer hat es nicht gefehlt.

Vom Beginn des Jahres [19]45 an änderte sich die Lage insofern, daß der geordnete Gang der Vernehmungen unregelmäßig wurde, dafür aber die illegale Liquidierung im Lager in verstärktem Maße zunahm. Jede Nacht wurden einzelne Häftlinge aus den Baracken gerissen und durch Genickschuß getötet oder aufgehängt. Das Erhängen war überhaupt im Lager ein beliebter »Sport«. Früh und abends mußten die Häftlinge (in wechselnder Stärke von 20–30000 Mann) antreten zum Appell. Hierbei wurden täglich oder fast jeden zweiten Tag 1–3 Leute in Gegenwart aller aufgehängt. Außerdem wurde hierbei die häufig verhängte Prügelstrafe vollzogen. Je nach Schwere des Falles oder vielmehr nach Laune der SS wurden 25–100 Schläge mit schwerer Lederpeitsche verhängt. Die Verurteilten wurden mit entblößter Sitzfläche über einen Bock geschnallt und mußten nach 25 Schlägen anschließend immer ins Revier getragen werden, um dort ausgeheilt und dann – weitergeschlagen zu werden.

Auch am Tage kam von Januar [19]45 an die »grüne Minna« täglich ins Revier gefahren und holte ihre Opfer ab. So wurde kurz vor Schluß eines Tages auch Dohnányi und Oberstleutnant von Boehmer geholt. Im März erhielten die Häftlingsärzte den Auftrag, eine Liste derjenigen Kranken aufzustellen, die voraussichtlich innerhalb von 3 Monaten nicht gesund würden. Viele ließen sich auf diese Liste setzen, da sie hofften, bei einer möglichen Evakuierung in der Eisenbahn gefahren zu werden oder in Sachsenhausen zu bleiben. Allmählich sickerte durch, daß alle diese Häftlinge »vergast« werden sollten. Es war aber streng verboten, von der Liste einen Namen zu streichen. So wurden eines Tages von unseren 86 Mann in unserer Stube 53 [Namen] verlesen und in die Gaskammer geschickt, unter ihnen der alte Herr Späth von den Berliner Baumschulbetrieben. Sie haben alle ihr Schicksal vorher gewußt.

Von Anfang 1945 an war ich nicht mehr gewillt, mich abschlachten zu lassen. Meine Frau durfte mich ab November [1944] alle 4 Wochen besuchen; es war ihr gelungen, trotzdem immer ein SS[-]Mann unseren Unterhaltungen beiwohnte, mir einen Ausweis, Schmuckstücke zu Bestechungszwecken, Geld und ein Jagdmesser zuzustecken. Mein Freund, ein holländischer Husarenoffizier, der Blockältester war, hatte mit mir verabredet, daß er mich, sowie die Gestapo mich abholen würde (hierzu mußte sie vorher zu ihm gehen), mich durch einen Dritten warnen lassen würde; ich sollte dann aus dem Fenster klettern und zwischen elektrisch geladenem Draht und Baracke in ein zu diesem Zwecke aufgelassenes Kellerfenster in die Heizungsanlagen kriechen. Hier konnte man sich in den Kohlenbergen verstecken. Er wollte 14 Tage für Ernährung sorgen, und dann sollte ich mit einer Gruppe von 50 Norwegern, meist sehr großen Leuten, die noch bei Dunkelheit täglich zur Arbeit ausrückten, die Wache passieren und im Laufe des Tages die Sträflingskleidung ablegen und in darunter befindlichem Civil die Arbeitsstätte verlassen. Diese Unternehmung, die mindestens 50% Wahrscheinlichkeit für ihr Gelingen hatte, brauchte jedoch nicht steigen.

Eines Tages, im Februar [1945], kam ein Vertreter der ausländischen Häftlinge zu mir und teilte mir mit, seine Freunde hätten zu mir Vertrauen gefaßt und bäten mich, ihnen beizutreten, sie hätten 5000 Gewehre in dem erweiterten Bereich des Lagers und beabsichtigten, sich gegebenenfalls mit Gewalt zu befreien. Sie benötigten noch einen soldatischen Fachmann, um die Bewachungsmannschaften zu überwältigen. Das Lager bestand aus dem eigentlichen Häftlingslager, das mit einer 3 Meter hohen Mauer umgeben war und innerhalb der Mauer ein elektrisch geladenes Drahthindernis von circa auch 3 Meter Höhe hatte. Am Eingang lag das alles beherrschende Wachhaus. Hier fand unten die eingehende Kontrolle aller ein[-] und ausgehenden Personen statt. Im ersten Stockwerk war ein schweres Maschinengewehr aufgebaut, mit dem alle von da ausgehenden Lagerstraßen beherrscht wurden. Auf das übrige Drahthindernis waren 7 oder 9 Wachtürme mit leichten Maschinen[-]Gewehren verteilt. Wachmannschaften waren erst deutsche SS[-]Leute und später Bewohner des Balkans in SS[-]Uniform. Je ein Oberscharführer war Führer eines »Blockes«, in dem normal 200, meist aber 3–4fache Zahl von Häftlingen lag. In der Zeit der schweren feindlichen Bombenangriffe, in der viele Außenlager zerschlagen waren, lagen fast stets 5 Mann in 2 Betten, die in 3 Etagen übereinander standen. Eine Befreiungstat wäre von Mitte April ab bestimmt von Erfolg gekrönt gewesen, denn auf seiten der SS war keinerlei Einsatzbereitschaft mehr vorhanden, es war nur erforderlich, daß einige Stoßtrupps gebildet wurden, die von ernstem Angriffswillen beseelt waren.

Da kam der Befehl, daß das Lager geräumt werden solle mittels Fußmarsch nach der Priegnitz und Mecklenburg. Jeder Mann erhielt ein Brot und eine halbe Dose Wurst, eine Ernährung, die später für 10 Tage reichen sollte. Es wurden Marschgruppen zusammengestellt; auf je 100 Mann kam immer ein SS[-]Mann mit Maschinenpistole. Diese erhielten den Befehl, jeden, der das Marschtempo nicht halten konnte, niederzuschießen. Auf diese Weise sind dann noch Tausende in den nächsten Tagen umgebracht worden. Ich selber hielt es nicht für richtig, mich an diesem Todesmarsch zu beteiligen, sondern versteckte mich während der kritischen Stunden und blieb dann, als alles abgerückt war, bei den zurückgelassenen Schwerverwundeten.

Am Morgen des 22. April waren die SS[-]Wachen verschwunden; wir waren im Lager allein; um 10 Uhr vormittags erschien ein einzelner russischer Soldat, ein Sohn der östlichen Steppe, und – wurde von den begeisterten ausländischen Häftlingen herzlich abgeküßt. Ich benutzte die neue Freiheit, um mit einigen Kameraden den äußeren Teil des Lagers in Augenschein zu nehmen. Dieser war gleichfalls noch mit einer hohen Mauer umgeben, hatte aber gepflegte Anlagen und die Unterkunftsbaracken für die Verwaltung und die SS[-]Mannschaften. Hier befand sich aber auch das Krematorium sowie die Gaskammer und der Platz für Liquidierungen. Ich wollte diese Stätten des Grauens selber sehen, um später Wahrheit und Dichtung unterscheiden zu können.

Das Krematorium mit 4 Öfen, in denen die Leichen verbrannt wurden, war eine Notwendigkeit, da bei der großen Belegungsstärke des Lagers viele Häftlinge täglich eines »normalen« Todes starben und Beerdigungen in der Zahl undurchführbar gewesen wären. Daneben lag die Gaskammer und ein Raum zum Entkleiden. Den Häftlingen, die hier vergast werden sollten, wurde gesagt, daß sie entlaust werden sollten. Sie mußten sich im Entkleidungsraum nackt ausziehen und erhielten zur Täuschung jeder ein Handtuch »zum Abtrocknen«. Dann kamen sie bis zu 200 [Mann] in die Gaskammer, einen völlig leeren Raum mit Brausen, denen aber nach luftdichter Abschließung des Raumes statt Wasser das Gas entströmte. Zur »Unterhaltung« der Opfer wurde dabei ein Radio auf Überlautstärke angestellt. Nach anschließender Durchlüftung wurden die Leichen mit eisernen Haken zur Verbrennung in das Krematorium gezogen, nachdem man vorher nicht verabsäumt hatte, ihnen eventuelle Goldplomben auszubrechen. Die Zahnarztzangen lagen noch in den Räumen herum. Die Verbrennungsöfen waren ausgegangen, ehe die letzten Opfer zu Asche verbrannt waren.

Dicht neben dieser Stätte des Todes befand sich die Hinrichtungsstätte mit 6 Galgen und ein Schießstand für Genickschüsse. Auf unserem Rückweg trafen wir noch andere Russen, die in das Lager gekommen waren. Einer von ihnen versuchte, uns mit vorgehaltener Pistole zu plündern, hatte aber bei uns Häftlingen keinen Erfolg – trotzdem ich im Brustbeutel Schmuckstücke meiner Frau bei mir trug, und er mich nach einem Brustbeutel abtastete.

Da nach Abzug der SS die Leichen nicht mehr verbrannt werden konnten, lagen im Keller der Pathologie 80–90 nackte Leichen herum, so daß mit der Gefahr von Seuchen gerechnet werden mußte. Wir ließen eine große Grube ausheben und fingen an, die Leichen hier hereinzulegen; da aber nicht die geringste Arbeitslust ohne die bisherige strenge Aufsicht mehr vorhanden war, sind wir damit nicht weit gekommen. Die Wasserleitung im Lager war schon seit 14 Tagen durch Luftangriffe zerschlagen. Dies rief einen unvorstellbaren Zustand bei 20–30000 Häftlingen im Lager hervor. Auf jedem freien Fleck zwischen den Baracken waren Behelfslatrinen aus einem Graben und 2 Stangen darüber angelegt, breit genug für 8–10 Mann. Man konnte nirgends hinsehen, ohne den Blick zu richten auf diese jämmerlichen, unterernährten Gestalten, die, in Lumpen gehüllt, ihre Notdurft verrichteten. Mir fiel Freiligraths Gedicht »Die Auswanderer« ein: Ich kann den Blick nicht von Euch wenden, ich muß Euch anschauen immerdar. Und dies in einer Zeit, wo aus Unterbringungsmangel auch einige hundert weibliche Häftlinge im Lager untergebracht waren.

Die letzte Nacht im Konzentrationslager folgte. Ohne Aufsicht kamen wir uns wie im Sanatorium vor. Wir haben die halbe Nacht geschwatzt in dem Bewußtsein, uns morgen für das Leben zu trennen, erfüllt von einer gewissen Wehmut, die meisten aber, besonders die Ausländer, von überschäumendem Glück. Ich selber? Ohne Zweifel glücklich, den Strang, der seit einem Dreivierteljahr um meinen Hals gelegt war, los zu sein, aber vorherrschend tief verwundet durch all das, was nun kommen würde, und was meine Freunde schon Jahre vorher kommen sahen. Um dies zu verhindern, waren sie bereit gewesen, sich selbst zu opfern. Das Opfer war gebracht, aber nicht angenommen worden. Nun, deutsches Volk, mußt Du den bitteren Kelch doch trinken. Vergiß die Toten des 20. Juli nicht. Sie starben, damit Du leben solltest.

Personenregister

Das Register erstellte Katharina Möhring M.A., Berlin.

Peter Steinbach und Johannes Tuchel (Hg.)

Widerstand gegen die nationalsozialistische Diktatur 1933–1945

Der umfangreiche Sammelband bietet einen erschöpfenden Abriß über alle Facetten der Opposition gegen die NS-Diktatur. Fast dreißig Aufsätze widmen sich dem Widerstand u.a. aus kommunistischen, sozialdemokratischen, gewerkschaftlichen, christlichen, konservativen, jüdischen oder militärischen Kreisen und Motiven. Sie dokumentieren den aktuellen Forschungsstand in der derzeit wohl geschlossensten, gültigsten Form.

2004, Festeinband, 550 Seiten
ISBN 3-936872-37-6 € 25,–

Sigrid Grabner und Hendrik Röder (Hg.)

Im Geist bleibe ich bei Euch

Texte und Dokumente zu Hermann Maaß

Das erstmals veröffentliche Material gibt Auskunft über das Schicksal des Potsdamer Demokraten Hermann Maaß, der für seine Beteiligung am Umsturzversuch gegen Hitler hingerichtet wurde.

2003, Broschur, 110 Seiten, 23 s/w Abb.
ISBN 3-936872-03-1 € 12,90

Maria Theodora von dem Bottlenberg-Landsberg

Karl-Friedrich Freiherr von und zu Guttenberg

Ein Lebensbild

Karl Ludwig Freiherr von und zu Guttenberg war eine zentrale Persönlichkeit im Widerstand gegen den Nationalsozialismus. Als katholischer Konservativer und Monarchist versuchte er schon während der Weimarer Republik, monarchisches Denken wachzuhalten. Seine »Weißen Blätter« waren ein Kristallisationspunkt der konservativen Opposition gegen das Regime Hitlers.
1941 kam Guttenberg in die Abwehr im OKW in Berlin unter Admiral Wilhelm Canaris. Guttenberg arbeitete hier nicht nur eng mit seinen Freunden Hans von Dohnanyi, Justus Delbrück und Hans Oster zusammen, sondern knüpfte unterschiedlichste Kontakte zu weiteren Oppositionellen und Widerstandskämpfern. Er hatte Verbindungen zum »Kreisauer Kreis«, zu Ulrich von Hassell, zu den Gebrüdern Bonhoeffer, zur Heeresgruppe Mitte und zu Kreisen um Beppo Römer. Guttenberg stellte Verbindungen her, vernetzte die Opposition und war bestrebt, Verfolgten auch unter Einsatz seines Lebens zu helfen. Als er immer stärker in das Visier der Gestapo geriet, wurde er nach Kroatien versetzt, wo er, weiter im Kontakt mit dem Widerstand stehend, nach dem 20. Juli 1944 festgenommen wurde. Nach monatelanger Haft in Berlin wurde er Ende April 1945 von der Gestapo ermordet.

Die Autorin versucht, den Weg ihres Vaters in den Widerstand und dort seine Handlungen gegen den Nationalsozialismus festzuhalten. Dies gelingt ihr nicht zuletzt mit Hilfe einer Vielzahl bislang unveröffentlichter Quellen aus dem Nachlaß Guttenbergs.

2003
Festeinband mit Schutzumschlag, 296 Seiten, 40 Abbildungen
ISBN 3-931836-94-0 € 19,80

Sigrid Grabner und Hendrik Röder (Hg.)

Ich bin der ich war

Henning von Tresckow.
Texte und Dokumente

Henning von Tresckow (1901–1944) war der Kopf und das Herz des militärischen Widerstands gegen Hitler. Trotz vieler Publikationen über die Männer des 20. Juli 1944 und ihre Frauen wissen wir bis heute wenig über den Menschen Henning von Tresckow – über seinen Werdegang, seine Familie, seine Ansichten und die Antriebe seines Handelns. Das Buch macht der Öffentlichkeit erstmals Dokumente und Berichte von Zeitzeugen zugänglich, die Henning von Tresckow persönlich kannten. Ein Interview mit seiner Tochter Uta von Aretin und drei Essays stellen das Leben Tresckows in historische Zusammenhänge. Erkennbar wird ein erstaunlich gegenwärtiger Mensch.

»... ein auf wenigen Seiten überzeugendes Porträt Tresckows, ein Buch, das im übrigen, wenn man es so sagen darf, auch in seiner Ausstattung etwas von Adel hat.« *Frankfurter Allgemeine Zeitung*

2001, 3. Auflage in neuer Ausstattung 2005
Festeinband mit Schutzumschlag, 159 Seiten, 43 Abbildungen
ISBN 3–936872–44–9 € 16,90

Lukas Verlag
für Kunst- und Geistesgeschichte
Kollwitzstraße 57
D–10405 Berlin

Tel.	+49 (30) 44049220
Fax	+49 (30) 4428177
E-Mail	lukas.verlag@t-online.de
Internet	http://www.lukasverlag.com

Lars-Broder Keil

Hans-Ulrich von Oertzen

**Offizier und Widerstandskämpfer.
Ein Lebensbild in Briefen und Erinnerungen**

Hans-Ulrich von Oertzen stand im Zentrum der Verschwörung gegen Hitler, ist aber bis heute nahezu unbekannt. Dabei schrieb er im September 1943 mit Stauffenberg die wichtigen »Walküre«-Befehle für den Tag X, half Sprengstoff zu besorgen und inspizierte im Juli 1944 von Berlin aus die Einsatzbereitschaft von Truppen.

Am 20. Juli 1944 war der neunundzwanzigjährige Oertzen für den wichtigen Wehrkreis Berlin eingeteilt worden. Vom Sitz des Wehrkreiskommandos am Hohenzollerndamm aus kümmerte er sich um die Übergabe von Befehlen und griff bei Problemen ein. Nach dem mißlungenen Attentat wurde der Major festgehalten. Die erste Vernehmung ergab zunächst keinen Hinweis auf eine Mittäterschaft, bis am nächsten Morgen seine wahre Rolle durch einen unglücklichen Zufall ans Licht kam. Oertzen rief noch einmal seine Frau an. Dann steckte er sich eine zuvor deponierte Gewehrsprenggranate in den Mund und zog ab.

Im Mittelpunkt dieser ersten biographischen Studie steht eine Auswahl von rund 240 Briefen Hans-Ulrich von Oertzens, die er 1942 bis 1944 an seine Frau geschrieben hat. Sie sind außergewöhnliche Zeugnisse einer Liebe, die sich trotz der Wirren des Krieges behaupten kann, Zeugnisse seines Wandels vom begeisterten Militär zu einem desillusionierten und bitter enttäuschten Menschen, aber auch Zeugnisse des festen Glaubens, daß es eine gemeinsame Zukunft gibt. Die Erinnerungen beschreiben zudem in bislang unbekannter Weise das persönlich enge Verhältnis der Beteiligten am Staatsstreich aus der Heeresgruppe Mitte.

2005
Festeinband mit Schutzumschlag, 180 Seiten, 54 Abbildungen
ISBN 3-936872-49-X € 19,80

Sigrid Grabner und Hendrik Röder (Hg.)

Emmi Bonhoeffer

Essay, Gespräch, Erinnerung

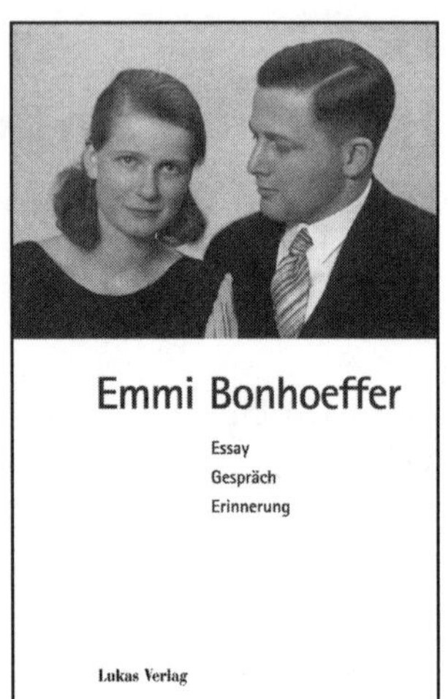

Emmi Bonhoeffer wußte an der Seite ihres Mannes Klaus um die Verschwörung vom 20. Juli 1944 und hielt nach dessen Ermordung wenige Tage vor Kriegsende die Erinnerung an ihn und den Mut seiner Helfer im Gedächtnis der Deutschen lebendig. Sie, die ihr Leben mit Selbstdisziplin und Tapferkeit meisterte, hatte stets ein Gespür für die materiellen und seelischen Notlagen anderer, so auch 1964, als sie Zeugen im Auschwitz-Prozeß betreute – prägende Erlebnisse, über die sie in gleichermaßen anrührenden wie präzise analysierenden Briefen an ihre in den USA lebende jüdische Freundin Recha Jászi berichtete. Diese Briefe sind im Buch ebenso enthalten wie Notizen aus dem Jahr 1945, ihre Rede zum 20. Juli 1981 oder der bewegende Abschiedsbrief von Klaus Bonhoeffer an die gemeinsamen Kinder.

Preußen hat uns auch Frauengestalten gegeben, in denen das Wesentliche fortwirkt. An uns liegt es, sie zu erkennen, an ihnen, uns dabei zu helfen, wie Emmi Bonhoeffer es vorbildlich tat am 20. Juli 1981 mit ihrem Bericht über den Widerstand gegen Hitler.

Richard von Weizsäcker

Eine ganz bemerkenswerte, preußische Frau, die alle preußischen Tugenden in sich vereint. *Günther Jauch in Elke Heidenreichs Sendung »ZDF Lesen«*

Was für ein Leben! möchte man nach der Lektüre dieses Buchs ausrufen, das biographische Zeugnisse einer mutigen Frau versammelt, die preußisch erzogen wurde, demokratisch gedacht und couragiert gehandelt hat.

Denis Scheck in der ARD-Sendung »druckfrisch«

Ein wichtiges Buch, das eine Heldin aus dem Schatten ihres Mannes hervorholt.

Empfehlung der Stiftung Lesen

Festeinband mit Schutzumschlag, 147 Seiten, 24 Abbildungen
2004, 3. Auflage 2005
ISBN 3-936872-31-7 € 16,90